LES NOUVEAUX COMPORTEMENTS SEXUELS

DU MÊME AUTEUR
chez Odile Jacob

À quoi sert le couple ?, 1996, « Poches Odile Jacob », 2000.
Le Temps d'aimer, 1997.
La Force du désir, 1999, « Poches Odile Jacob », 2002.
Les Casse-pieds, 2000, « Poches Odile Jacob », 2002.
Le Courage de changer (avec Donata Francescato), 2001, « Poches Odile Jacob », 2003.
Être sûr de soi, 2002.

Willy Pasini

LES NOUVEAUX COMPORTEMENTS SEXUELS

Traduit de l'italien par
Jacqueline Henry

Odile
Jacob

Cet ouvrage a été publié originellement
par Mondadori, Milan, sous le titre :
I nuovi comportamenti amorosi

15, RUE SOUFFLOT, 75005 PARIS

ISBN : 2-7381-1262-5

www.odilejacob.fr

CHAPITRE I

En quête de sensations

Comme entrée en matière, je poserai une devinette : quelle différence y a-t-il entre l'érotisme et la perversion ? Réponse : l'érotisme, c'est faire jouir une femme avec une plume, alors que la perversion, c'est quand la plume est encore sur l'oie. Plumes et légèreté mises à part, le problème des nouveaux comportements sexuels est d'actualité et il est intimement lié à l'évolution du couple.

Nous savons que le couple a longtemps été déterminé par des facteurs extérieurs, en vue de satisfaire les besoins de la société plus que ceux des deux conjoints. Puis, avec la Révolution et le romantisme, ses émotions ou celles des deux partenaires ont été mises en avant – rappelons-nous les troubles amoureux du jeune Werther. Je pense aussi aux opéras italiens, fondés sur la force du sentiment : de Madame Butterfly à la Mimi de *La Bohème*, ces femmes sont partagées entre la nécessité sociale de construire un lien solide, y compris du point de vue financier, et le besoin romantique de sentiments, qui tire dans la direction inverse.

Et aujourd'hui ? Nombreux sont ceux qui demandent au couple non seulement du sentiment, mais des sensations plaisantes, uniques, intenses. Une trentenaire momentanément célibataire me disait récemment : « Si je trouvais un homme qui me fasse connaître des émotions fortes, je l'épouserais. »

Les hommes, aussi, accordent désormais davantage d'importance au « frisson » mental, encore plus qu'à l'action. Ce frisson continue, le plus souvent, à passer par la vue, son sens préféré. Beaucoup accordent une très grande valeur à la beauté féminine, qui peut bouleverser à travers la perception visuelle. D'ailleurs, les cafés à la mode de Paris embauchent leurs serveuses selon ce critère : elles sont toutes belles, spéciales, grandes et sophistiquées. En général, il s'agit de jeunes filles venues tenter leur chance dans le cinéma ou le théâtre et qui font ce travail pour arrondir leurs fins de mois. Leur salaire est nettement plus élevé que la moyenne. De même que l'émotion qu'elles doivent procurer, dans le genre raffiné et chic.

DU DERNIER BAISER À UN NOUVEAU MARIAGE

Au fil des siècles, nous sommes passés du couple-institution au couple romantique. Aujourd'hui, nous assistons à une nouvelle transition : nous sommes en train de passer du couple romantique au couple « sensoriel ». Je crois néanmoins qu'il serait très risqué de bâtir un modèle durable sur la base d'émotions certes intenses, mais éphémères.

Ce n'est pas un hasard si le film culte italien du début du millénaire, *Last Kiss*, de Gabriele Muccino[1], tout de suite repris à leur compte par les trentenaires inquiets, raconte l'histoire d'un homme de 30 ans bientôt père qui donne un dernier baiser à une blondinette de 18 ans, sexy, qu'il a rencontrée lors d'une fête de mariage. C'est le dernier baiser parce qu'il symbolise la peur de dire adieu à son adolescence prolongée, à l'époque où tout est possible et où toutes les portes sont ouvertes. Un dernier baiser aussi parce que avec la compagne qu'il a choisie et dont il va avoir un enfant, il ne ressent plus le trouble que provoquait autrefois le simple effleurement de leurs lèvres...

Est-ce cela, alors ? Les couples d'aujourd'hui ont-ils scellé un pacte – involontaire et inconscient – fondé sur la capacité réciproque de se procurer des émotions, et si cela ne marche plus, ils se séparent ? Non, la réalité n'est pas aussi absolue, mais on n'est pas loin de l'instabilité sentimentale de celui qui voudrait toujours donner « encore un baiser », éprouver encore une émotion.

Chose réalisable pour les célibataires. Même si cela n'est pas sans risque pour les jeunes ; car ce sont surtout les adolescents, pleins d'énergie, agités par une tempête de sensations, qui sont sensibles à cette invitation de la société à vivre pleinement leurs émotions comme une explosion. Et même les célibataires « par choix », qui veulent mener une vie plus intense, cachent des moments de solitude et de dépression, comme l'a finement raconté *Le Journal de Bridget Jones*[2]. Mais le problème se pose aussi au couple fixe : comment faire coexister le désir de vivre des émotions intenses et l'envie de rester avec la même personne pendant des années, voire pour toujours ?

Peut-être n'est-ce pas une coïncidence si l'on voit resurgir, chez les sociologues américains, la thèse audacieuse de la futurologue Sandy Burchsted, qui dit ceci : la vie s'allonge, tout comme augmentent nos espoirs de connaître le bonheur ; dans ces conditions, n'est-il pas illusoire de penser rester toute sa vie d'adulte aux côtés du même partenaire ? Car nous parlons là de quarante ou cinquante années ensemble... Pitié, conclut Sandy Burchsted, qui estime que d'ici cent ans, on ne se mariera plus une fois, ni même deux, mais quatre :

1. Premier mariage, le *icebreaker marriage*, celui qui permet de briser la glace, d'un mariage d'essai, qui se termine avec les premières déceptions, ou encore d'un *starter marriage*, un mariage « de démarrage », comme l'a appelé la journaliste américaine Pamela Paul, trentenaire divorcée depuis peu qui a écrit, sur la base de sa propre expérience, un livre justement intitulé *The Starter marriage*[3].

2. *Deuxième mariage*, le *parenting marriage*, celui au cours duquel on devient parent : c'est le mariage qui dure le plus longtemps, entre quinze et vingt ans ; il prend fin avec la fonction parentale, quand les enfants sont grands.

3. *Troisième mariage*, le *self marriage*, centré sur soi-même, le mariage de la réalisation, de l'évolution personnelle.

4. *Quatrième mariage*, le *soulmate connection marriage*, celui du lien spirituel, le dernier mariage, celui des années du crépuscule, au cours desquelles les plus chanceux trouvent un partenaire avec qui ils établissent un lien égalitaire, fondé sur la proximité spirituelle.

Trop, c'est trop ? Cela ne serait vrai que pour les Américains, qui se séparent aussi vite qu'ils se marient ? Certes, la situation est différente en Europe, entre autres parce qu'on se marie moins, et plus vieux, et qu'en revanche, on vit plus facilement en concubinage. N'oublions cependant pas que l'instabilité matrimoniale y est très élevée et que le phénomène des « deux mariages » se répand. Le premier mariage est celui au cours duquel, en général, on a des enfants. Le second est celui de la réalisation individuelle. La séparation survient le plus souvent après quarante ans, parce que les enfants sont grands, mais pas seulement : la relation avec l'autre s'est aussi épuisée. La personne que vous avez aimée, qui vous a fait quitter vos parents, avec laquelle vous êtes devenu adulte dans un monde d'adultes, ne vous intéresse plus. Elle ne vous émeut plus. C'est le moment du grand tournant : on revient alors à son destin personnel, en se choisissant un autre partenaire.

Or – surprise ! – il semble que les femmes soient désormais, et de loin, les premières à relever ce nouveau défi sentimental.

C'est ce qui ressort des histoires qui me sont racontées et des lettres que je reçois. Ainsi, celle de cette femme mariée, encore jeune – elle a 29 ans – et qui se découvre tout à coup changée. Et désireuse de quelque chose de plus. Voici son récit : « J'avais tout juste 19 ans quand j'ai connu celui que je croyais être l'homme de ma vie. Il était – et est toujours – doux, sophistiqué, tendre et compréhensif. Nous nous sommes mariés, nous avons grandi ensemble, et nous avons une merveilleuse petite fille. La famille parfaite ? Non. Parce que par la suite, j'ai rencontré un homme qui est tout le contraire de celui que j'ai épousé. Autoritaire, fort, presque dur : un homme, un vrai... Un homme avec lequel j'ai redécouvert la sexualité, moi qui, je dois l'avouer, étais gênée de me déshabiller devant mon mari. Lui aussi est marié, mais il n'a pas d'enfant. Et mon rêve est de partir vivre avec lui. Je ne voudrais surtout pas faire de mal à mon mari, qui m'a beaucoup donné, ni à ma fille, mais je ne peux plus retenir cet élan vital, renoncer à moi-même. Tout le monde me dit que je ne peux pas démolir mon mariage. Je vis dans une petite ville de province, et c'est peut-être cela qui m'empêche d'agir plus librement. Tiraillée par un sentiment de culpabilité, j'ai même essayé une thérapie de couple avec mon mari, mais ça n'a servi à rien. Conseillez-moi : cela a-t-il un sens de faire durer un mariage lorsque le désir a disparu ? »

Bien entendu, la réponse est non : non, cela n'a pas de sens. Non que je sois hostile à la famille, mais il me semble que ce que cette quasi-trentenaire raconte, ce n'est pas une histoire de destruction, mais d'évolution. Après avoir connu un homme « de soutien », avec lequel elle a mûri et a fondé une famille (le fameux « premier mariage » dont j'ai parlé plus haut), elle a rencontré « un homme, un vrai », qui sait lui procurer, surtout dans le domaine sexuel, les émotions qu'elle recherche et désire. Il me paraît honnête et loyal, envers soi mais aussi envers l'autre, de se séparer et de commencer une nouvelle vie. Certes, avec délicatesse et attention vis-à-vis de sa petite fille, mais sans trop de craintes : on reste toujours parent, même après un divorce.

Une autre trentenaire engagée dans la même voie, mais mue par une insatisfaction encore plus grande, m'a écrit. Elle se sent piégée dans un mariage pauvre en émotions, voire aride : « Je me suis mariée il y a trois ans. Je pensais avoir rencontré un gentil garçon, plein de vitalité et d'énergie, d'envie de faire et de découvrir la vie avec moi. J'en étais très amoureuse. Nous organisions des excursions en mer ou en montagne, nous faisions des voyages, du sport... Je croyais que nous pouvions continuer ainsi et que nous serions heureusement liés par ces mille intérêts qui nous enrichissaient mutuellement, quoique avec moins de frénésie qu'au début. Or après notre mariage, tout a basculé. Il s'est révélé de plus en plus radin, pingre tant sur le plan financier que dans ses intérêts. Les frais domestiques, les notes, tout a été divisé par deux et minutieusement enregistré dans un carnet qui en est venu à me faire horreur. Comptes séparés, dépenses séparées... Aller à la mer ? Non, il y a trop de circulation. Aller manger une pizza ? Non, je n'aime plus la pizza. Au cinéma ? Pourquoi dépenser tant d'argent pour une heure de spectacle ? Les rares fois que nous sommes sortis, j'ai poliment payé ma part ; comme au premier de l'an, devant des amis ébahis. Un problème d'argent ? Absolument pas. Par chance, je suis financièrement indépendante, j'ai un bon travail ; de son côté, il gagne deux fois plus que moi, et est propriétaire de notre logement. Au cours des trois Noëls que nous avons passés ensemble, je n'ai eu qu'une fois un petit cadeau. Quant aux anniversaires, n'en parlons pas, je n'ai même pas droit à une carte. Vous imaginez les multiples occasions où j'ai pu espérer une fleur... Oui, avant notre mariage, il m'avait offert un bouquet d'épis séchés ; ils durent plus longtemps, avait-il dit. J'en ai assez. J'ai envie de sortir, et pas uniquement avec des amis. J'ai envie de voyages, de dîners aux chandelles... Et pas seulement de travailler frénétiquement toute la semaine et de passer les week-ends à la maison à nettoyer, faire la cuisine et repasser pour lui. J'ai envie de profiter de cette vie qui file. J'ai essayé de m'organiser sans lui, de sortir, et même d'aller skier, l'hiver dernier... Mais à quoi bon me retrouver seule, sur le télésiège, glacée au-dedans comme au-dehors, en proie à un énorme cafard ? Il n'a servi à rien de lui en parler, il est totalement dépendant de l'argent. Jouir de la vie, pour lui, c'est mettre de côté, voir grossir le compte courant et aller manger chez sa mère. Je n'en peux plus. Je ne pense pourtant pas en demander trop de la vie : juste un peu d'amour. »

Un peu d'amour, et beaucoup d'émotions, ajouterai-je. Les demandes de cette trentenaire pleine de lucidité sont parfaitement légitimes. Le problème, c'est qu'après des fiançailles palpitantes et prometteuses, riches de tant de choses à vivre et à apprécier ensemble, cet homme avare s'est révélé sous son véritable jour : amoureux de l'argent, et non de sa femme. Intéressé par l'épargne et son compte courant, mais pas par la vie de couple. C'est un mari sec, qui ferme la porte à toutes les sensations, celles que peut lui procurer l'intimité amoureuse, mais aussi celles d'un voyage, d'un dîner gourmand, d'un beau film... Alors, pourquoi rester ensemble ? J'ai donné à cette femme déçue un conseil que je ne donne quasiment jamais : celui de trouver le courage de changer. Et de le quitter.

Les femmes revendiquent donc beaucoup. Elles ont besoin de sécurité, de sentiment, mais elles veulent aussi pouvoir continuer à s'enrichir et à s'émouvoir avec leur partenaire. Comme nous allons le voir, c'est là que réside le grand défi pour le couple d'aujourd'hui. Entre autres parce que en général, le couple qui fonctionne sur la durée est celui qui investit ce désir de sensations dans ses intérêts (sport, art, cinéma, voyages) et non dans la sexualité. Et qui tient grâce aux sentiments tout simples de tendresse, de confiance et de respect réciproque.

Et l'érotisme, que devient-il ? Nous le verrons : dans les prochains chapitres, je parlerai des partenaires qui ont « testé » la « perversion soft », par curiosité ou comme antidote à l'ennui, et qui en sont sortis renforcés et complices. Ou qui, plus fréquent, ont détruit leur couple de cette manière.

ET SI NOUS EXTÉRIORISIONS NOTRE SAUVAGERIE ?

L'histoire montre que c'est longtemps l'homme qui a voulu aller plus loin, dépasser ses limites et celles de la culture dans laquelle il vivait. Comme les grands navigateurs solitaires qui ont traversé les océans ou comme Gauguin parti à Tahiti pour peindre les couleurs de l'exotisme... Mais aujourd'hui, il semble que dans le domaine des sentiments et des sensations, ce soient les femmes qui prennent les commandes et exhibent ce qu'elles ont de sauvage en elles, ainsi que le raconte Clarissa Pinkola-Estès dans son best-seller *Femmes qui courent avec les loups*[4]. La « sauvagerie » dont parle cette anthropologue, qui a profondément touché l'imaginaire de milliers de femmes, n'est pas un comportement bestial régressif, mais un élan vital qui a gagné notre culture. La civilisation a mis les femmes en cage, en les rendant hyperdomestiquées, craintives et en les privant de toute initiative. Aujourd'hui, elles retrouvent leur nature sauvage innée dont attestent de nombreux mythes. La femme contemporaine s'efforce d'impliquer l'homme dans une vie plus diversifiée, moins enfermée dans les règles de la société civilisée, alors qu'auparavant, c'était l'homme qui la poussait vers une sexualité plus libérée. Dans un livre récent écrit avec son épouse Moisi Paresser[5], le psychanalyste jungien Claudio Risé parle des « Saliges », ces figures mythiques présentes dans les sagas alpines qui incarnent l'archétype d'une nature instinctive et sauvage. Elles errent dans les bois et les prés, libres et légères comme des gazelles, apparaissant et disparaissant dans la vie des habitants des vallées tels des nuages à l'horizon.

J'ai également été impressionné par les explications de Nadine Gordimer sur la nature sensorielle et sauvage de la femme, qu'elle rapproche, entre autres, de la force obscure et destructrice de l'Afrique. Elle a souvent raconté comment, à défaut du feu de la passion, le mariage peut se transformer en prison. L'héroïne de son dernier roman suit ainsi un migrant clandestin. Elle découvrira de nouveaux horizons... en Afrique[6]. Une autre femme dont les livres sont de véritables porte-drapeaux au féminin et dont les récits frappent terriblement l'imaginaire est Marcela Serrano. Cette romancière chilienne raconte l'histoire de femmes qui, étouffées par l'insatisfaction, la douleur ou la mélancolie en raison d'un destin trop étroit, prennent leur vie en main, cherchent à changer de cap et se demandent ce qu'elles ont au fond d'elles-mêmes[7]. Cette recherche passe par des fugues, des vacances, des périodes de travail ou de solitude « ailleurs » pour tenter de parvenir au plus profond de leur cœur, jusqu'à ce qu'elles ont en elles de « sauvage » et pour démarrer une nouvelle vie. Parfois aux côtés d'un autre homme et le tout dans le cadre puissant et évocateur de l'Amérique latine : tantôt une île parfumée du Chili, tantôt Antigua, l'ancienne capitale du Guatemala enserrée entre des volcans, ou encore le Chiapas de la guérilla, au Mexique, pour son dernier roman.

L'ancien fantasme masculin de la femme sauvage à dompter a donc fait long feu. Comme nous le verrons plus loin, dans le couple, c'est souvent l'homme qui propose des variations érotiques que sa compagne accepte par crainte de le perdre. Lorsqu'il veut arrêter, c'est elle qui, favorablement surprise par ce flash d'érotisme, veut continuer... Cela explique qu'aux yeux des hommes, la femme jusqu'alors divine devienne ou redevienne principalement diabolique. Il n'y a plus de muse comme Béatrice pour

Dante ou Laure pour Pétrarque et l'on s'achemine vers la diablesse, déjà esquissée par Boccace.

Lors d'un congrès de sexologie, nous avons demandé aux femmes présentes si elles préféraient être perçues comme diaboliques ou divines. La majorité d'entre elles ont déclaré se trouver diaboliques, ajoutant même que ce n'était pas un hasard si la lingerie sexy est souvent rouge ou noire : ce sont les couleurs du Malin. Le rouge symbolise le feu et le sang, il évoque des lueurs infernales, mais également la force, l'agressivité et la sexualité, alors que le noir représente les ténèbres et le vide, mais aussi les profondeurs de l'inconscient où se nichent nos désirs les plus intenses. Et c'est encore une femme qui a fait cette remarque selon moi très fine : elle voulait que son homme la trouve diabolique avant de faire l'amour, et divine après. Personnellement, j'estime plus diabolique le désir animal qui se nourrit de la pulsion instinctive de l'individu, et plus divin le désir amoureux qui naît de la relation avec la personne avec laquelle on a choisi de vivre.

Femmes sauvages, femmes diaboliques... Dans notre société en quête d'émotions fortes, les nouvelles femmes jouent donc un rôle déterminant. Elles n'ont plus rien de muses éthérées mais irradient énergie et transgression. Ce sont, de nouveau, des femmes tentatrices. Si ce n'est que cette fois, la tentation consiste à enfreindre les schémas sociaux habituels, ce qui les rend extrêmement dangereuses...

D'où vient alors ce lent, mais constant changement que l'on observe chez les femmes ? Du féminisme, qui a accru leur autonomie financière et leur impact social, et de la grande révolution qu'a été la pilule anticonceptionnelle, qui les a libérées des grossesses non désirées. C'est avant tout la pilule qui a séparé le sexe de la procréation. Certes, pouvoir engendrer une vie nouvelle est une des finalités du sexe, mais ce n'est plus la plus importante. D'ailleurs, les chiffres de la natalité sont clairs : dans les pays développés, il naît très peu d'enfants, ce qui signifie, notamment, que des significations différentes de la sexualité ont été mises en avant – par exemple, son pouvoir de procurer d'agréables sensations.

La seconde scission qu'a entraînée la pilule a été celle de la sexualité par rapport à l'amour. Si la majorité des femmes restent romantiques ou ont encore des fantasmes à la fois érotiques et romantiques, un certain nombre d'entre elles ont adopté l'attitude typiquement masculine qui consiste à déconnecter le sexe du cœur. Et le phénomène s'est développé à un rythme accéléré. N'oublions pas que la pilule, qui fut une révolution il y a quarante ans, est devenue le symbole de la normalité et de la monogamie. En effet, les célibataires recourent au préservatif. C'est quand ils s'installent en couple, qu'ils passent, en général, au contraceptif oral.

SIX CHEMINS MENANT À L'ÉMOTION

1. Sommes-nous tous en quête de sensations ?

Sally Tisdale a bien décrit les pionniers de l'extrême, rebaptisés *sensation seekers* aux États-Unis. Il s'agit d'hommes et de femmes qui recherchent constamment des émotions fortes et sont exaltés par une décharge d'adrénaline permanente[8]. Pour Tisdale, ils ressemblent beaucoup aux sadomasochistes : l'élan qui pousse à la transgression est le même que celui qui pousse à se lancer dans une entreprise à haut risque, quelle qu'elle soit. Et l'auteur, qui défend la liberté de l'excès et du désir, de comparer les sensations éprouvées par les sadomasos sous les coups de fouet de leur partenaire au vol en Deltaplane ou au saut à l'élastique, qui exigent le dépassement de la peur de ce que l'on peut ou ne peut pas supporter.

Cette liberté d'« aller trop loin » exploite fortement l'imagination. C'est ce que raconte un livre délibérément scandaleux[9], qui décrit des pratiques érotiques très particulières, depuis le *felching* (l'introduction de petits animaux comme des grenouilles ou des petits poissons dans l'anus ou le vagin pour atteindre l'orgasme) jusqu'au *stuffing*, c'est-à-dire l'utilisation d'objets divers (achetés dans un sex-shop, comme les vibromasseurs, ou trouvés dans sa cuisine : carottes, bananes, concombres...). Un autre type de comportement très répandu est le *piercing* localisé. Il s'agit de s'accrocher des petits anneaux, non pas dans le nez ou au nombril, mais aux mamelons ou aux grandes lèvres. L'afflux sanguin que déclenche l'excitation sexuelle permet ainsi d'éprouver des sensations beaucoup plus fortes dans la zone concernée. On peut encore penser, par exemple, à un film comme *Crash*[10] où les deux héros atteignent le plaisir lors d'accidents de la circulation, qu'ils recherchent donc ou provoquent.

Cette quête perpétuelle de sensations nouvelles et, dans le même temps, le désir de dépasser ses propres limites, montre que, jour après jour, notre société retombe dans l'adolescence. Les canons de la beauté renvoient de plus en plus à la jeunesse : des corps fermes et lisses, sans la moindre ride, et le recours à la chirurgie esthétique dès 20 ans. En outre, dans la publicité comme la musique, l'ado ambigu remporte un vif succès. On dirait que les « couvercles » ont sauté, les règles morales et sociales se sont allégées, et qu'il incombe à chacun de rechercher ses limites par ses propres moyens. On en oublie qu'il est possible de dire non, alors qu'en amour, il est important, aussi, de savoir refuser.

Apprendre à dire non peut être le signe d'une maturation personnelle. Comme dans le cas d'Amina, jeune femme d'origine africaine, intelligente et passive, élevée au sein d'une culture multiethnique qui a engendré davantage de confusion que d'enrichissement intellectuel. La règle numéro un de son éducation a été qu'une gentille petite fille ne doit jamais dire non. Et Amina continue, dans sa vie conjugale, à appliquer ce code. Elle a épousé un homme riche et plus âgé, intelligent mais tyrannique, dont elle satisfait les caprices et les désirs. Y compris dans le domaine sexuel : quand ils vont se coucher, elle doit deviner s'il veut dormir ou faire l'amour. Lors d'une séance durant sa thérapie, Amina m'a raconté avoir pris, un jour, une décision autonome. Au cours d'une discussion avec son mari, elle a déclaré : « Pour éviter que l'atmosphère ne devienne déplaisante et trop imprévisible, maintenant, nous ne ferons plus l'amour au lit, mais ailleurs, comme tu voudras et quand tu voudras. » Son mari, d'abord irrité, puis surpris par cette proposition, a fini par la trouver stimulante, parce qu'il s'agissait d'une nouveauté qui transgressait leurs habitudes de couple.

Il apparaît, pendant la psychothérapie, que la difficulté qu'éprouve Amina à dire non n'est pas seulement liée à des facteurs éducatifs, mais aussi à l'intériorisation d'un modèle de passivité d'origine africaine. Elle est résignée quand son partenaire est tyrannique, mais dès qu'elle le peut, elle tend à « se venger » et à adopter une attitude autoritaire. Elle semble, désormais, avoir dépassé le non d'opposition ou le oui de soumission par crainte de dire non. Elle a appris un non d'affirmation qui définit mieux son territoire et ses désirs.

Tant que des limites intérieures correspondant à la maîtrise, et non au contrôle, n'auront pas remplacé les limites imposées de l'extérieur, on verra perdurer cette anarchie des pulsions de base – agressivité, érotisme... Dans ce livre, je ne traiterai pas du thème de l'agressivité, qui revêt cependant une grande importance dans le monde d'aujourd'hui, mais des perversions, et, en particulier, des « perversions soft [11]. » Avec les perversions soft, il s'agit de réaliser des fantasmes qui, jusque-là, n'avaient pas dépassé le stade de la représentation imaginaire, mais sans tomber dans la dépendance que créent les « perversions hard », lesquelles rendent esclaves des habitudes et incitent à exprimer sa sexualité selon un scénario obligé. Ainsi, pour se référer à la littérature érotique, *Emmanuelle* [12] est une histoire de perversion soft, tandis que *Histoire d'O* [13] raconte une perversion hard dans laquelle tout est centré sur le masochisme. De même, le récent livre *La Vie sexuelle de Catherine M.* [14] est un récit, autobiographique, de perversion hard, parce que la protagoniste se sent en quelque sorte « obligée » de pratiquer la sexualité de groupe pour parvenir au plaisir. En revanche, parmi les pervers soft, je compterais Picasso qui, toute sa vie durant, a été guidé par la sexualité, mais qui l'a transformée et sublimée dans l'art... C'est pourquoi on peut, selon moi, lui pardonner quelques abus de la liberté des autres. À 90 ans, désormais impuissant, il est devenu voyeur afin de ne pas quitter le monde de l'érotisme.

2. La confusion entre les générations : les « encore jeunes » et les « jeunes vieux »

La grande confusion entre les générations est un autre élément marquant dans une société qui met en avant les sensations. Comme l'écrit Agathe Fourgnaud [15], de nos jours, on voit plus facilement se mêler les générations que les classes sociales. Dans son livre, elle fait apparaître la superposition sociale entre les « toujours-jeunes » et les

« déjà-vieux ». À travers l'analyse de facteurs comme le style de vie, l'emploi désormais incontournable de l'ordinateur et d'Internet, ou le choix des vêtements et du look, elle montre qu'il est plus aisé de surmonter la différence d'âge que la différence de milieu. Et je ne fais pas seulement allusion au « syndrome de Mathusalem », c'est-à-dire à l'union entre une femme jeune et un homme plus âgé, autrefois autorisée par la société pour des questions de descendance. De nos jours, le syndrome de l'homme beaucoup plus âgé que sa compagne existe encore, mais pour des raisons liées à l'équilibre affectif du couple, et non à la procréation. En tombant amoureux d'une femme qui a vingt ans de moins que lui, l'homme se sent revivre, rajeunir, tandis que la femme, déçue par les compagnons de son âge, recherche la sécurité et l'expérience d'un homme qui a déjà vécu. Dans les grandes villes, la situation inverse se rencontre également bien souvent. On trouve des hommes jeunes en quête non plus d'une « princesse », mais d'une « reine », alors que des femmes plus âgées se sentent mieux – sexuellement, bien sûr, mais aussi affectivement – avec des partenaires ayant des années en moins.

3. *Masculin, féminin, ou...*

J'ai déjà parlé, dans mon livre *Être sûr de soi*[16], du syndrome de l'hermaphrodite psychologique, de plus en plus répandu de nos jours parce que certaines célébrités – et je pense surtout au monde de la mode et du design – savent mêler avec bonheur les caractéristiques masculines et féminines. Un exemple ? La star du foot David Beckham, qui n'a pas hésité à apparaître en public avec des ongles roses. Mais il suffit de regarder autour de soi pour voir des éphèbes qui ne sont pas pour autant forcément homosexuels, ou des filles toujours en jeans ou en « uniforme », la tête rasée par esprit de provocation, mais qui ne sont pas lesbiennes. Je suis d'avis que s'ils ne sont pas reniés, le masculin et le féminin présents en chacun de nous enrichissent notre personnalité, la rendent plus complexe. En outre, et ce n'est pas négligeable, leur fusion permet aussi de vivre davantage d'expériences sexuelles et de connaître davantage de sensations nouvelles.

À cet égard, l'histoire de Jean-Philippe est exemplaire. Cet homme de 35 ans a un visage de gentil garçon et il est déjà bien lancé dans le monde de la publicité. Sociable, séduisant, et fort peu timide, il me raconte qu'après avoir déclaré son homosexualité à sa famille et ses amis (qui l'ont acceptée sans problèmes), il s'est rendu compte que les choses ne s'arrêtaient pas là : il était autant attiré par les hommes que par les femmes. Il cherche désormais une compagne pour son nouveau projet : la paternité.

4. *La mondialisation du sexe*

Les voyages, les migrations, les déplacements continus, y compris professionnels, favorisent les croisements et enchevêtrements des habitudes sexuelles et nous poussent à sortir des rails de notre comportement habituel. On pense, bien entendu, au sexe mercenaire et à *Plateforme*[17], le roman de Michel Houellebecq qui a fait tant de bruit en racontant histoire d'un homme qui, en Thaïlande, essaie, vante et défend le sexe payant avec des adolescentes...

On peut surtout penser au tourisme de masse qui amène de plus en plus de gens à sillonner le globe, à toutes les possibilités qu'offrent l'école primaire, d'abord, et l'université, ensuite, aux années de lycée que l'on peut passer à l'étranger grâce au programme Erasmus, aux milliers de *backpackers* qui parcourent le monde avec leur sac au dos... Il y en a même qui réussissent à conjuguer créativité et esprit d'aventure. C'est le cas d'un jeune Hollandais qui, grâce à Internet, voyage aux quatre coins du globe : il a un site (www.letmestayforaday.com) et reçoit des milliers d'invitations par courriel. Comme l'indique le nom de son site, il ne fait halte que pour une nuit, et il apporte à son hôte inconnu un cadeau de l'hôte précédent... Parti le 1er mai 2001, il ne s'est arrêté que le 15 septembre pour préparer un nouveau départ.

Tout cela aboutit à un mélange de passions, d'histoires et d'émotions auparavant inimaginable. Le grand amour de vingt ans n'est plus, ou n'est plus seulement, celui qui naît avec la voisine de palier ou le garçon connu sur une plage de vacances, mais celui que l'on vit avec un étranger rencontré sur les chemins d'Internet ou de la planète. La mondialisation du sexe veut également dire que sur le Web, on peut trouver toutes les variantes de la sexualité et qu'un comportement autrefois réservé à un petit cercle de personnes, presque clandestin, est désormais vu comme une nouvelle pratique possible. Je reviendrai sur cette puissance d'Internet au chapitre VI.

5. *Les malades de l'urgence : tout et tout de suite*

Si Internet est la drogue de l'espace, l'urgence est la drogue du temps. Et dans les situations d'urgence, on n'a plus le temps de se courtiser ; les sensations dominent tout. D'ailleurs, le phénomène bien américain du *speed dating* n'est-il pas dicté par l'urgence et par la hâte de se connaître (sans parler de la solitude croissante dans les grandes villes) ? Né de l'idée d'un rabbin, afin de permettre à des célibataires juifs de se rencontrer et... de se marier, il s'agit d'un « flirt rapide ». Son principe est simple. Des célibataires s'inscrivent à une soirée. Les femmes sont installées devant une petite table. Devant chacune d'elles vient s'asseoir pendant quelques minutes (3, 5, ou 10) un inconnu. Juste le temps de se regarder, de se poser quelques questions, et de remplir une fiche... Quand la sonnette retentit, c'est au tour du suivant. Ensuite, les organisateurs comparent les fiches, et si mademoiselle X déclare apprécier monsieur Y, on fournit son numéro de téléphone ou son adresse électronique à l'homme en question. Cupidon n'a plus qu'à préparer ses flèches !

Cela paraît incroyable, et pourtant le *speed dating* remporte un énorme succès et est déjà à l'origine de plusieurs mariages, notamment dans la communauté juive. Au point qu'il a été créé un site et un manuel [18] et que l'idée a été copiée ailleurs, aux États-Unis mais aussi au Canada et en Australie. Le phénomène gagnera-t-il aussi l'Europe ? Pour le moment, il n'est apparu qu'à Paris. Mais il risque de se répandre, et on peut craindre l'usage que risquent d'en faire les éternels pressés.

En effet, la rapidité est au cœur du comportement autoritaire et capricieux de certains adultes qui pensent que les autres doivent accepter tout ce qui vient d'eux. Dans les relations conjugales, ces personnes souffrent d'un gros handicap, parce que leur attitude frénétique est peu compatible avec le rythme des autres et radicalise des malentendus qu'un peu de patience permettrait de lever. Nous reviendrons sur cette question dans le chapitre sur les compulsifs sexuels, car nombreux sont ceux qui ne savent satisfaire leurs besoins sexuels que très vite et dans la précipitation.

En outre, l'urgence déclenche un grand activisme destiné à combler un vide existentiel. Rien de pire, pour les intéressés, que l'ennui, qui peut provoquer des sensations intolérables et entraîner des conduites violentes et, apparemment, gratuites. Dans de tels cas, la hâte n'est pas dictée par des événements extérieurs, mais par la nécessité de combler un manque intérieur. Les éducateurs qui s'occupent d'adolescents à problèmes ou de délinquants connaissent bien ce genre de bravades sexuelles qui semblent imprévisibles, mais qui compensent en fait un insupportable sentiment d'ennui.

Mais il n'y a pas que les adolescents qui se sentent dans l'obligation d'agir constamment pour se sentir vivre. Ainsi, je connais un avocat de renom qui vivait à Rome avec sa mère, et avait épousé une femme d'origine asiatique à qui il avait acheté un magasin à Hongkong – il continuait, de son côté, d'exercer surtout à Milan. Il était sans cesse en train de courir à l'aéroport, travaillait dans la même hâte, rencontrait sa femme pour des « éjaculations à la va-vite » et passait rapidement à Rome afin de vérifier si sa mère était toujours en vie. Il m'a consulté pour une tachycardie paroxystique et une impuissance d'origine anxieuse. Mais il n'avait pas de temps à consacrer aux perversions soft.

6. Euphoriques et transgressifs ou alors déprimés...

Derrière nombre de comportements euphoriques, y compris dans le domaine sexuel, se cache une dépression latente. Combien de cadres d'entreprise vivent à un rythme accéléré en déployant une énergie sans nul doute supérieure à la moyenne ? Ils se maintiennent dans un état d'euphorie contrôlée pour contrer la dépression qu'ils couvent et ressentent comme une menace. Le même mécanisme se retrouve dans certains comportements sexuels « hors normes », comme dans le cas de Brigitte.

Brigitte est une quadragénaire, grande et blonde, qui

arbore un corps tonique et musclé, mais présente un comportement autopunitif. C'est pour cela qu'elle est venue me consulter : elle voudrait changer.

Comme souvent, au cours de la psychothérapie, le patient passif et masochiste se met à jouer un rôle plus actif et plus gratifiant. Et Brigitte est, elle aussi, devenue plus entreprenante et a désormais plusieurs amants. Elle aime se montrer désinhibée, comme elle me le confie lors d'une séance. Elle fréquente maintenant régulièrement un « compulsif sexuel », un homme marié que sa femme autorise à la tromper parce qu'il a besoin, dit-il, de faire l'amour au moins deux fois par jour. C'est lui qui décide quand il va voir Brigitte, mais il lui laisse le contrôle de leurs échanges érotiques. Elle invente pour lui des positions spéciales, et son côté « féminin » évolue.

Par comparaison avec son masochisme antérieur, le comportement actuel de Brigitte est plus gratifiant, même s'il peut être plus dangereux. Ainsi, elle me raconte que dernièrement, elle a séduit un homme au supermarché. Ils sont sortis ensemble, puis ont fait l'amour en voiture. Brigitte prétend sentir le diable en elle... Elle est aussi attirée par les perversions soft. Elle a passé une nuit avec une lesbienne, juste par curiosité. Pourtant, ces comportements masquent une dépression et une faible estime de soi, qu'elle croit renforcer à travers ces multiples expériences sexuelles.

LES FEMMES D'AUJOURD'HUI : PLEINES D'ASSURANCE OU MÉCHANTES ?

Les expériences sexuelles innovantes sont donc parfois un masque pour ne pas affronter les problèmes émotionnels de fond. Les sentiments, en effet, évoluent plus lentement, ce qui fait que les jalousies jetées par la porte rentrent par la fenêtre, et que les conflits de pouvoir demeurent, de même que le besoin de tendresse et de liens solides. À cet égard, je trouve emblématique l'expérience de Claire, 36 ans. Claire a un corps de mannequin qu'elle exerce constamment et un bon poste dans l'une des banques d'affaires les plus prestigieuses au monde. Elle vient me voir pour un problème lié à son rapport avec les hommes : elle n'arrive pas à faire durer une relation. Pire, elle joue toujours un rôle de victime au sein du couple. Ce n'est jamais elle qui arrête l'histoire, laquelle ne dépasse jamais les deux mois, mais le partenaire de service qui d'abord fasciné, finit bien vite par se fatiguer de vivre aux côtés d'une « hyène carriériste ».

Claire est donc une « femme nouvelle ». Et il est vrai qu'au cours de ces dernières décennies, les femmes ont beaucoup changé : affranchies et décidées, elles ont flairé l'odeur du pouvoir et le revendiquent en sortant leurs griffes s'il le faut. Est-ce à cause du vieux slogan « les gentilles filles vont au paradis, les méchantes partout », ou des nouveaux médias qui dévoilent de plus en plus les coulisses de l'univers masculin ? Quoi qu'il en soit, désormais, les femmes tuent, tiennent des kalachnikovs et manient la dynamite sans trop se poser de questions. Et pour la première fois, la situation dramatique dans laquelle se trouve Israël a poussé sur le devant de la scène des jeunes filles kamikazes qui s'immolent pour la cause palestinienne. Elles sont porteuses de mort, mais aussi victimes d'une guerre sainte qui ne reconnaît l'égalité des femmes que dans le martyre.

Les femmes ne reculent donc plus devant des initiatives belliqueuses. Sont-elles devenues méchantes ? L'ont-elles toujours été ? L'histoire et la mythologie contiennent d'illustres exemples, comme celui de la magicienne Médée, qui, pour Jason, trompe son père et détruit son frère. Rien d'étonnant à ce qu'une femme d'un tel courage, se trouvant abandonnée, conçoive une vengeance terrible, tue la fiancée, le futur beau-père et les enfants du traître, mais laisse en vie Jason, lequel se repent d'avoir sous-évalué les talents de son ancienne maîtresse.

Mais contre qui ou quoi serait donc dirigée cette méchanceté au féminin ? Sans doute contre un imaginaire qui veut que les femmes ressemblent à des madones, ou tout au moins à des fées du foyer, à des secrétaires empressées ou des infirmières zélées. Qu'elles soient dévouées à leur famille, à leur chef, bref à quelqu'un d'autre qu'à elles-mêmes, alors que l'air du temps, qui connaît et favorise le changement à marche forcée, leur a fait découvrir qu'il est agréable de tirer parti de ses qualités pour soi. Pleines d'assurance, déterminées et fortes d'une grande estime d'elles-mêmes, elles se sont rendu compte que bien souvent, elles n'ont plus besoin de courtiser le pouvoir, et qu'il leur suffit de tendre la main pour s'en emparer. C'est ainsi qu'elles s'inscrivent à des cours qui promettent de révéler les vertus et les secrets de siècles de réussites masculines – par exemple, évaluer plusieurs variables à la fois avant de prendre une décision ou acquérir un esprit « de réseau », en s'appuyant sur un ensemble de connaissances et de soutiens qui garantissent la survie face à l'actuelle rotation du pouvoir.

En écoutant Claire et ses aveux de femme-hyène, je suis néanmoins saisi d'un doute. Cette image de femme impitoyable aux ongles effilés ne serait-elle pas le résultat d'une indigestion de films hollywoodiens, la projection d'un désir de petite fille de ressembler à papa ? Ne se pourrait-il pas, en fait, que les griffes cachent une âme tendre à la recherche d'un nouveau « centre de gravité permanent » qui soit un peu plus stable ?

CHAPITRE II

La perversion soft

Le terme « passion » vient du mot latin *passio*, qui a deux acceptions. La première est celle de « souffrance » : la passion est sacrifice, comme dans le christianisme, et chez certains artistes ou savants qui se consacrent corps et âme à une cause. La seconde acception, elle, renvoie à l'idée de « passivité » : le passionnel est alors l'esclave de ses pulsions et de ses désirs. Pour Descartes ainsi, la passion est le contraire de la raison et, surtout, de l'action ; elle émane du corps, ou encore des émotions, qui sont des mouvements de l'âme. Avant lui, les stoïciens la considéraient, eux aussi, comme une maladie de l'âme due à la tyrannie du corps. Vue ainsi, la passion fait toujours souffrir et on en est toujours victime. Comme l'écrivait Marcel Proust, quand on aime, on n'aime plus personne.

Et les hommes et les femmes d'aujourd'hui, que pensent-ils de la passion ? La craignent-ils ou la recherchent-ils ? Selon un récent sondage de l'IFOP effectué auprès de mille personnes, ils s'en font plutôt une image positive. Pour 67 % d'entre eux, en effet, la passion rend heureux ; pour 50 %, elle fait vivre, pour 47 %, elle fait mûrir. Mais elle fait aussi souffrir (20 % des sondés), elle motive (19 %), elle est le début de l'amour (13 %), elle rend fou (11 %), elle est dangereuse (11 %), forcément brève (6 %) et elle empêche de vivre (5 %). Seules 7 % des personnes interrogées ne se sont pas prononcées[1].

L'ÉMOTION ? UN SAUT À L'ÉLASTIQUE

Globalement, la passion amoureuse est toujours considérée comme peu raisonnable, parce que répondant à un besoin personnel qui pousse souvent l'individu au-delà des règles morales, du mariage, du travail, de la soumission à l'autorité. Dans notre société, seuls les artistes et les savants ont le droit (le devoir ?) d'être passionnés : c'est indispensable à leur activité. Les hommes ordinaires ne le peuvent que s'ils s'intègrent à la communauté, s'ils se soumettent aux règlements qui ont canalisé leur force créatrice vers le travail et la consommation. La passion est aussi admise à travers le filtre des mass-médias : la télévision cherche à faire de l'audience avec des séries orageuses ou des émissions comme *Loft Story*.

Certains, aussi, vivent le risque en dehors de la sphère amoureuse, comme dans les sports extrêmes : Deltaplane, ski hors pistes, saut à l'élastique. Le « saut dans le vide » est un rite tout particulièrement apprécié par les jeunes d'aujourd'hui, et ce n'est peut-être pas un hasard s'il est si répandu. C'est un geste extrême, dangereux (on a récemment entendu parler de deux jeunes fiancés morts, ensemble, en sautant à l'élastique), et pour cette raison même extraordinairement tentant et excitant. Mais qu'est-ce qui pousse tant de jeunes de moins de 30 ans à s'exposer à des sensations aussi violentes ? Il me semble que, de nos jours, l'excès d'émotions fortes proposées par les médias est tel – en l'absence, qui plus est, du mur de l'interdiction familiale, dont le franchissement constituerait, en soi, un frisson –, que la violence en direct est si forte et si habituelle – corps nus, massacres, guerres, etc. – que beaucoup en viennent à « mendier » de l'adrénaline à travers un geste extrême qui, s'il peut paraître absurde à d'autres, est peut-être pour eux le seul qui ait encore un sens.

Le saut à l'élastique serait donc un symbole de la recherche de sensations fortes parmi les jeunes ? Peut-être, mais il est aussi l'expression d'une certaine méfiance à l'égard des sentiments. Comme me l'a récemment expliqué un patient, il est beaucoup moins dangereux de sauter d'un pont attaché à un élastique que de rencontrer une femme d'aujourd'hui. Et il est vrai que tout en rêvant de rapports de couple passionnés, la femme continue d'imaginer un homme qui n'existe plus, alors que l'homme, lui, voit dans la femme émancipée davantage une sorcière qu'une égale.

La recherche de sensations fortes en amour serait-elle là, aussi, pour compenser la peur des sentiments ?

LES FANTASMES : DE PLUS EN PLUS RÉELS

Avant la perversion, vient le fantasme érotique qui brise la monotonie de la sexualité. Pour certains, il s'agit d'emplir une relation d'émotions. Ou de débusquer des sensations nouvelles : si au lit, vous êtes aussi gai qu'un croque-mort, vous pouvez ressusciter, à travers la créativité, une vie sexuelle endormie. Ce qui ne consiste pas seulement à verser dans l'étrange.

Comment faire, alors ? Pour le savoir, certains s'adressent directement aux intéressées. J'ai été frappé, par exemple, par une enquête réalisée par *Cosmopolitan*[2] sur ce qui permet à une femme de se sentir sexy : 22 % d'entre elles ont répondu « sortir sans slip ». Et le lieu le plus excitant pour faire l'amour ? Pour 71,9 % des femmes interrogées, c'est un phare (symbole à la fois romantique et érotique), pour 41,6 %, c'est un stade (désert), et pour 17,7 % un avion. Au point qu'est né le club de ceux qui ont fait l'amour en altitude (www.milehighclub.com).

Ces lieux insolites et transgressifs sont ceux qui déchaînent l'imaginaire érotique, si on en croit les résultats d'un sondage en ligne (http://digilander.iol.it/COCCOLE/fantasie_erotiche.htm). En effet, 68 % des femmes interrogées (en personne ou sur Internet) déclarent surtout fantasmer autour des lieux de l'amour. Les fantasmes de voyeurisme ou d'homosexualité n'arrivent qu'après (34 % des sondées), mais bien avant ceux liés au sadomasochisme.

Faut-il en déduire que le lit conjugal est ennuyeux ? Disons au moins que les femmes imaginent d'autres possibilités. Et les hommes ? Les fantasmes masculins les plus fréquents[3] sont de faire l'amour avec plusieurs femmes, les fantasmes initiatiques et les fantasmes de contrainte (attacher ou stimuler une personne non consentante), alors que les femmes ont des fantasmes plus sentimentaux, ou bien de type exhibitionniste ou masochiste.

Chez certains, le désir sexuel naît du corps, par exemple avec une sensation de chaleur dans le bas-ventre ou une érection qui déclenche les fantasmes érotiques.

Chez d'autres, c'est l'inverse : l'imagination se met en branle à partir de scènes érotiques et provoque des réactions physiques. Enfin, les fantasmes peuvent impliquer ou non le partenaire. L'absence du partenaire dans l'imaginaire érotique est alors souvent liée à l'installation du couple dans la routine, mais provoque parfois une grande culpabilité, et un sentiment de quasi-trahison.

Il faut rappeler qu'aucun fantasme ne peut être totalement réalisable, du fait de la distance qui sépare le réel de l'imaginaire. Comme l'a écrit Sartre, la réalité est toujours nouvelle, toujours imprévisible. Et un fantasme érotique ne doit pas subir les contingences et les mésaventures du réel. Il ignore les difficultés. En ce sens, il est proche de la magie. Or, aujourd'hui, les actes ont tendance à remplacer les fantasmes, alors que par nature, ils sont forcément moins libres. Ainsi, dans un sondage effectué par Radio 105 [4] sur les lieux où faire l'amour 27 % des couples interrogés indiquent la machine à laver (en marche, pendant l'essorage), 23 % le garage, 21 % la table de la cuisine. Ensuite, viennent la douche, l'escalier et même l'armoire. Les couches insolites sont de plus en plus nombreuses, dans l'imagination, mais aussi dans la réalité. La limite entre perversion et transgression devient plus ténue. Elle doit cependant être maintenue au nom de deux critères : le code pénal, qui interdit certains comportements (par exemple, en public ou avec un mineur), et la disponibilité du partenaire.

QU'EST-CE QU'UNE PERVERSION SOFT ?

Pour commencer, partons de la perversion hard, décrite dans les livres de psychiatrie et les essais du début du XXe siècle (Krafft-Ebing et Havelock Ellis), puis analysée par Freud comme une régression à des modes enfantins d'expression et de satisfaction du désir sexuel qui se traduit, sur le plan du comportement, en conduites anormales par rapport à l'objet sexuel ou à l'objectif recherché. De ce point de vue, l'histoire d'Arnold, 26 ans, est exemplaire. Il souffre d'une forte anxiété de performance, entre autres parce que son fantasme numéro un est d'avoir des rapports avec une géante. Il se « voit » réduit à quelques centimètres en train d'observer ces femmes immenses dressées devant lui. Il s'agit manifestement d'une situation infantile qui s'est fixée. Depuis, Arnold ne rêve que de jeunes femmes très grandes et faisant au moins du 42 de pointure... Par la suite, Freud découvrira qu'il ne s'agit pas simplement de l'expression d'une sexualité infantile et immature, mais aussi des défenses élaborées par l'individu pour se protéger de l'angoisse engendrée par les conflits œdipiens.

La perversion hard est une attirance irrésistible pour un type de comportement hors norme ou bizarre. La plus connue est sans doute le sadomasochisme, qui implique soumission, coups de fouet et bottes de cuir. Ses adeptes, extrêmement nombreux, opèrent néanmoins une distinction subtile entre les pratiques sadomaso, ou S/M et les pratiques désignées par l'abréviation BDSM (*Bondage and Discipline, Domination and Submission*, et *Sadomasochism*), où chaque catégorie représente des approches et des aspects différents du jeu du plaisir et de la douleur.

Même si pour les fans de BDSM, l'idéal est que chaque jeu puisse être qualifié de « sain », c'est-à-dire qu'il ne soit pas mû par l'envie de se libérer de sa colère ou de ses frustrations, de « sûr », c'est-à-dire qu'il ne cause pas de dommage physique et de « consensuel », c'est-à-dire qu'il soit choisi par des personnes adultes et complices. Voyons de plus près quels « jeux dangereux » composent le BDSM.

— *Bondage* et *discipline* : c'est l'art d'attacher, avec des méthodes d'immobilisation qui vont des menottes aux chaînes en passant par les foulards de soie. Les seules limites sont celles de l'imagination. Il s'agit de jeux « statiques » et très « esthétiques », ce qui explique qu'ils soient prisés par les photographes amateurs et professionnels.

— *Domination* et *soumission* : c'est l'art de plier et de se plier. L'élément majeur est l'obéissance, qui suppose des humiliations physiques et verbales. Les jeux sont très cérébraux et supposent une grande mise en scène.

— *Sadomasochisme* : c'est l'art des punitions physiques de nature et d'intensité variables. Et les risques de se faire du mal sont réels.

L'élément central de la perversion hard n'est cependant pas le sexe extrême, mais le manque de liberté, la prison dans laquelle se réfugie le pervers, quel que soit le danger qu'il fuit. Ce qui la distingue fondamentalement de la perversion soft.

Après 68 et la révolution sexuelle, l'éros a pu se défaire d'un grand nombre de tabous. On a voulu, et pu, expérimenter le sexe indépendamment des sentiments. C'est ainsi qu'est née la perversion soft, qui n'est pas l'expression de pathologies psychiques, mais simplement l'occasion de tester, en toute liberté, des situations nouvelles qui, auparavant, ne pouvaient être qu'imaginaires. Les rencontres de groupe, l'échangisme, certains comportements homosexuels adoptés par goût de l'expérience ou le port de vêtements de l'autre sexe ne sont plus classés comme des perversions (ou *paraphilies*), car il s'agit de moyens de s'exprimer sexuellement.

Dans cette perspective, la perversion soft accroît la liberté, alors que la perversion hard la restreint. Nombreux sont ceux qui, mus avant tout par la curiosité, décident de faire des expériences nouvelles et choisissent ensuite de les prolonger ou d'abandonner. Il est maintenant possible d'opter pour des comportements que l'on ne pouvait, autrefois, qu'imaginer, sans pour autant en devenir esclave. Ils sont seulement vécus comme des changements par rapport aux modalités habituelles. La liberté de l'individu est ainsi préservée et même valorisée. Trois exemples brefs suffiront pour illustrer cette nouvelle classification.

Charles a 24 ans, il est en crise avec sa fiancée. Leur lien est profond, mais ils ne parviennent pas à s'entendre au sujet de la « juste » intimité de leur couple. Elle, elle aimerait le voir tous les jours, alors que lui veut avoir des moments réservés pour sortir avec ses amis ou, tout simplement, rester à la maison et écouter de la musique. Lors d'un moment de grand conflit, il a fait la connaissance, sur des sites de « tchatche » hard, d'un couple qui cherchait un autre homme pour faire l'amour à trois (le mari était impuissant, ou peut-être voyeur). Charles a accepté, et ils se sont vus au moins deux fois. Il a vécu cette nouvelle expérience avec beaucoup d'excitation. La femme lui plaisait beaucoup. Cela ne l'a pas empêché d'arrêter parce que pour lui, ce n'était justement qu'une expérience. Il est revenu vers sa fiancée avec qui, dit-il, il se sent bien. Et ils continuent à débattre du juste degré d'intimité de leur couple...

Julia, 32 ans, est séparée. C'est une femme sensuelle et agréable, qui s'est surprise à imaginer ce que serait l'amour avec une autre femme ou l'amour à trois. L'occasion se présente avec une amie qui, sous un prétexte quelconque, l'invite à connaître une expérience de ce genre. Julia est stupéfaite, mais se laisse entraîner dans une transgression qu'elle vit comme un jeu et dont elle est fière comme une adolescente qui a franchi ses limites.

Rose, elle, a 30 ans. Après la fin d'une longue histoire sentimentale, elle a décidé de profiter de sa nouvelle situation de célibataire avant de s'engager de nouveau dans une relation importante. Ces trois derniers mois, elle a souvent changé de partenaire, pour « entraîner son orgasme ». Cette vision « gymnique » du sexe est nouvelle pour elle, et fortement transgressive puisque avant, c'était la règle mais uniquement pour les hommes.

Jusqu'à quel point les perversions soft sont-elles répandues, et quelles sont les plus prisées ? J'ai réalisé un sondage sur mon site www.willypasini.it. À la question « quelle est, si vous en avez une, votre perversion soft ? », 1 978 personnes ont répondu et placé en première position les rapports en groupe et l'échangisme (43,1 %). Venaient, ensuite, les rapports homosexuels « pour essayer » (26,7 %), le sexe virtuel (12,9 %) et diverses autres pratiques (17,2 %).

NOUVELLES GÉNÉRATIONS, NOUVELLES TRANSGRESSIONS

Il est loin le temps où les adolescentes me consultaient les yeux baissés parce qu'elles faisaient déjà l'amour et voulaient prendre la pilule, ou parce qu'elles avaient mal lors des rapports sexuels (ce qui trahissait leur inhibition à l'égard de la sexualité). Tout a changé, et beaucoup de jeunes filles ont des comportements extrêmement séducteurs.

Ainsi, Diane, 18 ans, va tous les samedis soir dans un local où l'on pratique les nouvelles danses latino-américaines. La dernière d'entre elles a un curieux nom, la Perrita. Les filles s'étreignent en petits groupes, d'abord debout, puis à quatre pattes comme des chiens (en espagnol, *perro* veut dire « chien »), puis les garçons en font autant et se placent derrière les filles. L'allusion sexuelle est évidente, bien plus que dans d'autres danses déjà très érotiques comme la Lambada. Diane est venue au Centre de planning familial en demandant une « pilule du lendemain », parce qu'à la suite d'une de ces soirées, elle avait eu des rapports non protégés.

Le comportement de Marina, 17 ans, est encore plus explicite. De temps en temps, elle participe à une « tournante » : elle sert de « matelas » à deux ou trois garçons de suite. Elle dit avoir appris ce genre d'activités à 13 ans. En Sicile, où elle est née, cela se faisait dans la cave de la HLM où elle habitait. Ce sont là des expériences de sexualité concrète, souvent sans pénétration, mais en groupe.

Ces comportements, selon moi excessifs, sont aussi l'expression d'une carence au niveau du modèle familial présenté aux adolescents, qui finissent par prendre pour exemple ce qu'ils voient dans la publicité ou les films pornos. À cet âge de la vie où l'on cherche le juste milieu entre pulsion et limites, le manque de règles imposées par des adultes dans le domaine de la sexualité aboutit à faire comme si tout était normal. Autrefois, l'indépendance du sexe par rapport au cœur était caractéristique des hommes, qui étaient parfois « initiés » dans des maisons de tolérance. De nos jours, bien des filles ont repris cette scission à leur compte. Comme Laure, qui m'a dit « d'abord le corps, ensuite le nom, et après seulement, le téléphone ».

Mais attention, ces comportements, qu'il convient de ranger parmi les perversions soft peuvent perturber l'évolution des adolescents, sans parler des accidents de parcours qu'ils risquent de causer (maladies sexuellement transmissibles et grossesses non désirées).

LE CHARME DE L'INCONNU

Il arrive que la passion et le désir surgissent dans un contexte inhabituel, ou soient provoqués par une personne qui, en temps normal, n'aurait pas suscité notre intérêt. En réalité, ces curieux mécanismes suivent une logique et pourraient, dans certains cas, avoir un fondement biochimique.

Monique, par exemple, m'écrit une longue lettre dans laquelle elle raconte qu'elle s'est sentie extrêmement confuse à son retour d'un déplacement professionnel. Elle a rencontré un homme, dans une ville où elle ne connaissait personne, et bien qu'elle n'ait rien su de lui, elle s'est laissée aller à un rapport fugace, bouleversant et sans lendemain. Elle s'est trouvée dans la situation typique de celui qui a la possibilité, ne serait-ce que pendant quelques heures, de s'écarter, sans grand risque, de son image publique. Elle a ainsi donné libre cours à son désir d'aventure et de transgression en jouant un autre personnage. La facilité avec laquelle chacun de nous se laisse entraîner dans de telles situations dévoile notre propension à considérer toute nouveauté comme une occasion à saisir, ou plutôt comme un imprévu. C'est un peu ce qui arrive à ceux qui, après s'être connus en tchatchant sur Internet, décident de se fixer un rendez-vous. Tomber amoureux sur le Web, flirter sans s'être jamais vus... Le phénomène prend de l'ampleur et il peut déconcerter, car cette nouvelle façon de nouer des relations semble, au moins au début, avoir des effets irrésistibles et très positifs.

D'un point de vue physique, même si les palpitations qui précèdent ce type de rencontre sont plutôt agréables, elles correspondent à un stress. Et les expériences sur des animaux de laboratoire indiquent qu'un léger stress provoque le désir sexuel, surtout si un partenaire est disponible. Avec les réserves d'usage, cela pourrait s'appliquer également aux humains... Par ailleurs, la rencontre d'une personne que l'on n'a jamais vue permet de projeter librement ses désirs. Certes, on peut être déçu, mais sur le coup, il y a de grandes chances que l'autre soit, pour les deux partenaires, un miroir parfait. Enfin, il ne faut pas négliger le plaisir lié au risque. Au fond, c'est comme jouer à la roulette : on peut tout perdre ou tout gagner en une seule fois.

Parfois, le frisson de la rencontre avec un inconnu va de pair, dès le premier instant, avec des attentes érotiques. Un exemple ? *Une liaison pornographique* [5], petit film culte d'il y a quelques années. Les protagonistes – des gens tout à fait normaux – se trouvent grâce à une annonce « ciblée » : ils cherchent un partenaire pour aller à l'hôtel, mais sans rien révéler de soi, pas même son nom. Et il ne s'agit pas de faire l'amour, mais de s'adonner à une agréable pratique sexuelle (que le film ne dévoilera jamais, laissant toute latitude à notre imagination). Les rencontres se succèdent, dans un hôtel anonyme, au sein d'un Paris chaotique et séduisant... Jusqu'au jour où, fatalement, les deux personnages se rendent compte qu'ils sont amoureux et qu'ils en veulent davantage. Mais cela ne sera pas possible, parce que leur relation n'était, comme l'indique le titre du film, que « pornographique ».

Au fond, le succès qu'a remporté ce film est une énième démonstration de l'envie de connaître des frissons qui traverse notre société et du haut niveau général de disponibilité à l'égard des petites transgressions. Certaines situations de danger soudain – l'ascenseur qui reste bloqué, ou un atterrissage de fortune – peuvent déclencher un mécanisme du même genre. Quand la peur augmente, on se sent attiré par celui ou celle qui, par le plus grand des hasards, est à côté de soi. Ce qui s'explique par le fait que dans les moments de difficultés, nous sommes portés à rechercher une compensation, un soutien, un contact physique.

Pour tromper une énorme angoisse, comme celle de mourir, nous devons nous accrocher à quelque chose de vivant. Or, le désir sexuel et sa réalisation sont l'expression de vie la plus forte qui s'offre l'être humain. C'est aussi pour cela qu'à New York, après le 11 septembre, certains ont raconté avoir fait l'amour avec une intensité sans précédent : les événements avaient entraîné un choc, un deuil, mais aussi la rupture des codes de coexistence civile, ce qui pousse à dépasser ses limites.

SEXUALITÉ ET OBJETS

Certains ont des rapports érotiques avec des objets (il s'agit du fétichisme, dont nous parlerons plus loin), d'autres nourrissent leurs fantasmes relationnels à l'aide d'objets stimulants. Je pense, par exemple, à une nonagénaire, veuve depuis vingt ans, qui utilise encore un vibromasseur acheté par son mari (qui, dans ses dernières années, était devenu impuissant). Elle me demande si cette habitude peut être mauvaise pour sa santé. Absolument pas, d'autant que ce comportement lui donne le sentiment d'être encore bien vivante et en « contact » avec son mari disparu. Une autre femme, elle, se sert d'un gros pénis artificiel en caoutchouc, qui lui rappelle son ex. Elle a des rapports réguliers avec son mari actuel, mais il lui arrive, quand il dort, de s'enfermer dans sa salle de bain avec son objet préféré et secret.

Concernant les vibromasseurs, peu savent que cette invention remonte à la fin du XIXe, comme l'indique Rachel Maines dans son livre *Technology of Orgasm*[6]. En étudiant les textes médicaux de cette époque, cette chercheuse de New York a découvert que le premier brevet est détenu par un médecin anglais, Joseph Mortimer Granville. À quoi servaient-ils ? À soigner l'hystérie, diagnostiquée comme une maladie très répandue et chronique chez les femmes et perçue, depuis l'Antiquité, comme la conséquence d'insatisfactions d'origine sexuelle. Les premiers vibromasseurs ont donc remplacé l'hydrothérapie (les massages au jet d'eau) et les massages pelviens. Ces appareils, d'abord à pédale, ont ensuite été équipés d'un moteur à vapeur et ont été utilisés dans les établissements thermaux. Plus tard, lorsqu'ils sont devenus électriques, ils ont fait leur apparition dans les maisons, et plus particulièrement dans les cuisines, parce que l'on pouvait monter des mixers sur leur moteur. Celui-ci permettait également de faire fonctionner une cireuse ou un ventilateur. Cette dimension sociale du vibromasseur comme appareil médical ou ménager a disparu vers 1960, quand les Américaines ont commencé à l'employer explicitement comme instrument sexuel. En Europe du Sud, l'objet a cependant moins de succès que dans les pays du Nord et les États-Unis, où les féministes l'ont chargé d'assurer l'indépendance de la femme vis-à-vis de l'homme.

Autre « objet érotique » dont on a recommencé à parler dernièrement : la ceinture de chasteté. En Italie, on peut s'en procurer auprès d'une entreprise de Gubbio (Ombrie) qui, depuis trente ans, produit des armes et des instruments de l'époque médiévale, essentiellement pour le théâtre et le cinéma. Ces ceintures ont cependant un public de connaisseurs qui les recherchent et les achètent par Internet : il y a des acquéreurs à New York, à Pékin, à Londres ou à Paris, explique le propriétaire de la société, et ils sont nombreux. Son entreprise en fabrique (et en vend) entre huit cents et mille par an. Elles sont d'un prix modique (autour de 70 euros), lequel varie bien évidemment en fonction des décorations et de leur degré de finition.

Une petite précision s'impose. L'hypothèse selon laquelle les ceintures de chasteté ont été utilisées pour la première fois du temps des croisades, afin de préserver la vertu des dames qui restaient seules pendant des mois ou des années, n'est sans doute qu'anecdotique. Nous n'en avons aucune preuve historique, et il subsiste de nombreux doutes pratiques : comment est-il possible de porter un tel « cadenas » (même doublé, intérieurement, avec du velours ou du cuir), sans jamais l'ouvrir, et sans jamais tomber malade pour des problèmes d'hygiène ? La seule chose certaine est que les ceintures de chasteté ont bien été inventées, fabriquées et employées. Mais sans doute pendant des durées considérablement plus courtes.

À en croire certaines sources, il semble que la première ceinture de chasteté ait vu le jour en Italie : un document de 1405, conservé à la bibliothèque de Göttingen, en Allemagne, évoque le « dispositif florentin ». Nombre des ceintures que nous pouvons admirer dans les musées appartenaient à des femmes célèbres. Ainsi, celles du musée de Cluny, à Paris, auraient été commandées par Henri II pour sa femme Catherine de Médicis et par Louis XIII pour Anne d'Autriche. Et celles que l'on peut voir au palais des Doges, à Venise, appartenaient sans doute à l'épouse de François II de Carrare. Et aujourd'hui ? Mis à part des reproductions plus ou moins fidèles d'objets médiévaux, on trouve, dans le commerce, diverses « ceintures de chasteté d'aujourd'hui », spécialement conçues pour des jeux érotiques. En général, elles sont en acier inoxydable recouvert de néoprène ou de caoutchouc. Les matériaux et la technologie utilisés sont modernes, mais leur forme est toujours inspirée de celles d'autrefois.

Toujours à propos d'objets érotiques, en ce moment où l'on parle beaucoup – à tort, je le crains – de Viagra rose, je voudrais signaler le succès de l'EROS-CTD *(Clitoris Therapy Device)* de la société Urometrics. Cet appareil accroît l'afflux sanguin dans les parties génitales en procédant en toute sécurité à une légère aspiration du clitoris. Et il guérit donc mécaniquement l'absence d'orgasme, dont souffriraient 43 % des Américaines – car l'invention est américaine. Selon son fabricant, l'EROS-CTD « améliorerait les sensations, la lubrification, l'orgasme et la satisfaction globale ».

PERVERSIONS SOFT : COMMENT LES GÉRER ?

Est-il possible de gérer l'eros transgressif au sein d'un rapport à deux ? Telle est bien la grande question qui se pose. Un penchant pour la perversion, en effet, est difficile à contrôler, à comprendre et à analyser, même au niveau personnel. Entre autres parce que c'est le premier pas d'une démarche consistant à comprendre, à aller jusqu'au bout d'un frisson ou d'une excitation et à décider ensuite d'y associer ou non son partenaire.

Je repense à Sally, une étudiante, fiancée, qui se définit comme « normale » dans sa sexualité comme dans la vie en général. Elle a cependant, depuis des années, un curieux fantasme : elle a vu des photographies extrêmement excitantes et raffinées d'Helmut Newton montrant des femmes qui portaient des bustiers, des corsets, etc. Ce qui a créé chez elle un trouble érotique assez étrange. Elle avoue que depuis, elle ne cesse de penser qu'elle aimerait être couverte de plâtre, porter un bustier, ou être bandée. Elle qui a horreur d'avoir mal et a toujours eu peur de se casser une jambe au ski, elle rêve que son médecin lui prescrive une minerve pour son cou ! Elle me rappelle les femmes qui se font attacher sur leur lit – parfois avec un foulard de soie – pour atteindre l'orgasme. Sally me demande, donc, comment se comporter à l'égard de ses fantasmes : doit-elle les raconter à son fiancé ? Les expérimenter avec lui ? Je pense que non. Il me semble plus excitant de renoncer à l'acte et de garder ces envies dans son « jardin secret ». Dans les prochains chapitres, je tenterai néanmoins d'apporter des réponses aux interrogations de Sally...

CHAPITRE III

Les couples qui survivent à l'éros transgressif

Dans *Casomai* [1], film italien qui a eu beaucoup de succès, on trouve une intéressante métaphore. Réussir à s'aimer pendant des années, à faire fonctionner un mariage, dit-on, c'est comme faire du patin à glace. À deux. On glisse ensemble, en se tenant la main ; les lames effilées courent sur la glace, il est difficile de garder son équilibre... Et il arrive que l'on tombe. Comment se relever, alors, et recommencer ? Alessandro D'Alatri, le réalisateur, a justement mis en scène, dans cette comédie sentimentale, les deux patineurs italiens champions du monde – Barbara Fusar Poli et Maurizio Margaglio – et leurs mouvements, leurs pirouettes, sont plus éloquents que n'importe quel dialogue. Mais on pourrait aussi penser, pour illustrer la survie du couple, à des funambules qui doivent garder leur équilibre grâce au seul fil de l'intimité qui leur permet d'évoluer ensemble. Un fil qui devient de plus en plus ténu avec l'éros transgressif.

Comment faire, donc, pour rester debout sur la glace ? Comment garder son équilibre sur un câble de plus en plus mince ? Voici les quatre scénarios où un couple peut « contrôler » la transgression et se l'approprier, et ainsi durer dans le temps.

LE COUPLE COMPLICE : DIRE OUI, DIRE NON

Certains couples parviennent à « jouer » avec un fantasme transgressif, à l'intégrer dans leur relation. Les partenaires aiment les émotions fortes, l'interdit, le prosélytisme à l'égard des non-initiés et les sensations qu'ils font naître chez les autres. Est-ce vraiment possible ? Oui, et les témoignages sur ce genre de cas sont tous très intéressants.

Ainsi Robert, qui me fait un aveu bien inhabituel. « Je suis excité par la vue et le contact avec le plastique. Le moindre sac de cellophane transparent, pour y mettre des vêtements est, pour moi, un incroyable ressort érotique. Cette histoire est profondément ancrée dans mon enfance, et depuis, j'ai gardé mon secret, balançant entre la joie et la honte. Jusqu'au jour où, il y a dix ans, en proie à de multiples doutes et craintes, j'ai tout dit à mon épouse. C'est une femme merveilleuse [...]. Même si je ne crois pas qu'elle ait compris les motivations et les causes profondes de ma perversion, elle l'a acceptée et a bien voulu la faire entrer dans nos jeux. Ainsi, non seulement notre satisfaction sexuelle est plus grande, mais elle m'a permis de me sentir un peu plus normal. Quelquefois, elle se moque de moi. Souvent, nous rions l'un de l'autre... Mais j'apprécie de plus en plus l'amour qu'elle me porte et qu'elle a su me prouver avec tant d'audace. »

C'est une belle histoire de complicité conjugale : une transgression reconnue et avouée qui devient un acte d'amour et de confiance au sein de la relation du couple. Mais ce n'est pas toujours le mari qui prend l'initiative. L'histoire de Morgane est celle d'une jeune fille qui veut mettre un peu de poivre dans son rapport avec son partenaire, et qui a « inventé » un jeu à forte teneur érotique. Lieu du « forfait » : les grands centres commerciaux. Tout homme sain d'esprit renâcle à l'idée de passer un après-midi entier à faire du shopping avec sa compagne. Mais pas le fiancé de Morgane, car elle a l'ingéniosité de toujours porter, pour l'occasion, des vêtements qui stimulait l'imagination, comme des tricots moulants. Et bien entendu, elle ne porte rien dessous. Elle passe donc d'une boutique à l'autre, d'un vendeur à un autre, et avec l'air le plus innocent du monde, appelle son amoureux : « Mon chéri, tu peux venir un instant me dire ce que tu en penses ? » Et ce qui arrive... je vous le laisse deviner. Bien sûr, dit Morgane, on ne peut aller jusqu'à la pénétration, mais il y a beaucoup plus : une escalade érotique continue, faite de nudité ou de volupté et de baisers, qui se termine le plus vite possible au lit. Ou en voiture.

Quelquefois, il est essentiel qu'il y ait un tiers. Éventuellement payé. Dans le livre *Lucciole nere*[2], on trouve une histoire typique de ce genre de cas parmi les témoignages des trente prostituées nigériennes recueillis à Turin. Une jeune femme interrogée raconte ainsi qu'elle a, au nombre de ses clients, un homme et une femme très attachés l'un à l'autre. D'âge moyen, aisés, ils viennent la chercher dans une grosse voiture de luxe et l'amènent dans leur lit conjugal. Pour la plus grande excitation de l'un comme de l'autre.

Voilà donc trois exemples de couples qui savent gérer la transgression. De maris et de femmes qui s'efforcent d'intégrer le frisson à leur vie quotidienne en le contrôlant. D'ailleurs, je ne parle pas seulement d'époux, mais aussi de couples temporaires, de personnes qui se sont rencontrées et font un bout de chemin ensemble, ou encore d'amants clandestins, d'inconnus qui ne se reverront jamais et, qui sait, ne se sont peut-être même jamais vus...

Telle est, par exemple, l'histoire racontée par Françoise Simpère dans *Le Jeune Homme au téléphone*[3]. Ce roman intrigant raconte la fascination réciproque qui unit deux inconnus. Un jeune homme remarque, dans la rue, une femme plus âgée que lui, et décide, d'un seul coup, de la suivre. Elle entre dans un immeuble, il regarde son nom sur la boîte aux lettres, cherche son numéro dans l'annuaire... et l'appelle. Il lui dit qu'elle est belle, qu'elle marche avec classe ; bref, il la drague. Ainsi commence, au téléphone, un jeu amoureux intense et inattendu qui durera près d'un an. Durant lequel l'homme est trop timide pour demander un rendez-vous et se faire voir, et où la femme se sent trop « vieille » pour avoir une aventure avec un garçon aussi jeune. Pourtant, à travers cette complicité faite de mots prononcés au téléphone, de séduction par le son de la voix, ils atteignent la volupté du plaisir...

Il arrive aussi que la complicité ne passe que par le sexe. Comme pour Clara, qui vit une relation avec un homme marié et a découvert avec lui le plaisir de la fessée. D'abord surprise, Clara s'est ensuite rendu compte que pour elle, ce rite était un aphrodisiaque qui la faisait jouir plus vite. Et son amant, lui, trouve excitant qu'elle lui demande ces agréables tapes sur la partie la plus charnue de sa personne. Ce secret les unit maintenant depuis plus d'un an. Mais Clara commence à vouloir plus : elle veut une relation sérieuse, elle aimerait qu'il quitte sa femme. Il promet, promet, mais... rien ne se passe. Du coup, elle songe à le quitter, mais elle ne peut pas renoncer à ses fessées bihebdomadaires. Elle est ainsi passée de la perversion soft à la perversion hard, de la liberté de l'expérimentation à l'esclavage, évolution qu'on retrouve fréquemment dans les couples qui ont, ensemble, un comportement sexuel « hors normes ».

Comment se défaire d'une perversion dont l'emprise grandit ? La seule solution passe peut-être par l'abandon du moins dépendant des deux. Je pense à Danièle, qui a juste dépassé les 30 ans et qui est fiancée. Lors d'un repas avec des amis, elle rencontre Alex, qui est, lui aussi, fiancé. Ils se regardent dans les yeux, se plaisent, se comprennent, et se laissent tout de suite aller au jeu extrêmement classique, mais néanmoins excitant, qui consiste à « se faire du pied ». Alex enlève sa chaussure sans que nul ne s'en aperçoive, et lui caresse longuement les pieds sous la table. Et Danièle suit tout de suite, la gorge serrée et l'estomac noué de plaisir. Le tout en faisant semblant de rien, en se cherchant et se fuyant du regard, tandis que les autres bavardent et que la conversation continue. Tel a été le début, la première étincelle. Ensuite, ils ont commencé à se voir en cachette, mais Alex ne peut jamais se passer de ce jeu fétichiste. Quand ils se rencontrent, son premier geste consiste à lui enlever ses chaussures et à lui ôter lentement ses bas pour lui embrasser les pieds. En dehors de ces circonstances, c'est un homme vigoureux, hargneux et ambitieux. Mais là, il se montre partiellement soumis. Et ce jeu, que Danièle qualifie de « cruel », est ce qui la lie profondément à lui. Même si, au bout de six mois de rencontres secrètes et de battements de cœur, elle commence, sexuellement, à vouloir un peu plus... Pour ma part, je pense qu'Alex souffre d'un fétichisme du pied qui l'oblige à passer par ce comportement pour être excité, alors que Danièle, elle, a d'abord été surprise par cette approche, puis satisfaite d'avoir « à ses pieds » un homme dominant et dominateur. Maintenant, pourtant, elle souhaiterait une relation plus classique. Et la complicité de ce couple est entamée. Logiquement, l'étape d'après est qu'elle se détache de lui, à moins qu'ils ne réussissent – ensemble – à faire évoluer leur rapport.

D'autres couples ont une forme de complicité « défensive », c'est-à-dire que l'un ou l'autre des partenaires se défend contre quelque chose de plus, de plus fort, de plus adulte. C'est ce qu'illustrent deux jeunes gens, Angèle, 21 ans, et Bruno, 29 ans, qui se sont rencontrés en discothèque. Il est très beau et le sait : c'est un ancien mannequin photo tout à fait conscient de son pouvoir magnétique sur les filles. Pour toute déclaration, il a dit à Angèle que son pénis était amoureux d'elle. Il en a résulté une curieuse relation. Le plus souvent, Bruno l'appelle à l'improviste, vers onze heures, pour lui dire qu'il l'attend chez lui. Et bien qu'il habite à quarante minutes de voiture, même s'il fait mauvais, s'il pleut et si elle est fatiguée, Angèle part retrouver son amour, qui l'appelle « ma petite fille ». Ils rient, plaisantent ensemble et la soirée se termine toujours de la même façon : devant un miroir, Bruno, dévêtu, demande un rapport oral à Angèle qui, elle, ne se déshabille jamais. Et elle s'excécute, parce qu'elle est amoureuse. Parce qu'elle a honte de son corps à côté de celui de son amant, si parfait. Elle trouve que ses hanches sont trop épaisses, qu'elle a de la cellulite... À chaque fois, elle fantasme et espère qu'il déboutonnera son pantalon, qu'il aura envie de lui retirer ses habits, de la tenir nue dans ses bras... Mais elle se reprend en se répétant qu'elle doit le prendre comme il est, qu'elle ne peut pas trop en demander.

Personnellement, je crois que Bruno est amoureux de

son pénis et qu'il n'a pas envie de faire l'amour avec Angèle. Il n'est pas impossible qu'il souffre de troubles de l'identité sexuelle. Quant à elle, elle ne s'estime guère, manque de confiance en sa beauté et en son corps. Elle accepte pendant un an cette situation qu'elle trouve curieuse et excitante, mais qui lui apporte bien peu de satisfaction. Elle me demande si elle vit quelque chose de « normal », si elle est dépendante de Bruno. Ce à quoi je lui réponds qu'il existe plusieurs normalités en sexologie – médico-légale, statistique, morale, et psychologique. Du point de vue psychologique, c'est certainement Bruno qui a en main le jeu complice de leur couple. Mais il est également vrai qu'il est prisonnier de son comportement narcissique. Quand Angèle aura davantage confiance en elle-même, elle le quittera, comme une drogue agréable mais à laquelle on ne veut pas s'accoutumer.

Claire, en revanche, vit une situation de codépendance avec un mari pornophile qui ne parvient plus à gérer la situation. Il est très possessif, la contrôle sans cesse et a des exigences sexuelles qu'elle n'accepte pas. Ainsi, quand ils vont au restaurant, il lui demande, et même exige, qu'elle ne mette pas de slip, car il trouve cela très excitant. En voiture, quelquefois, il lui arrive aussi de lui demander de l'enlever, et si elle refuse de le faire, il accélère jusqu'à 200 à l'heure... et elle cède. Est-ce un jeu de pouvoir dont Claire serait la victime ? Certes, en apparence, cette femme ne parvient pas à dire non, mais les choses ne sont pas aussi simples. Car il s'est créé entre eux une forme de dépendance réciproque. Claire a un sens du devoir très développé. Ainsi, quand je lui ai demandé si elle avait jamais envisagé de quitter son mari, elle m'a répondu non. « Parce que, sans moi, a-t-elle ajouté, il serait perdu. » C'est donc lui qui la contrôle sur le plan sexuel, mais c'est elle qui le contrôle sur le plan affectif.

Que faire dans des situations aussi complexes où l'élément inquiétant n'est pas tant la perversion sexuelle que la codépendance des partenaires ? Avant tout, il faut essayer de comprendre ce que cachent les motivations des deux. Le mari de Claire veut être « unique », le seul aussi à connaître certains secrets érotiques de sa femme – et à en jouir. Il se sent fortement en concurrence avec les autres hommes, tant sur le plan professionnel que sportif, et il ne tolère l'échec ni au travail ni sur un court de tennis. Au fond, derrière ses insistantes demandes sexuelles se dissimule un narcissisme malade. Claire, de son côté, a été habituée dans sa famille à s'occuper des autres et, en particulier, à remplacer sa mère auprès de ses nombreux frères et sœurs. Sans doute est-ce ce mécanisme qui est à l'origine de sa dépendance à l'égard de son mari.

La codépendance à deux crée des contraintes bien différentes de celles qui naissent de l'interdépendance d'un couple complémentaire, dont les énergies positives sont unies en vue de permettre la réussite de la relation. Ainsi, Patrice et Laure ont 30 ans. Ils sont mariés depuis une année et ont un fils de 9 mois. Ils me consultent pour une thérapie de couple, parce que leur conflit prend des proportions ingérables. Selon Laure, Patrice a un comportement insupportable et violent. Il l'insulte fréquemment, au point qu'elle a déjà fui chez des amis pendant une semaine. Patrice, lui, reconnaît qu'il est impulsif et qu'il a été pris de panique quand elle est partie de chez eux.

Leurs deux points de vue font émerger des différences liées à leurs histoires personnelles. Laure réalise qu'elle n'a pas marqué suffisamment la limite dans son couple, même si elle ne supporte pas d'être piétinée comme elle l'a été dans sa famille d'origine. Son père alcoolique et sa mère toujours déprimée lui demandent encore aujourd'hui de l'aide et, surtout, de l'argent. C'est d'ailleurs parce qu'ils comptaient sur elle pour des raisons tant affectives que financières, qu'ils se sont opposés à son mariage avec Patrice. Patrice, en revanche, est le fils rebelle d'un politicien célèbre et très apprécié dans la petite ville où ils vivent. Il a toujours été en guerre contre sa famille. Ses parents ont essayé de l'aider, en le faisant suivre par des enseignants spécialisés, puis par des psychologues, mais sans grand succès. Patrice n'a pas été jusqu'au bout de ses études. Il était pourtant doué pour écrire des pamphlets incendiaires contre l'autorité politique du parti de son père. Pour l'heure, il ne veut pas travailler, mais être reconnu comme un artiste. Et avec les autres, et notamment sa femme, il passe d'une attitude de révolte à un manque de distance.

Comment ce couple a-t-il pu se former ? Sans doute est-il le produit de la rencontre de deux personnes « sinistrées » par la vie. Laure s'occupe d'enfants retardés. Elle a donc tendance – au travail comme dans la vie privée – à vouloir soigner les autres et se dévouer pour eux. Ce qui est peut-être un des mécanismes qui la lie à Patrice. Mais elle s'est aussi mariée parce qu'elle approchait du cap des 30 ans et qu'elle désirait avoir un enfant. C'est la principale raison qui lui a fait supporter un mari aussi difficile. De son côté, Patrice est bel homme, et a toujours eu de nombreuses petites amies, mais Laure est la seule qui ait résisté, qui ait su lui dire non, comme lorsqu'elle est partie. Au fond, vérifier les limites de l'autre est pour lui un acte thérapeutique.

Dans ce couple agité, mais peu banal, ce qui ressort, c'est l'attitude tyrannique de Patrice qui, entre autres, devient violent quand Laure lui refuse des rapports sexuels, exigés une fois par jour comme une drogue (c'est le petit détail érotique qui les unit). Si, au début, elle a été complice de ce jeu sexuel à haute tension, elle commence maintenant à en avoir assez. Elle voudrait autre chose que du sexe, de la désinhibition et des expérimentations érotiques (il faut dire qu'en ce domaine, Patrice sait être très créatif). Autrement dit, elle voudrait ne pas être seulement au service des caprices et désirs de son mari.

Dans des situations aussi complexes, il faut définir l'objectif prioritaire de la thérapie. Est-ce de sauver Laure qui est plus mûre que Patrice et doit s'occuper de leur fils, qui n'a pas encore un an ? Si tel est le cas, il faut l'aider à reconnaître l'erreur qu'elle a commise en épousant cet homme, puis à travailler le deuil de la séparation. Mais l'objectif pourrait aussi être d'essayer de défendre ce couple qui fonctionne selon des mécanismes archaïques, en tout cas pour Patrice, lequel crie, hurle et se montre tyrannique au lit, mais qui panique devant les dégâts qu'il cause.

Précisons, toutefois, que Patrice semble le plus souple des deux. Ainsi, ces derniers mois, quoiqu'il n'ait pas abandonné ses revendications anarchiques, il a trouvé un travail, mû par un sentiment de responsabilité à l'égard du petit Charles. Du côté de Laure, il apparaît au fond qu'elle a épousé Patrice « pour ne pas changer », et qu'elle a, d'une certaine façon, recréé une situation semblable à celle de sa famille d'origine, mais peut-être cela vaut-il la peine de préserver un couple si uni sur le plan érotique ?

QUAND L'UN DES PARTENAIRES EST SOUMIS : FÉTICHISME ET AUTRES PLAISIRS

Je ne dis rien de nouveau en réaffirmant que si depuis toujours, un des partenaires est soumis, c'est la femme. Marie en est un exemple typique. Elle est mariée à un médecin connu, qui se déplace souvent pour des conférences et des colloques à l'étranger. Il lui demande toujours de l'accompagner, non seulement pour faire des courses, visiter des musées ou aller à des dîners de gala, mais aussi dans sa tournée quotidienne des quartiers chauds. Que ce soit à Paris, Hambourg ou Amsterdam, Marie doit le suivre dans son pèlerinage aux *peep-shows* ou autres lieux plus hard qu'il adore.

De toute évidence, elle n'est pas la seule dans ce cas. Nombreuses sont les femmes qui « acceptent » une petite perversion ou la curiosité de leur mari, par crainte de le perdre ou pour le satisfaire. Et il arrive qu'elles finissent par en tirer du plaisir, alors qu'elles n'auraient jamais pris l'initiative. En général, en effet, ce sont les hommes qui émettent certaines « demandes ». Les femmes sont plus passives, notamment parce que – comme l'a écrit Robin Norwood dans son livre *Ces femmes qui aiment trop* [4], véritable vade-mecum pour ceux qui souffrent du mal d'amour –, elles sont plutôt « spécialistes » des perversions affectives que sexuelles. Et le problème n'est pas seulement générationnel. On ne peut malheureusement pas dire que les femmes plus jeunes soient « guéries » et se montrent plus lucides et plus attentives. Ainsi, Thérèse me consulte parce qu'elle se fait beaucoup de soucis pour sa fille de 36 ans. Cette dernière est mariée à un homme qui la traite mal, l'exploite, lui demande sans cesse de l'argent et devient violent quand elle refuse. Il y a quelque temps, il l'a quittée pour s'installer chez une autre, et Thérèse a pensé que sa fille se sentirait « libérée ». Or elle a sombré dans la dépression. Sans doute s'agit-il d'une femme qui « aime trop » et qui se gâche la vie : elle cherche à tout prix, à travers une alternance de prières et de menaces, à récupérer son mari. C'est comme si elle avait « investi » toute son affection en cet homme et qu'elle se sentait vide depuis qu'il est parti. Après s'être laissée aller à cette dangereuse « fusion » entre ses sentiments et l'objet de son amour, elle doit faire le chemin inverse depuis qu'il est parti, déconnecter ses sentiments de son objet d'amour et les replacer dans son cœur. Cette « défusion » est pour elle le seul moyen de se sortir de la dépression et d'aborder une vie nouvelle. Dans son essai très complet intitulé *Female Perversions* [5], l'Américaine Louise J. Kaplan a bien montré qu'autrefois, les experts n'avaient pas su identifier les perversions féminines, qui impliquent des dynamiques plus subtiles que celles des hommes, lesquelles sont plus prévisibles et plus fortement sexuelles. Ce n'est pas un hasard si dans l'imaginaire érotique féminin, on trouve des thèmes comme la séparation, l'abandon et la perte. Et si certaines femmes qui ont subi des abus dans leur enfance adoptent un modèle de sexualité féminine exacerbé pour se venger des hommes et se rassurer sur leur féminité.

La fille de Thérèse est une de ces « esclaves par amour », ou « femmes qui aiment trop », qui continuent d'aimer un homme qui ne leur convient pas. Elles s'obstinent à maintenir des rapports branlants, donnent beaucoup en échange de rien et se mettent ainsi en situation d'être humiliées et déçues à différents niveaux. Ce sont des femmes qui, souvent, n'ont pas pu développer une confiance suffisante en elles-mêmes et ont grandi en pensant que le binôme amour-douleur était la seule option possible. Avec ce type de patientes, en dépit de quelques difficultés, la psychothérapie peut être très efficace. En effet, le lien thérapeutique leur permet d'expérimenter un autre type de relation, de prendre conscience des mécanismes d'« autosabotage » qu'elles mettent en œuvre, à leur insu, dans leurs relations désastreuses, d'analyser les raisons qui les ont amenées à établir ce mécanisme défensif afin de le surmonter et d'adopter, à la place, des stratégies plus fonctionnelles et moins destructrices.

Il arrive que ces esclaves par amour se sentent obligées d'accepter les fantasmes érotiques de leur mari, de crainte de le perdre. Ainsi, Maurice, citadin plutôt chic, adore les bottes en cuir noir, de préférence avec talon aiguille, éventuellement à lacets. Sa femme doit en porter même en été, et la nuit : elles sont, bien entendu, toujours sous le lit, « prêtes à l'emploi ». Ce penchant fétichiste est typiquement masculin, comme toutes les perversions sexuelles à l'exception du masochisme, qui est plus caractéristique de l'univers féminin.

Arrêtons-nous justement un moment sur le fétichisme, qui est l'un des jeux érotiques les plus fréquents. Commençons donc par l'étymologie de ce mot, pour mieux le comprendre. « Fétichisme » vient du portugais *feitico*, à son tour dérivé du latin *factitius*, qui signifie « artificiel ». Il a été employé pour la première fois lorsque les colonisateurs portugais sont entrés en contact avec les religions animistes d'Afrique et leurs objets de culte (qui symbolisaient ou invoquaient la fertilité, la virilité, etc.). C'est seulement au XIXe siècle que le psychologue Alfred Binet, qui étudiait le phénomène par lequel certains adorent des objets appartenant à l'être aimé « à la place » de celui-ci, a transféré ce terme du domaine de l'analyse culturelle et religieuse à celui de la sexualité. Car c'est bien de cela qu'il s'agit, d'un déplacement du désir d'une personne vers une partie de son corps, un vêtement ou quelque autre objet. C'est Binet qui a découvert que presque tout peut devenir objet d'adoration pour le fétichiste : les cheveux de l'aimée, les cheveux en général ou les cheveux d'une couleur donnée ; toutes les ceintures, ou seulement les ceintures de son partenaire, ou tous les objets en peau... La liste est illimitée et les variations peuvent se décliner quasiment à l'infini.

Soyons clair. Freud disait déjà qu'un certain degré de fétichisme est normal. Nous avons tous un point faible, une souffrance, qui nous pousse vers un objet ou un détail particulier de celui ou celle que nous aimons, comme une chemise oubliée, qui sent encore son odeur... Tout cela est peut-être lié à la petite enfance, à l'époque où nous étions dans les bras de notre mère. Ce qui nous frappait alors – et qui a laissé une très forte empreinte émotionnelle – était de l'ordre des sensations : le timbre aimant de la voix, les cheveux qui chatouillent, les mains qui caressent... Quand nous demandons à l'autre qu'il nous donne quelque chose à conserver – un pull, une lettre, un parfum –, peut-être redevenons-nous simplement des nourrissons dans les bras de la personne qui nous berçait.

Le fétichisme pathologique, lui, est tout autre chose. L'objet, détaché de la personne, devient l'unique objectif sexuel. On bascule dans la pathologie quand l'homme qui s'excite en voyant sa femme en porte-jarretelles (premier stade) n'a plus besoin, pour se masturber, que du porte-jarretelles (deuxième stade). Au troisième stade, il n'a même plus besoin de se masturber, il lui suffit, pour atteindre l'orgasme, de regarder, de toucher ou d'enfiler les bas. Au quatrième, enfin, il ne peut même plus jouir, parce que l'économie érotique est régie par une « loi des rendements décroissants » : plus l'obsession sexuelle tient de la manie, moins la satisfaction est grande.

Quels sont les objets fétiches typiques ? Précisons que parmi les cinq sens, le plus important pour le fétichiste est l'odeur : c'est elle qui le fait se « fixer » sur certaines parties du corps ou sur certains vêtements (lingerie, chaussures...). Le toucher est, lui aussi, central, soit que le fétichiste atteigne l'orgasme en touchant ou en enfilant son objet de prédilection, soit que se développent de véritables fétichismes de contact pathologiques – délire de toucher, frottage, chatouilles... Tout cela explique qu'il y ait des matières particulièrement frisées, peut-être parce qu'elles renvoient à l'enfance par leur douceur (soie, velours, fourrure) ou leur raideur et leur côté compressif (cuir, caoutchouc, bottes, ou imperméables qui autorisent aussi une composante exhibitionniste). N'importe quel objet qui comprime et attache convient, en effet, très bien – ceinture, corset, chaussure. On pourrait d'ailleurs reprendre les définitions de Hirschfeld qui distinguent entre le « fétichisme d'adhésion » (les vêtements) et le « fétichisme de cohésion » (tout ce qui est imprimé, attaché ou étendu sur une partie du corps, y compris un tatouage).

Enfin, il en existe une variante intéressante : le collectionnisme obsessionnel, que Stekel a rebaptisé « culte du harem », parce que le fétichiste fait sa collection d'objets comme un sultan qui, chaque jour, choisit sa « favorite » en répudiant la précédente. Plus il s'intéresse aux objets, moins il s'intéresse à la personne aimée. Au fond, il ne se sent en sécurité que dans son harem. Là, il peut régner en toute tranquillité, à l'abri des déceptions, loin des relations vraies. Et du rapport sexuel. Car l'hypothèse de Stekel est précisément que le fétichisme obsessionnel présente une composante sexophobique, une peur du rapport sexuel qui est jugé « sale », antihygiénique et contraire à l'esthétique.

Je l'ai dit, si le fétichisme est typiquement masculin, le masochisme, lui, est typiquement féminin. Un exemple clair nous en est donné par Lucie, mariée à un homme très jaloux. Tous les jours, il lui demande si un autre homme l'a touchée ou si elle a couché avec un autre homme, puis il lui fait l'amour avec rage, comme pour la punir. Eh bien,

Lucie a effectivement fini par coucher avec d'autres hommes et par le raconter à son mari, dont elle a fait ainsi croître le sadisme. Là aussi, il s'est créé une complicité de couple, mais je pense que Lucie trompe son mari non par véritable plaisir, mais pour exprimer son côté masochiste.

Heureusement, de plus en plus, les femmes modernes rejettent ce rôle masochiste et obligent les hommes qui les veulent à s'adapter à leurs désirs. Je repense, par exemple, à une journaliste cinquantenaire, une femme attrayante et aux idées très claires, qui voulait divorcer. Son mari refusait. Ils ont alors noué un curieux pacte de « non-séparation » : elle restait avec lui, mais il devait accepter qu'elle ait deux amants – un homme plus âgé qu'elle, un intellectuel célèbre et plein de charme, qui l'emmenait à des fêtes et dans des salons, et un autre plus jeune, avec lequel elle faisait l'amour. Je la soupçonne d'avoir fait des envieuses parmi ses collègues journalistes...

LE COUPLE OUVERT : QUELQUES FESSÉES SUFFISENT

De nombreux couples vivent aujourd'hui la passion érotique en dehors de leur relation. Il s'est aussi agi, pour certains, d'une « expérience intellectuelle », comme dans le cas de Sartre et Simone de Beauvoir qui voyaient leur couple comme le centre essentiel autour duquel pouvaient graviter d'autres « relations satellites » avec des hommes et des femmes. Leur complicité littéraire, politique et cérébrale, qui les a gardés unis toute leur vie, est demeurée sans égale. L'histoire nous enseigne ainsi que des rapports extraconjugaux réguliers peuvent même être légitimés par une sorte de « contrat » entre les partenaires. C'était aussi le cas de Kenneth Tynan, bon vivant, esthète et don juan, créateur de *Oh ! Calcutta*, la première comédie musicale transgressive. Il en parle dans son livre *The Diaries of Kenneth Tynan* [6], autobiographie parue vingt ans après sa mort. On y apprend qu'il avait une passion secrète pour la fessée, et qu'il adorait donner des claques sur un beau postérieur féminin. Quand sa femme Kathleen en a eu assez, ils passèrent un accord : il la laissait avoir des amants et, lui, infligeait ces punitions corporelles à Nicole, jeune fille qu'il avait rencontrée peu de temps avant. Il poursuivit donc ses expériences avec Nicole et l'initia au plaisir de la fessée tant et si bien qu'ils finirent tous deux par se travestir en austères victoriens pour chapitrer et fesser la femme de chambre qui avait un penchant masochiste... Et tous vécurent heureux ainsi...

L'histoire de la fessée, ou du *spanking*, comme disent les Anglo-Saxons, est très intéressante et a été habilement racontée par l'écrivain Susanna Schimperna [7]. Avant toute chose, la fessée est une version soft des coups de fouet, sans leur aspect sadomaso. Elle n'implique ni cruauté, ni peur, ni soumission. C'est une mise en scène, une comédie : l'homme doit être calme, paternel, autoritaire, et la femme capricieuse, gâtée, rebelle. Détail fascinant : le premier éloge de la fessée nous vient d'une femme, l'aristocratique Lady Henriette Montague qui, en 1786, écrit dans son journal comment doit se comporter l'amant idéal. Celui-ci doit être zélé, compréhensif, mais surtout dépourvu de cette sensibilité féminine, si irritante chez un homme... Lady Montague fantasme également au sujet des « punitions », qui doivent être suscitées par des causes futiles et sottes et être données d'un air bourru et d'une main légère. Pour sa part, la dame feindra de prendre tout terriblement au sérieux. La fessée, conclut notre impertinente aristocrate, est fort amusante et extraordinairement excitante si elle est administrée et reçue dans de telles conditions.

Curieux ? Pas tant que cela si l'on songe que depuis l'Antiquité, les « châtiments corporels », entre maîtres et esclaves comme entre enseignants et élèves, étaient de règle. Même une grande histoire d'amour comme celle d'Héloïse et Abélard est née d'un coup de fouet, celui qu'un enseignant consciencieux donnait « tout normalement » à une élève nonchalante. Peut-on dire, alors, que l'effet érotisant du fouet fut décisif pour leur passion ? Quoi qu'il en soit, il ne fait aucun doute que la fessée a perduré jusqu'à nos jours, avec quelques variantes. La cruauté en reste absente. L'essentiel est que le postérieur devienne violacé et s'agite sous les mains qui le frappent. La nudité totale n'a rien d'une obligation ; il est même préférable que seule la partie soumise à la punition soit exhibée...

QUAND L'UN DES PARTENAIRES N'EST PAS AU COURANT

Une des modalités classiques qui peut permettre à un couple de survivre à l'éros trangressif est... le secret. Autrement dit, que le partenaire ignore totalement la « manie » ou les plaisirs interdits et irrépressibles de l'autre.

C'est fréquemment le cas des hommes qui vivent en parallèle des aventures homosexuelles. Le secret est bien gardé et les femmes, très souvent, ne se doutent de rien. C'est le cas de Charles, 56 ans : cet avocat, élégant et viril, a perdu la tête pour un homme plus jeune que lui, avec qui « il baise comme les animaux, sans parler et sans regarder ». Et les sentiments ? Ils sont entièrement investis dans sa famille, sa femme et ses enfants. José, lui, doit bientôt se marier et il est en proie aux doutes. Il se sent homosexuel, mais n'a pas le courage de le révéler et d'aller contre les conventions sociales. Dans le village où il vit, on « doit » se marier, chose que sa fiancée lui demande avec insistance. Et qu'il fera probablement[8].

Autant d'histoires officielles qui cachent donc un secret, la trahison du mari, mais avec un homme. De tels scénarios sont de plus en plus courants, y compris dans les films. Peut-être vous rappelez-vous le film à succès *Tableau de famille*[9], dans lequel Margherita Buy joue l'épouse qui découvre la double vie de son mari. Les romans aussi en parlent. Je pense notamment à *L'Homme marié*[10], d'Edmund White : l'écrivain américain, personnage culte du monde homosexuel, raconte l'histoire, plus ou moins autobiographique, d'une passion dévorante pour un homme plus jeune, qui abandonnera sa femme pour lui.

La découverte de cette relation secrète est un moment délicat, et certaines femmes ne peuvent la surmonter qu'après la mort de leur compagnon (comme dans le film *Tableau de famille*). Ainsi j'ai eu, en thérapie, une femme de 68 ans qui avait brutalement perdu son mari. En ouvrant ses armoires et tiroirs, elle avait trouvé des vêtements féminins et des papiers indiquant que son mari, sexuellement actif avec elle, se rendait une fois par semaine dans un club d'hommes qui se travestissaient en femmes et où quelques-uns avaient des rapports homosexuels. Passé le choc de la révélation, cette femme a commencé – on le comprend – à traverser des crises de panique : elle voyait son mari comme un « monstre ». Quel a été l'objectif de sa thérapie ? De lui faire admettre que personne n'est monolithique et que nos pulsions sont multiples, comme Freud l'avait bien dit en parlant du polymorphisme sexuel. Certains vivent ce polymorphisme naturellement – les bisexuels). D'autres bloquent leur pulsion la plus transgressive et se coulent dans le moule de la vie bourgeoise. D'autres encore vivent leurs pulsions « hors normes » dans le cadre de leur cercle privé.

QUE FAIRE ?

Dans bien des cas, la morale et la crainte d'une sanction pénale limitent les comportements les plus transgressifs. Dans d'autres, les intéressés ont recours à la psychothérapie, mais il faut rappeler que le pervers qui vient demander du soutien n'est déjà plus un vrai pervers. On peut néanmoins assister les névrosés que leurs pensées et comportements hors normes font souffrir. La « sexanalyse[11] », qui les aide à changer de scénario fantasmatique et, parfois, de comportement, peut être très utile.

Mais les véritables pervers sont comme le scorpion de la fable, qui demande à une grenouille de l'aider à traverser le torrent : « Je ne suis pas folle, répond celle-ci, tu me piquerais ! » Le scorpion insiste en lui expliquant que s'il le faisait, ils se noieraient tous les deux. Ce qui convainc la grenouille. Et voilà qu'à mi-parcours, il la pique et lui dit : « Désolé, mais je n'ai pas pu faire autrement, c'est ma nature. » Et ils meurent tous les deux.

Il arrive parfois que la thérapie pour des raisons sexuelles soit en réalité une lutte de pouvoir entre les partenaires. Comme pour François et Laura, qui ont 50 ans et n'ont absolument pas l'intention de divorcer. Chacun voudrait cependant que l'autre change ses habitudes sexuelles. François est plein de fantaisie et n'a aucune inhibition. Il continue, par exemple, d'insister pour que sa femme lui accorde la « pluie d'or » dont il rêve tant – autrement dit, qu'elle lui urine dessus. Mais Laura refuse, un peu dégoûtée. Elle trouve que « ça ne se fait pas ». Elle pense qu'il a dû voir un « film porno minable » et que c'est ça qui lui a donné l'idée. Le problème est qu'elle est très différente de son mari. Elle est rigide et pour elle, la sexualité est « diabolique » et totalement détachée d'une vie « raisonnable ».

Ces deux époux voudraient rester ensemble, mais ils ont des conceptions extrêmement différentes de la liberté sexuelle. Pour sortir de l'impasse où ils se trouvent, il importe qu'ils confrontent leurs points de vue, parce qu'en réalité, chacun vient en thérapie uniquement pour que l'autre change. Or ce type de « projection croisée » est la pire des situations dans les consultations de couple. Il faut que chacun d'eux en vienne à opérer sur lui-même un changement compatible avec sa morale. Ensuite, ils pourront mettre leurs concessions dans la balance au lieu d'y placer seulement leurs revendications respectives.

Cette communication pathologique dissimule une guerre de pouvoir, et non une guerre sexuelle : le meilleur spécialiste est donc un psychothérapeute, non un sexologue. François et Laura refusent le divorce, mais ils ne peuvent plus vivre ainsi. Ce ne sont pas des partenaires ayant besoin de se quereller pour se réconcilier ensuite au lit. Ici, chacun pense que c'est à l'autre de faire les efforts. Dans les autres domaines où il y a un enjeu de pouvoir – l'argent, la nourriture, l'éducation des enfants –, il est plus aisé de trouver des compromis, mais, au niveau sexuel, surtout face à une demande comme celle de François, qui offense la pudeur de l'autre, il est extrêmement difficile de changer.

CHAPITRE IV

Les couples détruits par la perversion soft

Quels sont les couples que la perversion soft met à mal ? Soit ceux qui sont en train de se former, soit ceux qui sont déjà constitués depuis des années et où un des partenaires se sent victime du comportement sexuel de l'autre, lequel, en général, revendique l'absence d'inhibition et la liberté.

Et comment démarre la crise ? Le plus souvent, la personne perplexe, saisie par le doute recherche des éclaircissements sur le comportement de l'autre avant de se marier ou bien, au bout de plusieurs années de coexistence, s'interroge sur son conjoint qui a des exigences sexuelles « particulières ».

JE SUIS AMOUREUSE, MAIS...

Cécile est toute jeune, puisqu'elle a juste 17 ans. Elle a rencontré Yannick, qui en a 24. Elle a des cheveux très bruns, la poitrine généreuse, de longues jambes ; elle est très jolie. Quand elle sort avec Yannick, notamment en discothèque, elle attire le regard des autres hommes. C'est précisément ce qui excite Yannick. Le désir des autres. C'est pourquoi il lui demande toujours de porter des vêtements sexy. Il lui offre des pulls minuscules et moulants, lui déboutonne le chemisier... Deux fois, Cécile l'a laissé faire, d'abord flattée, puis étonnée par l'excitation de son ami. Aujourd'hui, en revanche, ce petit jeu lui paraît presque « malsain » : elle finira sans doute par le quitter.

Sylvie, elle, a 36 ans. Elle a un amant de longue date, qu'elle aime beaucoup, un soixantenaire rassurant, affectueux et marié. Mais elle ne se prive pas d'aventures parallèles parce que – me confie-t-elle – elle a un orgasme « difficile » et est toujours en quête d'un partenaire susceptible de la contenter pleinement. Ce qui a été le cas avec le dernier homme qu'elle a rencontré, lequel lui a fait perdre toute inhibition. Ils ont fait l'amour partout et de toutes les façons. Elle a essayé des choses qu'elle n'avait même pas imaginées avant, dont les rapports anaux. Mais maintenant, Sylvie a peur. Elle a l'impression qu'il la drogue. Elle me dit qu'avant qu'ils fassent l'amour, il l'invite toujours à manger et qu'il prépare des mets insolites, épicés et piquants. Et s'il mettait quelque chose dans ses aliments ? Elle a décidé de le quitter, parce qu'elle craint d'être tombée entre les mains d'un « maniaque ». Même si cela lui pèse d'abandonner la passion érotique pour une sécurité plus ennuyeuse et moins excitante...

L'histoire de Francine est, elle aussi, intéressante. Politiquement engagée en faveur de la défense de l'environnement, cette trentenaire a participé à diverses manifestations antimondialistes et à des initiatives de Greenpeace. Elle a fini par tomber amoureuse d'un écologiste, un homme créatif, effréné, qui s'est révélé, au fil du temps, de plus en plus transgressif. Au bout d'un an, elle n'en peut plus de l'escalade continue de ses jeux. Au début, il lui demandait de faire l'amour au cinéma ou dans la rue à trois heures du matin ; puis il l'a suppliée de ne porter que des vêtements moulants et sexy qu'elle ne se serait jamais achetés, elle qui ne met que des jeans et des pulls. Elle a bien voulu, parce qu'en dehors du domaine sexuel, ils s'entendaient très bien. Enfin, il lui a demandé si elle accepterait un échange de couple. Là, elle a refusé tout net et est allée trouver un psychologue afin de savoir s'il est normal ou non.

C'est ainsi qu'ils sont arrivés dans mon cabinet. C'est leur deuxième tentative de thérapie de couple – il s'était senti exclu du premier essai. Il m'apparaît très bien que leurs différences sexuelles sont incompatibles. Ce qui se passe entre eux, à travers la sexualité, c'est une lutte de pouvoir. Lequel de nous deux est normal ? me demande Francine. Je répondrais : tous les deux. Aucun ne présente, en effet, de déviance pathologique. Elle est, par contre, plus souple que lui, elle a même fait par amour des efforts pour répondre à ses désirs. Mais au lieu de s'en contenter, il a pris les « oui » de Francine pour les étapes d'une rapide progression menant de la perversion soft à la hard. Elle a tout accepté par amour, alors qu'il veut l'utiliser pour réaliser ses fantasmes. Voila ce qui les sépare.

Francine, écologiste passionnée, est tombée amoureuse d'un homme qui n'est écologiste qu'en apparence : en réalité, il n'est pas en accord avec la nature, puisqu'il veut toujours davantage. Je crois que si elle reconnaît avoir choisi un compagnon qui ne lui convient pas (et qui est le premier amour de sa vie), elle réussira à le quitter. Et grâce à la psychothérapie entamée depuis une année, elle pourra ne pas commettre la même erreur avec les autres hommes qu'elle rencontrera.

Il me semble que Maryse n'a pas non plus choisi l'homme qui lui faut. Charles et elle ont tous les deux la quarantaine. Ils se sont connus il y a six mois, mais ils ne parviennent pas à trouver la juste distance pour rester ensemble sans affrontements. Maryse a déjà un fils âgé de 18 ans, et après son divorce, elle a vécu de nombreuses aventures « sans lendemain », jusqu'au jour où elle a rencontré Charles. Elle souhaiterait se marier, mais lui hésite. Il dit qu'il voudrait d'abord qu'elle soit enceinte, parce que ça lui paraît indispensable pour qu'il puisse se lier à elle, lui donner son nom et construire un avenir sûr. C'est le premier indice des faiblesses de Charles. Il a, par ailleurs, des fantasmes sexuels qui ne correspondent pas à ceux de Maryse. Il est excité par le sadomasochisme, par la stimulation anale réciproque, et il croit qu'il réussira à convaincre sa compagne, très rétive à ce genre d'expérimentations.

La première fois qu'elle a parlé de mariage, Charles s'est raidi et lui a demandé de prendre ses cliques et ses claques. Elle n'a pas perdu espoir, s'exhibant en compagnie d'un nouveau flirt. Il lui a couru après, l'a submergée de coups de téléphone, de fleurs, de cadeaux, comme jamais auparavant. Il est fréquent qu'un homme peu sûr de lui soit « activé » par un rival dont l'existence indique que sa femme est désirable. Peu à peu, Maryse revient vers Charles. Elle croit en lui, voudrait mettre fin à toutes ses liaisons sans lendemain. Bref, elle voudrait se marier. Je pense malheureusement que Charles n'est pas le compagnon adéquat pour elle.

Il est jaloux, très peu sûr de lui, et son identité sexuelle n'est pas claire. Je lui ai en tout cas conseillé de faire ses choix en matière érotique avant le mariage et non après. Peut-être réussira-t-elle ainsi à se détacher d'un homme qui ne peut lui apporter la tranquillité affective à laquelle elle aspire.

L'histoire d'Élise est assez proche. Elle a 40 ans, un mari, un fils et vit une passion secrète pour Marc, qui, à l'heure actuelle, est en prison. Elle l'a connu il y a longtemps et a été attirée par son opposition au service militaire et à toute forme d'injustice sociale. Elle a aussi été séduite par sa créativité sexuelle : Marc est plein de fantaisie et lui proposait tout le temps de nouvelles façons de faire l'amour. Puis il a fait un casse dans un bureau de poste et avec l'argent volé, il ne s'est pas envolé aux Caraïbes, mais s'est payé une psychanalyse. Élise n'en a été que plus amoureuse. Mais Marc a été arrêté et il purge sa peine. Élise n'a pas peur de son côté malhonnête. Elle est sûre qu'une fois qu'il sera dehors, il ne recommencera pas. En revanche, elle craint que sa chasteté forcée en prison ne le pousse à désirer d'autres évasions, que les années passées en cellule ne décuplent ses fantasmes et qu'il ait envie de faire des expériences avec plusieurs femmes, et non avec elle seule. Or Élise est très jalouse et a peur d'être abandonnée. Elle fait remonter ce trait de caractère à sa petite enfance : ses parents ont divorcé quand elle était encore petite et elle n'a plus revu son père.

Le désir de se sentir aimé répond à un besoin élémentaire chez chacun d'entre nous, mais pourquoi demander de l'amour à la mauvaise personne ? Pour être heureux, il faut que le fantasme soit quelque peu vraisemblable et adapté à la réalité extérieure. Sinon, comme Don Quichotte, on passe sa vie à se battre contre des moulins à vent.

Autre remarque : jusqu'ici, j'ai décrit des femmes

victimes (ou complices ?) d'hommes qui voulaient les attirer dans la transgression. Peut-être ces histoires feront-elles frissonner les épouses de maris stables mais prévisibles, qui les voient comme des bibelots de salon. En effet, si ce sont en général les hommes qui poussent vers la perversion soft, ce sont, en revanche, les femmes qui demandent plus de leur vie conjugale, parfois bien plus que ne l'imagine leur mari.

Telle est l'histoire de Thomas et Brigitte. Quinquagénaires, ils sont tous deux divorcés et ont un bon niveau de vie. Thomas est un entrepreneur renommé, issu d'une famille aisée. Le couple s'est formé il y a quatre ans, mais ils se plaignent, depuis quelque temps, d'insatisfaction sexuelle et d'attentes différentes. Au début, Brigitte, qui avait vécu une expérience érotique très intense avec un autre homme, comptait beaucoup sur Thomas. Elle a souvent pris l'initiative, à la fois surprise et déçue que Thomas fasse le « pacha », comme elle dit, attendant qu'elle s'active, qu'elle le séduise, l'excite. De son côté, Thomas n'a pas compris à temps qu'après la première phase d'engouement, Brigitte commençait à être mécontente. Pour elle, il est intéressant d'un point de vue social et affectif, mais trop passif au lit. Et lui, habitué à une femme qui ne demandait jamais rien, s'est même inquiété des besoins sexuels quasi quotidiens de sa compagne. Je le soupçonne de trouver cette exubérance – chez une femme – préoccupante, presque perverse. Il a alors commencé à vivre la sexualité non comme une agréable découverte, mais comme un nouveau devoir. Et ce n'est qu'avec le temps, face au risque de la perdre, que Thomas s'est « réveillé » et s'est mis à avoir un comportement érotique plus actif. Malheureusement, comme c'est souvent le cas, c'est Brigitte qui est bloquée, maintenant. C'est pourquoi ils ont décidé de me consulter.

Ce couple n'est pas pathologique : les deux partenaires ont seulement du mal à identifier leurs habitudes et exigences sexuelles respectives. Thomas est un homme qui a réussi dans un travail qu'il aime et où il vit une très grande variété d'expériences. En revanche, sa vie sexuelle avec Brigitte est intense, mais relativement monotone. Thomas dit qu'il aime la regarder quand ils sortent ensemble : c'est une femme élégante, chic, qui change souvent de vêtements et est « un plaisir pour les yeux ». Mais il avoue que lorsqu'elle se déshabille, il la trouve non seulement un peu maigre, mais aussi toujours pareille. Du coup, il lui propose d'aller au cinéma, au théâtre, ou d'aller dîner alors qu'elle, elle préférerait faire l'amour.

Il ne me paraît guère possible de modifier les caractéristiques de Thomas, notamment parce qu'il s'agit de préférences personnelles. Malheureusement, celles-ci se heurtent à la conception qu'a Brigitte de la sexualité : pour elle, en effet, c'est un besoin à satisfaire, plutôt qu'un désir érotique modulable en fonction du contexte et de l'autre.

Dans le passé, Brigitte a souffert d'anorexie et n'a pu guérir qu'après une longue psychanalyse. Au cours de sa thérapie, elle a compris que son trouble alimentaire était une sorte de couvercle qu'elle avait volontairement posé sur sa féminité et sur sa capacité de séduction. Elle est issue d'une famille où, me raconte-t-elle, il y avait des « femmes fatales », en particulier une grand-mère. Ce message de fort érotisme féminin qui lui a été transmis quand elle était petite l'a préoccupée, comme si elle était, elle aussi, condamnée à être une « mangeuse d'hommes ». L'analyse lui a montré qu'il ne s'agissait pas d'un risque, mais d'une ressource, et Brigitte a alors abandonné l'anorexie pour devenir plutôt boulimique, à table, mais aussi au lit. Elle a eu de nombreuses aventures avant que la passivité relative de Thomas la refasse tomber dans une forme d'anorexie sexuelle.

Cinq séances sur ces divergences en présence du thérapeute ont permis de rétablir un dialogue au sein de ce couple qui s'enlisait. Il n'en reste pas moins que les attentes de l'un et de l'autre sont différentes et que s'accumulent au-dessus d'eux des nuages noirs que Thomas refuse de voir.

QUI ES-TU VRAIMENT ?

Ce sont précisément le secret, l'ingénuité parfois, qui sont à l'origine de révélations totalement inattendues et extrêmement désagréables. C'est ce que montre l'histoire d'Emmanuelle. À 37 ans, cette jeune femme habite dans une grande ville et a un bon travail. Depuis toujours, son problème tient à sa vie sentimentale. Depuis l'adolescence, me dit-elle, elle se fait rouler. Longtemps, elle est restée seule, comme une sorte de vilain petit canard. Ses amies enchaînaient les petits copains ; elle, non.

Puis, à 24 ans, elle l'a rencontré. Presque cinquantenaire, et donc deux fois plus âgé qu'elle, il l'a tout de suite envoûtée. Ils ont vécu une première période merveilleuse, puis sont venues des années de torture psychologique contre laquelle elle a été incapable de se rebeller, de peur de se retrouver seule. Il faut dire que Jean a une perversion particulière, qu'il ne lui a dévoilée que peu à peu : il s'excitait en la voyant faire l'amour avec d'autres hommes. Au début, elle a refusé, pleuré, supplié. Puis, par peur de le perdre, elle a accepté. Le sexe à trois est alors devenu une habitude. Il la persuadait par des promesses, par le chantage, par la ruse. Pas une fête, une soirée en discothèque, un dîner avec des amis sur lesquels n'ait plané l'ombre d'une conclusion « à trois ». Emmanuelle s'est mise à craindre tous ceux qui passaient le seuil de leur porte. Aux yeux des autres hommes – amis, connaissances ou inconnus – il était clair qu'elle n'était qu'une sorte de putain.

Même quand elle ne faisait l'amour qu'avec Jean, elle devait l'exciter en lui racontant des histoires de rapports avec d'autres hommes, réelles ou inventées.

Ces années de tourment l'ont quasiment détruite. Quand elle y repense aujourd'hui, elle a l'impression que Jean ne faisait pas l'amour avec elle, mais avec ses fantasmes, qu'il se masturbait sur son corps. Peu à peu, son amour s'est éteint, et sur les cendres de cette passion, elle a réussi à se retrouver et à avoir la force de se révolter. Aujourd'hui, Emmanuelle n'est pas totalement « guérie ». De temps à autres, Jean lui téléphone et elle cède encore à cet amour sordide ; ils se voient et couchent ensemble. Mais heureusement, c'est de plus en plus rare.

Il arrive aussi que, tout à coup, certaines femmes se rendent compte que leur mari est un voyeur. C'est le cas d'Olga qui m'écrit : « J'ai découvert que mon mari est un "mateur". J'ai cru mourir de honte, mais je n'ai rien dit. C'est idiot, mais je croyais que ça n'existait que chez les personnes âgées, alors qu'il n'a que 35 ans. Par le plus grand des hasards, dans le grenier, j'ai trouvé tout un attirail : des jumelles normales, des jumelles à rayons infrarouges, et même des cassettes sur lesquelles ont été filmés des malheureux qui, ne se sachant pas espionnés, faisaient l'amour en voiture. Je ne comprends vraiment pas comment cela a pu lui arriver à lui : il y a encore quelques années, il avait horreur des maniaques de ce genre. Quand nous étions fiancés – nous nous sommes mariés il y a quatre ans – et qu'il en surprenait à nous observer en auto, il avait des réactions très violentes, qui pouvaient même aller jusqu'aux coups. Je suis très amoureuse de mon mari, et je voudrais l'aider, mais je ne sais pas comment aborder ce problème. Alors, je continue à faire semblant de rien, même si, à certains moments, je sens que je vais exploser et lui crier qu'il me dégoûte. Ces derniers mois, j'ai aussi remarqué qu'il a des demandes sexuelles absurdes. Il m'a dit qu'il aimerait faire l'amour sous les yeux de quelqu'un d'autre... et même pire. Je vous serais reconnaissante de bien vouloir me conseiller un spécialiste pour cette maladie et, surtout, un moyen pour convaincre mon mari de se faire soigner. »

Juliette, 59 ans, a, elle aussi, été choquée quand elle a découvert que le site Internet préféré de son époux – un site de photographie artistique, disait-il –, était, en fait, destiné à des voyeurs. Certes, il y avait des explications techniques sur la façon dont les photos avaient été prises, c'est-à-dire qu'on racontait comment les appareils ou les caméras avaient été cachés dans des camps de nudistes, mais il y avait également des photos d'adolescents, et même d'enfants. « Cet aspect occulte et trouble de mon mari m'inquiète beaucoup, écrit Juliette. Mais que faire ? Il nie, m'accuse d'avoir violé son intimité, et refuse toute tentative de discussion. De mon côté, je deviens de plus en plus froide et distante, et je sens monter en moi une grande colère. »

Ces deux femmes ont réagi de manière légèrement différente. La première est choquée, mais a surtout envie d'aider son mari, alors que la seconde est surtout fâchée qu'il lui ait menti. En revanche, les réactions des deux maris sont très semblables – ce qui se comprend. En effet, les hommes qui ont des tendances perverses nient tout ; ils voudraient que le monde et que leur couple changent afin de les accepter comme ils sont, mais eux, ils ne veulent pas changer. Certains mettent un bémol à leur comportement parce que d'autres intérêts sont en jeu ou qu'ils craignent le divorce. Mais, en général, sans leur « vice », sans leur espace de jeu et de défoulement, ils dépriment et, parfois, deviennent violents.

Précisons néanmoins que le voyeurisme est la plus légère des perversions et qu'elle est quasiment tolérée dans notre société. Nombre de publicités, même lorsqu'il s'agit de promouvoir des montres ou des téléphones mobiles, font appel à notre instinct de « mateurs ». Les spectacles de strip-tease sont aussi extrêmement bien acceptés, au point qu'il en existe maintenant des versions « au féminin », pour les femmes qui enterrent leur « vie de jeune fille ». Cela n'empêche pas que le mari de Juliette pourrait être inculpé pour une forme de pédophilie.

Dans ce genre de cas, je préfère conseiller le divorce, avant que la colère ne devienne ingérable et toxique. Mais attention, car Juliette n'est plus toute jeune, et à 59 ans, elle doit bien calculer ce qui est le mieux pour elle. A-t-elle vraiment les moyens de se séparer de lui sans trop de traumatismes ? En tout cas, il n'y a pas grand chance que son mari change.

En dehors du voyeurisme, on trouve aussi, parmi les perversions soft, des habitudes qui ne sont pas nocives, mais qui peuvent déranger le partenaire par leur étrangeté. Ainsi, un routier voulait, chaque fois qu'il rentrait chez lui, que sa femme mette du rouge à lèvres. Mais pas seulement sur les lèvres : sur les seins et la vulve, aussi. Et il lui avait lui-même épilé le sexe. Dans un autre couple, c'est Jean-Charles qui, après son mariage, s'est vu demander la même chose (s'épiler la zone génitale) par sa femme qui aimait les hommes glabres. Jusque-là, on peut comprendre. Depuis quelques années, les hommes sans poils sont à la mode, au point que les instituts de beauté sont désormais fréquentés par des hommes soucieux d'avoir une poitrine et des épaules bien lisses. Mais la femme de Jean-Charles avait aussi de curieuses habitudes : elle demandait à son mari de la filmer quand elle se masturbait.

On rencontre aussi des maris qui se travestissent en mettant des vêtements féminins, ce qui entraîne des réactions extrêmement diverses de la part de leurs épouses. Monique, qui a épousé Alain pour fuir la pauvreté de son milieu d'origine, a été stupéfaite, un soir, en le trouvant habillé en femme dans la cave. Elle voit maintenant son mariage comme une « mauvaise affaire » et a décidé de le quitter. Quant à Aude, qui est mariée à un haut diplomate, elle a découvert un jour celui-ci en train d'essayer ses bas résille noirs. En dépit du choc initial qu'elle a éprouvé, elle lui a permis de continuer, mais à deux conditions : qu'il se contente de le faire à la maison et qu'il ait, ensuite, une bonne érection afin de la satisfaire !

Autre type de découverte qui peut faire mal : la prostituée ou, dans sa version luxe, la call-girl. C'est le cas de Fiorina, charmante femme originaire de Rome mariée à un industriel. Elle est « casée » au terme d'une belle ascension sociale et lui apporte, en retour, du dynamisme et une stimulation « latine » qui met de la couleur dans une existence bourgeoise bien organisée et un peu grise. Pendant huit ans, la vie affective et sexuelle de ce couple a été normale. Mais récemment, lors d'un déplacement professionnel à Londres, Richard a passé une soirée avec une « escort-girl ». De retour chez lui, il s'est senti terriblement coupable envers sa femme. Il ne parvenait plus à lui faire l'amour, se sentait presque « sale » : il lui a tout raconté.

Ils sont venus me voir pour essayer de surmonter cet incident de parcours. Pourtant, dès notre deuxième rendez-vous, Fiorina avait entamé les démarches de séparation auprès d'un avocat. Richard, lui n'est plus revenu en thérapie. Fiorina a continué de me consulter, car elle avait besoin de soutien dans une décision prise de façon un peu impulsive. Nous avons débattu des raisons de ce geste, et elle m'a révélé avoir été profondément blessée, dans sa féminité, par la conduite de son mari. Elle dit qu'elle ne peut s'empêcher de se comparer à la call-girl parisienne, qu'elle n'arrête pas d'y penser. J'ai essayé de lui montrer que son mari avait fait une erreur, mais qu'une erreur de ce genre ne devait pas forcément mettre en question leur mariage. Et que c'est d'ailleurs pour cette raison qu'il lui en avait parlé.

J'ai l'impression que du côté de Richard, il y a une certaine difficulté à faire le lien entre le sexe et le cœur. Cet homme a une relation intense avec sa mère, encore très présente dans sa vie, et il a spontanément tendance à séparer les sentiments de la sexualité. Il a fait une première tentative en épousant cette jeune femme romaine, très loin de la rigueur et de la froideur bourgeoise de sa mère. Puis il a rechuté, lors de sa soirée « payante ». Je pense que cette lecture de l'histoire pourrait permettre à Fiorina de surmonter la crise et de panser sa blessure. Pour sa part, celle-ci s'est sentie personnellement attaquée, parce que sa féminité s'est toujours réalisée à travers la séduction. Elle est pourtant intelligente, diplômée, cultivée. Mais le comportement de son mari a réveillé une ancienne douleur : dans sa famille d'origine, elle était adorée par son grand-père, qui lui passait quasiment tous ses caprices. Elle était un peu la « petite fée » de la famille. Et quand le grand-père a trompé sa femme, elle s'est dit que celle-ci avait sûrement mal « fée » en tant qu'épouse... Cela nous rappelle que lorsque nous évaluons les événements de la vie d'un couple en fonction d'un accident sexuel, il ne faut pas les examiner uniquement dans le présent, mais en prenant en compte tout le passé.

Pour conclure, je parlerai de l'histoire d'une quadragénaire en crise qui a épousé, il y a deux ans, un homme de 57 ans. Celui-ci a un curieux parcours : c'est un ancien prêtre, et aussi un vieux garçon très apprécié des femmes. Or voilà qu'une nuit, alors qu'elle s'était levée pour boire un verre, pensant qu'il regardait un film dans le salon, elle l'a trouvé à moitié nu, en train de se masturber devant une émission coquine à la télévision. La banalité de la situation l'a troublée, voire un peu dégoûtée. Surtout, elle s'est mise à réfléchir à leur vie commune. Et elle s'est rendu compte, dit-elle, que lorsqu'ils vont manger dehors et se trouvent en société, il reste toujours ensorcelé à fixer les seins ou les jambes d'une belle femme. Il ne peut quasiment plus en détacher les yeux. Et sur le plan sexuel ? Décevant, dit-elle. Beaucoup de désir entièrement projeté vers l'extérieur. Lorsqu'ils se retrouvent tous les deux dans la chambre à coucher, il ne prend jamais l'initiative, et les choses ne durent que quelques minutes. Bref, elle est très frustrée.

Je crois que depuis qu'il est marié, son mari a changé ses habitudes de prêtre, mais pas celles de « vieux garçon ». La question à poser est néanmoins ailleurs : pourquoi ces deux personnes se sont-elles mariées ? Pas pour des raisons érotiques ou passionnelles ; peut-être pour « se caser », pour repousser la solitude. C'est en partant de cette base que cette femme pourra décider si elle doit quitter son mari ou trouver un compromis acceptable.

CHAPITRE V

Polygamie ou monogamie

Pour le meilleur ou pour le pire... Aujourd'hui et pour toujours... Jusqu'à ce que la mort nous sépare... jamais ces anciennes formules prononcés lors des mariages n'ont paru aussi désuètes. Et pourtant, on ne s'est jamais autant interrogé qu'aujourd'hui sur les possibilités réelles de rester monogame, non plus par obligation, mais par choix et par désir. Pensons à toutes les suggestions qui nous sont faites par le cinéma. De nombreux films à succès nous ont proposé ce thème, d'*Eyes Wide Shut*, de Stanley Kubrick, jusqu'à *American Beauty*, de Sam Mendes [1], en passant par *Casomai*.

La « monogamie forcée », légalisée, indissoluble devant Dieu et les hommes, celle que nos grands-mères ont bien connue, appartient désormais au passé. De même que la disparité entre les hommes et les femmes. Ces trente dernières années, l'idée de la famille patriarcale s'est désagrégée, mais aussi celle des couples ouverts, alors que la situation de ceux qui occupaient des positions latérales, comme les célibataires, est demeurée inchangée. Bref, on se croirait revenu à l'an zéro.

Il ne s'agit pas tant, pour moi, de comprendre pourquoi les gens choisissent une monogamie forcée ou optent pour la polygamie que d'analyser l'enchevêtrement des attentes qui sous-tendent les comportements. Mes patients me demandent plus souvent si l'infidélité est une dangereuse contradiction ou une limite géographique du couple.

Être ensemble de nos jours suppose des compétences affectives bien différentes de celles de la génération précédente. Si, autrefois, une épouse fermait les yeux sur une aventure de son mari, alors que l'homme n'admettait même pas le mot « adultère », aujourd'hui, le couple doit compter avec la polygamie. Et apprendre à coexister avec la tendance, de l'autre et de soi-même, à avoir plusieurs amours.

À mon sens, le couple doit donc laisser cette ombre s'insinuer, et non la chasser. D'ailleurs, elle rentrerait par la fenêtre. Bref, on n'est plus à deux, dans un couple, mais à trois. Et le troisième est l'ombre, réelle ou imaginaire, d'un ou d'une autre. L'ombre de la trahison. Et sur ce point, je suis d'accord avec un jeune philosophe anglais, Adam Phillips, qui a résumé comme suit le secret de la monogamie : « Le couple est une résistance à l'intrusion de tiers ; mais pour qu'il dure, il est indispensable qu'il ait des ennemis. C'est pourquoi le monogame ne peut se passer d'eux... À deux, on est ensemble, mais pour former un couple, il faut être trois [2]. »

L'ombre de la trahison, disais-je. Je suis convaincu que nous devons laisser cette idée gagner nos émotions les plus profondes, nos pensées, voire nos fantasmes, et non la limiter à nos comportements. C'est ce qui nous permettra de voir chaque jour dans notre partenaire un homme nouveau et une femme nouvelle. C'est un moyen de remettre les choses en question, de ne pas sombrer dans la banalité. Comme si, au lieu de rentrer à la maison le soir sans plus regarder l'autre dans les yeux, nous réussissions à « nous donner rendez-vous » et à voir l'autre d'un « œil neuf », avec l'œil d'un tiers. Pourquoi cela ? Entre autres pour faire évoluer la relation engagée et la faire durer.

Il y a les fantasmes, certes, mais aussi la réalité. L'adultère, qui est immoral et insoutenable pour certains, est pour d'autres une façon de se sentir vivants, sans renoncer pour autant à leur couple. Mon opinion ? Qu'on peut sans doute mettre en avant les aspects positifs des relations parallèles, mais que le couple doit être assez solide pour supporter une trahison. Ce qui n'est pas le cas de tous. Il est fréquent que les relations clandestines soient, au contraire, l'expression d'une profonde insatisfaction conjugale.

Les liaisons parallèles ont toujours été un apanage masculin, fondé sur la conviction que les hommes ont une libido et un éros bien plus grands que les femmes. Il leur était donc permis de coucher avec d'autres femmes en dehors du mariage. La couche conjugale n'était pas le lieu du désir et avait, on le sait, une fonction bien précise liée aux intérêts financiers et sociaux des familles d'origine. Autre petit détail : pour la femme, l'interdiction d'avoir des rapports sexuels extraconjugaux était d'autant plus absolue qu'ils auraient mis en péril l'honneur de la famille et sa survie, face au risque de grossesses illégitimes.

Et de nos jours ? Aujourd'hui, les femmes commencent à trahir autant que les hommes. Les pourcentages sont fluctuants, difficiles à appréhender, mais la tendance est nette et impossible à contenir. Quelques chiffres ? La durée moyenne des mariages qui débouchent sur une séparation est, à en croire les statistiques, de trois à cinq ans. À ce stade, la tentation de la nouveauté pointe son nez. Et la moitié des couples éclate pour cause d'adultère. Lequel n'est plus un délit, mais provoque bien des divisions. Qui plus est, comme le disent tous les sociologues, la trahison n'est plus stigmatisée, elle a perdu sa connotation négative de péché, de rébellion. Elle n'est plus soumise – du moins pas avec la même rigueur qu'autrefois – au jugement de la société. Et les femmes ? Selon différents sondages réalisés récemment, deux femmes sur trois avouent avoir trompé leur compagnon au moins une fois dans leur vie.

Je pense que cela tient au changement de statut social de la femme. Imaginons une quadragénaire d'il y a cent ans : elle approchait déjà de la fin de sa vie, avait de nombreuses grossesses derrière elle et des enfants en âge de se marier. Enfermée entre ses quatre murs, prisonnière de ses obligations domestiques, elle ne travaillait pas, n'avait d'autre revenu que celui qui pouvait provenir de sa famille d'origine (si elle appartenait à la grande bourgeoisie) et, en général, elle ne pouvait donc disposer librement ni de son temps ni de sa vie. Qu'en est-il maintenant ? À 40 ans, la femme vit souvent la meilleure période de son existence. Elle a probablement fait des études, travaille très certainement, gagne sa vie, a la possibilité de dépenser son argent comme elle l'entend et, surtout, elle a une place « dans le monde », et pas seulement « à la maison ». Elle peut être mariée et avoir des enfants, mais peut aussi avoir fait le choix de rester seule, en ayant une relation plus ou moins importante avec un homme. Que de chemin parcouru !

Et les grands tournants de ce parcours, que je ne me lasserai jamais de répéter, sont sans doute les deux suivants : la possibilité de travailler (et de gagner sa vie), et l'invention de la pilule contraceptive, qui a permis d'isoler le sexe de la procréation et d'éliminer le risque de grossesses indésirées. Et si tout cela a contribué à libérer les femmes, cela leur a aussi donné plus de détachement dans leur comportement sentimental : elles peuvent trahir, si elles le veulent. Et elles le veulent de plus en plus souvent.

Attention, je n'ai pas du tout l'intention de « banaliser » l'adultère, qui crée souvent une souffrance indicible au sein du couple. Et qui marque fréquemment la fin d'un mariage. La douleur peut être atroce. Le tourment tourne à l'obsession, à la folie, à une angoisse qui dévore de l'intérieur. Plus rien ne compte, ni les amis, ni la maison, ni les enfants, tout n'est plus qu'un cauchemar, un incompréhensible cauchemar. Pourtant, il est vrai que l'on entend de plus en plus les femmes dire : « je l'aime, mais je le trompe » et analyser leur situation avec une grande lucidité. « J'aime mon mari, j'aime la vie que j'ai construite avec lui, j'aime nos enfants, mais je ne veux pas renoncer à une émotion, à un battement de cœur rien que pour moi... » Combien de fois, ces derniers temps, ai-je pu lire ou entendre ces phrases, dans les lettres d'inconnues qui me demandent conseil, dans des confessions au hasard de mes rencontres ou dans l'intimité de mon cabinet.

À ce sujet, je trouve emblématique l'histoire d'une quadragénaire qui n'a pas voulu signer : « J'écris pour dire merci à mon amant. Merci parce que c'est grâce à son soutien et à son amour que je peux rester avec mon mari. Que je réussis à ne pas divorcer. Je me suis mariée il y a des années avec un homme faible, peu sûr de lui. Un homme que j'ai aidé, encouragé, y compris du point de vue financier. Quand sa société a fait faillite et qu'il n'avait plus ni l'énergie ni le désir de tout recommencer, quand il voyait la vie en gris et que même moi, j'avais bien du mal à l'envisager autrement. Nous avons eu un garçon ; un petit garçon sensible, merveilleux, à qui je ne veux surtout pas faire mal. Et puis, il y a moi. Mais j'avais presque oublié que j'existais. Je ne prenais plus soin de moi, je n'allais plus chez le coiffeur, je ne regardais même plus quels vêtements je mettais, le matin. Et c'est cette femme éteinte qu'il a rencontrée. Il a redonné de l'éclat à mes yeux, a fait resplendir ma peau sous ses caresses, a transformé ma voix et mon pas. Il est marié. Mais même s'il ne l'était pas, je n'aurais pas le courage d'envoyer promener tout ce que j'ai bâti avec mon mari – une certaine harmonie familiale, malgré tout ; le petit commerce que nous gérons ensemble ; bref, notre vie. Mais je dois dire merci à mon amour secret. Merci à lui, et merci à tous ces hommes (et ces femmes) qui restent dans l'ombre en offrant une niche de pur bonheur. Ils nous permettent, à nous tous – les infidèles – de continuer. »

C'est une histoire émouvante. Et très moderne par la lucidité avec laquelle cette femme analyse sa vie. Elle présente aussi une autre particularité intéressante : on n'y trouve aucune trace de culpabilité, mais de la reconnaissance envers son amant. D'ailleurs, du point de vue sentimental aussi, le couple d'aujourd'hui n'est plus en symbiose. Notre société exalte, « légalise » la poursuite des satisfactions individuelles, et c'est également pour cette raison que l'adultère est plus fréquent.

L'ennemi du couple n'est pas le changement (même sexuel), mais l'habitude. Les partenaires restent ensemble par fidélité passive, souvent au nom des enfants, alors que petit à petit, l'ennui s'infiltre. C'est là la principale cause des adultères. Pour emprunter une image au domaine alimentaire, il faut changer le menu du couple, sous peine que l'un ou l'autre ne change de restaurant...

L'année dernière, j'ai réalisé un sondage[3] qui a révélé

que pour 75 % des foyers, le lit conjugal n'avait pas bougé de place et les deux époux s'asseyaient toujours au même endroit à table. Ce qui traduit bien, pour moi, l'immobilisme de ces unions. L'adultère peut alors avoir un effet positif en « mobilisant » le couple qui s'est peu à peu installé dans le mariage. Cela vaut dans à peu près 10 % des cas. Mais que ce soit bien clair : nous ne prescrivons jamais de trahison thérapeutique ; nous devons, au contraire, souvent soigner les victimes affectives de l'adultère.

Ainsi, Georges, entrepreneur de 43 ans, est devenu impuissant après avoir découvert que sa femme le trompait avec un employé de sa société. Il balance entre une dépression masquée et une rage explicite, et me demande ce qui a fait voler son couple en éclats. Il se sent responsable de ce qui s'est passé, alors qu'en fait, c'est bien son épouse qui est au cœur du problème. Celle-ci est très extravertie sur le plan sexuel (les psychologues la qualifieraient d'« hystérique ») et elle a déjà eu des aventures clandestines. C'est une femme qui a peur de vieillir et pour qui la conquête d'autres hommes représente un moyen de lutter contre cette angoisse. Cette fois, elle n'a pas choisi la bonne « proie », car le salarié en question s'est servi d'elle dans son conflit personnel contre son patron. Dont la seule faute est, d'ailleurs, de ne pas bien connaître sa femme.

De nos jours, pour beaucoup d'hommes – et quelques femmes –, la trahison est sexuelle, mais pas affective. C'est comme si la passion érotique était extérieure au couple, lequel reste uni par d'autres liens, comme la tendresse, l'affection, l'intérêt réciproque, l'éducation des enfants... Dans ce genre de situation, l'adultère doit, selon moi, rester secret, au même titre que les fantasmes érotiques qu'il ne faut pas dévoiler à l'autre.

Or les nouvelles technologies constituent un territoire

semé d'embûches. Entre les mille fonctions des portables (qui gardent en mémoire les derniers numéros appelés, et les appels restés sans réponse) et les mille pièges de l'ordinateur (il est plus facile qu'on pourrait le croire de « pénétrer » l'ordinateur de son partenaire et de lire ses courriels), le chemin des traîtres est devenu très accidenté. Et puis, il y a les imprévus « habituels ». Je repense à Philippe, quadragénaire marié qui, après une soirée passée avec sa maîtresse, a veillé à prendre une douche avant de rentrer chez lui. Seulement, il avait raconté à sa femme qu'il allait au gymnase. Et tout était parfaitement sec et rangé dans son sac de sport. Ce qui, bien entendu, lui a mis la puce à l'oreille...

Cela me rappelle aussi Maurice, 35 ans, qui avait depuis longtemps une liaison avec une collègue de sa femme. Lors d'un repas à trois où il s'amusait à faire du pied à sa maîtresse, son épouse a accidentellement fait tomber sa serviette et a ainsi découvert le pot aux roses... Quant à Julie, 30 ans, elle m'a raconté avoir profité d'un week-end de travail de son mari pour dormir chez son amant. Malheureusement, son galant homme de mari lui a fait livrer un bouquet à la maison le samedi matin, et le fleuriste a trouvé porte close.

Alors, dans quel camp est-il préférable de se situer, celui des traîtres ou celui des fidèles à tout crin ? Bien sûr, il n'existe pas de vérité unique. Je trouve néanmoins très intéressante la thèse du philosophe Stefano Zecchi[4]. Pour lui, la véritable transgression de ce millénaire est la fidélité : nous vivons, dit-il, à l'ère de l'apologie du dynamisme, de la mutation. La fidélité, la permanence d'idéaux et de situations, est vue comme une forme de paresse, de frilosité. L'infidélité est quasiment devenue un symbole de statut, elle est plus en phase avec notre époque. Le véritable diktat est celui du changement – changement de look, d'habitudes de consommation, de travail (il ne paie plus d'être fidèle à une entreprise ; aujourd'hui, pour faire carrière, il faut chercher un nouvel emploi tous les quatre ans au minimum). Ce n'est pas un hasard si un écrivain qui représente parfaitement l'esprit du temps, l'Anglo-Pakistanais Hanif Kureishi, nous offre la belle réflexion suivante dans *Intimité*[5], roman cruel et vibrant où il raconte la dernière nuit que passe chez lui un homme qui va abandonner sa femme et ses enfants : « Aller de l'avant, écrit Kureishi, est une infidélité envers les autres, envers le passé, envers notre ancienne idée de nous-mêmes. Peut-être chaque jour devrait-il prévoir au moins une infidélité essentielle ou une trahison nécessaire. Ce serait un acte d'espoir, la preuve que les choses peuvent non seulement être différentes, mais meilleures. »

Que vous soyez du côté des traîtres ou des fidèles, une chose est sûre : le couple doit être défendu, ne serait-ce que parce que nous n'avons encore rien trouvé de durable pour le remplacer. Les expériences des communautés des années 1970 ou des célibataires partageant le même domicile ne représentent pas, à l'heure actuelle, des modalités de « vie ensemble » possibles. Le couple répond à des besoins fondamentaux de l'individu. Tout le problème consiste à gérer le désir érotique qui, bien souvent, n'a pas le même rythme que la vie à deux.

LA PAROLE EST AUX HOMMES

La trahison est donc de plus en plus présente et plus « justifiée » au sein de notre société. Mais qu'est-ce qui nous pousse à trahir ? Et qu'est-ce qui pousse, en particulier, les hommes à trahir ? Voyons leurs principales motivations secrètes.

1. Chérie, dis-moi que tu me désires

En général, ce sont les femmes qui se prennent à rêver d'amour et souffrent le plus quand, dans leur mariage, elles commencent à manquer de compliments, de surprises, de fleurs, et qu'elles n'ont plus droit à la douceur du flirt... Elles ne « sentent » plus le désir de leur partenaire, ce qui provoque leur insatisfaction, leur amertume, leur souffrance.

Pourtant, le « désir de désir » est aussi une caractéristique masculine. Surtout pour certains hommes dont le Moi est faible. Et quand leur femme se met à les négliger, ils vont chercher ce désir ailleurs. C'est ce qui est arrivé à Antoine, 45 ans. Celui-ci est marié depuis quatorze ans et tient un restaurant avec sa femme Sylvie. Avant leur mariage, Sylvie avait vécu une liaison dangereuse mais très forte avec un étranger. Sa rencontre avec Antoine a coïncidé avec une envie de normalité, de stabilité de sa part. Tous deux sont partis vivre ensemble, ils ont acheté leur maison, puis le restaurant, ils ont eu un enfant. Et leur sexualité ? Au début, Antoine voulait faire l'amour tous les jours, et Sylvie s'inclinait sans passion, sans élan, comme par devoir. Ensuite, évidemment, les rapports se sont faits de moins en moins fréquents... Or depuis six mois, Antoine connaît une autre femme, une femme pleine d'amour, émouvante, et pas seulement sur le plan érotique. Elle vit dans une ville éloignée, et chaque fois qu'elle vient le voir, elle fait un long voyage, quelquefois juste pour quelques heures. Cette attention amoureuse a bouleversé Antoine et répondu à son besoin le plus intime. D'autant plus qu'il y a peu de temps, son meilleur ami est mort de leucémie, ce qui l'a convaincu de la nécessité de vivre intensément, car on ne vit qu'une fois.

Et Sylvie, me direz-vous ? Sylvie fait tout de travers. Elle lui fait la guerre et, chaque soir, déverse sa colère sur lui. Elle « revoit » dans leur histoire l'histoire de son père qui a tout à coup abandonné sa famille. Malheureusement, Sylvie n'arrive pas à jouer le rôle de « courtisane » si nécessaire à son mari. Après avoir tant donné – et tant souffert – au cours de sa grande passion maléfique, elle s'est installée dans une vie de couple prévisible, mais sûre. Or Antoine veut davantage. Il ne veut pas le calme plat, mais les vagues et le vent. Je pense qu'il finira par quitter sa femme, le restaurant et son fils, pour se laisser aller au désir et à la vie.

2. *Où est passée la passion ?*

La passion, la passion renversante, la passion qui surgit à l'improviste, qui prend par surprise, y compris les hommes, cette passion-là existe-t-elle vraiment ou ne se rencontre-t-elle que dans les romans ? Dernier grand succès de ce genre, le *Non ti muovere*[6]. Écrit par une femme, Margaret Mazzantini, il raconte l'histoire d'un homme, un médecin réputé, qui a une femme belle, intelligente, « juste » et qui perd la tête pour une femme « quelconque », rencontrée par hasard dans une sinistre banlieue de Rome. Elle n'a ni charme ni sensualité, elle est même clairement vulgaire et sans grâce. Seulement, elle sait le toucher – dans son ventre et dans son cœur.

Les faits divers, aussi, nous proposent des « histoires de roman » sans qu'on puisse mesurer la part d'affabulation. Qui aurait pensé, ainsi, qu'un président de la République disparaîtrait brusquement, emporté par la passion ? C'est pourtant ce qui a l'air d'être arrivé, en juin 2002, à

Ricardo Maduro, président du Honduras, qui a tranquillement déserté un sommet international au Nicaragua et une délicate rencontre syndicale sans laisser de traces. Il aurait fui avec une troublante diplomate madrilène en poste en Italie. La situation est devenue tellement embarrassante, et les journaux honduriens tellement pressants, que pour finir, le secrétaire du président a dû déclarer que M. Maduro était en voyage privé en Italie et reviendrait le plus vite possible.

Pure folie ? On peut, à l'inverse, et avec un peu de provocation, considérer que les vrais immatures aujourd'hui sont les névrosés qui fuient l'amour, au lieu de fuir par amour[7]. Et qui ont pour leur travail cette passion exclusive qui justifie les folies qu'ils ne sont plus disposés à faire par sentiment. Vu sous cet angle, si le président amoureux a commis une erreur politique, cela a été de ne pas croire pleinement à la portée de son geste. Un message à la nation pour avouer sa passion l'aurait rendu plus populaire qu'une star de série télévisée...

Quoi qu'il en soit, une envie de passion peut donc assaillir comme une brusque vague de chaleur. C'est ce qui est arrivé à Bruno, 35 ans. Il a épousé il y a sept ans une très belle femme dont il était amoureux et auprès de qui il était très empressé. Le problème est que l'été dernier, il a pris conscience, pour la première fois, de ne plus éprouver cette passion, ce qui l'a plongé dans un très grand malaise. Sa relation de couple a commencé à devenir insupportable et, petit à petit, Bruno s'est retrouvé dans les bras d'une autre femme, assez connue, sur l'île grecque où il passait ses vacances. Un flirt d'été ? Non, parce que après son retour chez lui, il a vécu avec elle une aventure ébouriffante. Il habitait à Lyon, et elle à Paris ; il prenait l'avion pour passer une seule soirée avec elle, et ne cessait de penser et de rêver à elle. Il avait l'impression, me dit-il, d'être revenu en arrière, à l'époque où il était un étudiant amoureux. Malheureusement, cette nouvelle femme, qui lui inspire des sentiments si forts, et qui a cinq ans de plus que lui, est déjà divorcée, elle ne veut pas se lier et, face à son insistance, a préféré le quitter.

Bruno se demande si cela a seulement été une escapade d'été et si son mariage est bel et bien fini. Je pense que ce qui est fini, c'est l'état amoureux avec sa femme. Que faire, alors ? Ce couple pourrait, enfin, mettre en place une vie quotidienne faite de stimulations et de pauses. Au lieu d'être « empressé », Bruno ferait peut-être mieux de chercher de nouveaux élans et de réfléchir à ce qui peut transformer leur vie à deux. N'oublions pas qu'un couple qui n'a jamais vécu et surmonté une véritable crise est toujours en péril. J'ai donc conseillé à Bruno d'utiliser cette passion née au soleil d'août pour reconstruire sa vie de couple. Comme le disait Saint-Exupéry, au début, on se regarde dans les yeux, puis on regarde devant soi, vers des objectifs communs.

3. « Le démon de midi » : l'inquiétude des 50 ans

Que se passe-t-il quand, passé 50 ans, l'homme cherche dans une femme plus jeune un antidote à sa peur de vieillir ? Cette situation assez courante porte le nom poétique de « démon de midi ». Hélas, elle a toujours de graves conséquences sur le couple, notamment parce qu'elle met en jeu bien d'autres variables que la trahison : l'âge, le passé commun, les petites vengeances et les compromis, l'incertitude et les doutes au sujet de l'avenir... En général, c'est un grand choc pour la femme.

C'est ce que confirme une lettre envoyée par une quinquagénaire qui signe sous le nom de « Bleue ». Voici ce qu'elle me raconte : « J'ai connu mon mari alors que j'avais à peine 15 ans. Je l'ai épousé et plus de trente années ont passé. Il y a un an de cela, à la suite d'une intervention de la prostate en raison d'une grave maladie, il est devenu impuissant. Il en a émergé physiquement et moralement détruit. J'ai essayé de l'aider – sans résultat – en lui disant que le sexe n'était pas tout dans la vie, et que pour moi, il comptait encore plus qu'avant. En fait, j'ai été surprise par sa réaction de désespoir, parce qu'il ne me semblait déjà plus très intéressé par la sexualité. Ces dernières années, il disait ne plus en avoir envie. Au point que moi aussi, j'avais cessé de prendre l'initiative. Et puis, cela a été la révélation : j'ai compris que son désintérêt d'avant l'opération était dû au fait qu'il avait une maîtresse. Une collègue séparée, plus jeune que lui, avec laquelle, m'a-t-il fait comprendre, il avait des rapports sexuels forts et transgressifs. Aujourd'hui, tout est clair. C'est une histoire très banale, la classique crise du désir après 50 ans, mais cela a été une véritable bombe pour moi. Je ne l'en aurais jamais cru capable. J'ai très mal réagi, j'ai fait des scènes terribles. En même temps, je savais que je ne pouvais pas le quitter à cause de sa maladie… J'avoue qu'après cette révélation, j'ai voulu avoir de nouveau des rapports avec lui, même incomplets ; ma sexualité a connu une nouvelle flambée. Il me serre dans ses bras, m'embrasse, dit qu'il n'a aimé que moi… Puis il se met à pleurer. Il dit que, désormais, il n'est plus qu'un demi-homme et que je devrais le quitter. Il craint que je le fasse, un jour ou l'autre, par vengeance. De mon côté, j'oscille entre deux sentiments : la crainte de le perdre à cause de sa maladie et la colère due à ce qu'il m'a fait. Le psychologue que je suis allée voir dit que je devrais reprendre mon autonomie, parce que je suis trop dépendante de mon mari. Qu'en pensez-vous ? »

C'est là une histoire bien compliquée. Le démon de

midi qui a saisi le mari aurait pu être mis de côté, relégué aux oubliettes. Mais la maladie, la peur, l'aveu ont brouillé les cartes de ce couple. Il est cependant possible de tirer parti de ces émotions diverses. L'ambivalence de cette femme est très intéressante : elle est partagée entre la colère et la crainte. À la place de cette épouse trahie, bien des femmes s'en iraient, considérant que leur relation de couple est trop entamée. D'autres diraient : tout cela appartient au passé, essayons maintenant de reconstruire un nouveau rapport. D'autres encore se chercheraient un amant, par vengeance. Je pense, moi, que la seule décision possible doit naître du cœur de cette femme, qui est extrêmement centrée sur son mari. La preuve ? Sa sexualité renaît, par suite de sa mise en concurrence avec une autre femme plus jeune. Pourtant, même dans ces conditions, elle devra décider si l'érotisme joue vraiment un rôle important dans sa vie ou s'il est seulement lié au comportement de son mari. Je lui ai donc conseillé d'explorer avec son psychologue, la voie de l'autonomie qu'il lui a suggérée.

4. Un adultère ? Non, un antidote à la solitude

Joëlle, qui a 40 ans, vient me consulter en proie à une grande agitation. Son mari, Franck, qui a 52 ans, lui a avoué l'avoir trompée. Il lui a raconté que pendant plusieurs mois, il avait fréquenté une femme qui lui plaisait beaucoup, mais, qu'aujourd'hui, cette histoire était terminée. Depuis, le couple a une vie sexuelle beaucoup plus intense. Notamment parce que Joëlle, « réveillée » par cette trahison, se montre plus active au lit, à la grande satisfaction de son mari.

Pour Joëlle, cet adultère a été dicté par des raisons strictement érotiques. En réalité, les motivations de son époux étaient autres. Franck travaille dans une banque et il venait, à l'époque, d'être transféré pour quelques mois dans une autre filiale. Il rentrait chez lui tous les week-ends, mais dans cette ville qu'il ne connaissait pas et trouvait hostile, perdue dans le brouillard du Nord, il se sentait seul. C'est ainsi qu'un jour, dans un bar à vins où il se réfugiait souvent pour manger le midi, il a fait la connaissance d'une jeune serveuse polonaise. Une solitaire, elle aussi, venue tenter sa chance, chercher une nouvelle vie et, peut-être, un mari. Certes, ils ont fait l'amour. Mais ce n'est pas l'érotisme qui les a unis. Ils passaient de nombreuses soirées ensemble, au cinéma ou à se promener au bord du fleuve. Ou encore à se faire à manger pour combler leur solitude.

Joëlle, au contraire, projette sur cette relation ses fantasmes œdipiens : petite, elle était aussi jalouse de sa mère qu'elle était liée à son père. La trahison de son mari réveille d'anciens et douloureux souvenirs. Cette femme a créé avec son époux une relation transparente et symbiotique qui a apporté la sécurité à leur couple, mais l'a rendu vulnérable aux stimulations extérieures. Et le fait qu'ils n'aient pas d'enfants a rendu ce lien encore plus étroit. La trahison de Franck, qui répond en apparence à des besoins sexuels, est donc en réalité la conséquence de l'exil involontaire d'un mari « abandonnique ». C'est comme si, loin de chez lui, il avait dû remplacer sa femme, qui faisait écran à toutes ses incertitudes.

La trahison peut avoir de multiples raisons, qu'il est bon d'identifier avant de porter un jugement. On peut tromper son partenaire par ennui, par vengeance, par besoin sexuel, par goût de la transgression, ou encore par peur de la solitude, comme dans le cas de Franck. Le problème est qu'après avoir été consulter un avocat pour se renseigner sur la procédure de séparation, Joëlle a tenté de se suicider. Une psychothérapie est donc indispensable, parce que ses réactions vont au-delà de la trahison subie.

5. *C'est juste une histoire de c...*

Le sexe détaché du cœur... Nous l'avons déjà dit, c'est une attitude masculine « typique », y compris au sein des couples homosexuels. Ainsi, André, homosexuel de 25 ans, a depuis huit mois une relation avec un garçon plus âgé. Ils s'aiment, se voient tout le temps, et passent des heures au téléphone ou à s'envoyer des messages. C'est un couple symbiotique, qui ignore les disputes. Malgré cela, au cours de ces huit mois, André a eu trois aventures. Il ne comprend pas pourquoi et me dit qu'entre autres choses, ses rapports sexuels avec son fiancé sont « super ». Maintenant, il est tourmenté par un sentiment de culpabilité.

Je crois qu'André a un profond besoin de séduction et un érotisme pulsionnel qui le domine et lui fait perdre le contrôle de ses sentiments et de sa volonté (nous y reviendrons plus longuement au chapitre XI consacré à la sexualité compulsive).

Mais j'ai aussi rencontré des hommes hétérosexuels qui, de même que lui, vivent leur sexualité comme un besoin pressant et ne peuvent (ni ne veulent) mettre un frein à leur désir.

6. *Quand la trahison est une thérapie*

Marianne, qui me raconte qu'avec l'arrivée de son bébé, il y a trois ans, sa libido était tombée à zéro. Elle était tellement occupée, tellement prise par son enfant – et, à dire vrai, tellement fatiguée, aussi – qu'elle ne regardait même plus son mari. Certes, le premier enfant provoque toujours un séisme dans un couple : il devient difficile de trouver, ensemble, de nouveaux rythmes. Mais, trois années, c'est beaucoup, et cela suffit amplement à éroder l'intimité.

Marianne n'est sortie de sa léthargie que lorsqu'elle a découvert que son mari l'avait trompée. Une histoire sans importance, lui a-t-il assuré ; deux soirées où il avait un peu trop bu. Alors sont venus les excuses, les baisers et les pleurs. Ils ont discuté et, depuis, repris une vie sexuelle animée. Marianne dit qu'ils s'aiment encore et se demande si une trahison peut servir un couple fatigué.

L'adultère, je le répète, ne saurait, en aucune façon, constituer une « thérapie ». En revanche, il est parfois bon de briser les mauvaises habitudes. Or il est fréquent que le désir qu'un autre éprouve pour notre partenaire « rallume » notre désir qui s'était éteint. Il suscite une jalousie constructive qui peut même être créée artificiellement, comme quand certaines femmes s'envoient à elles-mêmes des fleurs. Ou comme, à l'instar du héros du *Zèbre* d'Alexandre Jardin[8], quand un mari organise pour sa femme un rendez-vous dans un hôtel avec un amant inconnu qui n'est autre que lui-même...

ET MAINTENANT AUX FEMMES...

Autrefois, les femmes m'écrivaient pour me demander des éclaircissements à propos de leurs fantasmes sexuels. Cela arrive encore. Ainsi, Charlène, 26 ans, se dit très amoureuse. Elle s'entend parfaitement bien avec son fiancé, y compris du point de vue sexuel. Pourtant, il lui arrive, de temps à autre, d'avoir des pensées « curieuses » pour d'autres garçons. Comment est-ce possible ? me demande-t-elle.

Que répondre à cette jeune femme ? Mon approche a

toujours consisté à rassurer, en citant les recherches historiques de l'Américaine Nancy Friday [9] et le *Rapport Hite* [10], qui montrent que statistiquement, certains fantasmes sont tout à fait dans la norme. Mais de nos jours, certaines femmes décrivent non plus des fantasmes, mais des expériences sexuelles extérieures à leur relation de couple. Et j'ai l'impression que si les hommes ont de plus en plus tendance à s'adonner à des perversions soft, du côté des femmes, c'est le nombre de partenaires qui augmente. Et elles vivent l'adultère sexuel non comme une trahison, mais comme une liaison parallèle.

1. La vie n'est pas un long fleuve tranquille

Il est des femmes qui ont découvert la passion en elles et qui, au lieu de la réprimer, de l'étouffer, comme l'auraient fait leurs mères et leurs grands-mères, elles s'abandonnent à leurs émotions. Parfois dans la souffrance.

C'est le cas d'Yvette, 35 ans, qui me décrit sa vie jusqu'ici trop normale. Elle s'est efforcée de la construire avec bon sens, et voilà que le fleuve de la passion amoureuse submerge les digues qu'elle a lentement et patiemment élaborées.

Yvette est diplômée de sciences politiques et a un poste important dans une entreprise de consulting. Elle s'est trouvé un petit ami qui a « la tête sur les épaules ». Ensemble, ils ont contracté un emprunt pour acheter une grande maison, en pensant aux enfants qu'ils auraient plus tard. Bref, c'est un couple solide et fiable. Et tout au long de ces années, leur sexualité a toujours été tranquille, bien qu'Yvette m'avoue ses difficultés à parvenir à l'orgasme.

Mais la passion amoureuse ne peut être gouvernée par la raison. L'érotisme ne répond pas à la logique, à la planification avec laquelle Yvette a organisé la suite de la vie.

Et voilà que le frisson surgit de façon inattendue et incontrôlable à son travail. Elle me raconte qu'elle fantasme sur son chef. Quand il la convoque, elle a des palpitations. Le matin, elle s'habille en pensant à lui, elle rêve qu'il la prend dans ses bras... Peut-on dire qu'elle est amoureuse ? Peut-être pas de lui, mais d'un rêve d'amour qui entre avec force dans sa vie trop programmée.

Karine a connu la même émotion. Elle a 21 ans et est fiancée depuis cinq ans, mais du jour où elle décide de se marier, elle se découvre une secrète attirance pour un autre garçon. Elle est inquiète et se pose des questions. Non sans raison. Une pause pour réfléchir à son projet conjugal ne serait peut-être pas une mauvaise idée. Le dilemme de Karine peut dissimuler plusieurs explications :

a) En acceptant le mariage, elle fait un choix « raisonnable », mais au fond, ce qu'elle éprouve se rapproche davantage de la bonne entente et d'un sentiment de bien-être que de la passion.

b) Elle est trop jeune pour se marier. Elle avait à peine 16 ans quand elle s'est fiancée, et elle n'a donc pas eu le temps de faire des expériences, de flirter, de se tromper, comme cela arrive et doit arriver durant l'adolescence. Peut-être les aspects imprévisibles de l'attirance se manifestent-ils maintenant.

c) Le projet de mariage, la vision d'une vie à deux « close » et délimitée a réduit son désir pour son fiancé.

d) Enfin, ses battements de cœur secrets sont peut-être l'indice d'une véritable histoire d'amour en train de naître, d'une nouvelle histoire d'amour.

Chez Danièle, au contraire, la passion explose comme un volcan. Et la lave incandescente emporte tout sur son passage. Danièle a 26 ans et vit en concubinage depuis un an. Avec son fiancé, elle partage un appartement, un budget mensuel et une passion pour le ski. Leur relation est saine, en dépit de ses tentatives d'autosabotage. Ainsi, elle est capable, en un après-midi de shopping, de dépenser des sommes folles, puis de s'emporter contre elle-même parce qu'elle n'a pas su se retenir.

Depuis peu, Danièle est tombée dans les filets du don juan de la petite ville où elle habite : un homme plus âgé, marié, mais attiré par sa jeunesse et sa fraîcheur. Quoiqu'elle se sente terriblement coupable, elle a cédé à ses avances. Elle le voit une fois par semaine, et là, lors de ces rencontres clandestines, c'est comme si le volcan crachait du feu et de la lave. Mais avant et après, Danièle fait tout pour « éteindre » le volcan.

Comment gérer, d'un côté, l'éruption hebdomadaire et, de l'autre, la lave pétrifiée de sa relation avec son fiancé ? Au stade actuel, Danièle est insatisfaite, tant avec son compagnon qu'avec son amant. C'est pour cela – et pour éviter l'éventualité de dangereux sabotages – qu'elle a commencé une psychothérapie.

Le comportement de Simone est, lui aussi, très velléitaire. Cette femme a un amour secret, et de nombreuses interrogations. Mais elle ne cherche pas à comprendre pourquoi, tout en étant mariée, elle a « cédé » à la tentation d'une aventure parallèle. Elle vient me demander pourquoi son amant ne lui donne jamais de rendez-vous clandestin et se borne à profiter de moment furtifs dans la cuisine ou le couloir. Les deux couples sont, en effet, amis, ils habitent l'un près de l'autre et se voient quotidiennement. Des instants volés, donc, mais aussi très dangereux et frustrants, car les deux « amants » n'ont jamais « consommé »...

Il est possible que l'homme n'ait pas vraiment envie d'avoir une maîtresse, qu'il aime sa femme, qu'il ne veuille pas de complications, seulement des émotions. Mais alors, me demande Simone, qu'attend-il d'elle ? Peut-être le plaisir du harem. Peut-être le frisson de la confirmation, ou de l'interdit. Et le sexe ? Jusqu'ici, il ne s'est pas aventuré sur ce terrain, peut-être par anxiété, par crainte d'être découvert, mais peut-être souffre-t-il d'une insécurité fondamentale que le mariage a calmée, et qui refait surface à travers cette relation illégitime. À moins que ce ne soit ce secret qui le lie à sa femme.

Simone dit qu'elle ne veut pas renoncer à ce frisson, à cet amour. Pour ma part, je vois des nuages noirs tant au-dessus de sa relation qu'au-dessus de l'amitié entre les deux couples. Et je m'inquiète surtout de ce que Simone – femme moderne et responsable – laisse son amant, que je soupçonne d'être impuissant, décider. La seule décision qu'elle réussisse à prendre avec lui est de continuer à le voir, et elle est sans doute mauvaise.

Frissons, palpitations... Beaucoup de femmes les recherchent, et quelques-unes sont capables de se laisser aller et de revenir, ensuite, à la vie ordinaire avec cet impalpable secret. C'est ce que raconte un film qui est justement un imperceptible rêve d'amour, *Mademoiselle* [11] avec Sandrine Bonnaire. L'héroïne a un gentil sourire, une jolie carrière, un mari et deux enfants – bref, une existence sereine, que n'entache aucun regret. Et puis un jour, le hasard s'en mêle. À la fin d'un congrès professionnel, elle manque son train et accepte de voyager avec une troupe de comédiens rencontrés durant le congrès. Parmi eux, un homme, qui ne cesse de la regarder. Cela ressemble fort à un moment agréable entre gens qui ont juste envie de se sourire et de bavarder. Mais, d'heure en heure, elle repousse son départ sous un prétexte ou un autre, et rate train sur train. La pluie aidant, elle ne partira que le lendemain matin, en laissant (peut-être) derrière elle un cœur brisé, mais en emportant avec elle le rêve d'un amour. Un amour qui ne pouvait exister et n'a pas existé, mais qui a laissé son empreinte et des souvenirs. Il suffisait de regarder autour de soi, dans le cinéma, quand les lumières se sont rallumées pendant le générique de fin, pour comprendre que chez beaucoup de femmes, ce film avait fait naître une légère nostalgie...

2. Liberté, liberté érotique

J'ai parlé de battements de cœur, de crampes d'estomac, de sensations aussi douces que des caresses. Mais attention : pour certaines femmes d'aujourd'hui, la trahison n'est qu'affaire de sexe. Je pense à Marjorie, 31 ans, qui, pour atteindre le plaisir doit être sous adrénaline et, de ce fait, est constamment à la recherche de situations transgressives au risque qu'un jour ou l'autre, son mari ne la découvre. Ce qu'elle veut éviter à tout prix, parce qu'elle tient à son mariage, même si elle vit une passion érotique en dehors de son couple. Je pense aussi à Mélanie, sportive professionnelle d'à peine plus de 20 ans, qui a découvert que le sexe a sur elle l'effet d'un dopant. Il lui faut donc absolument faire l'amour le matin qui précède les compétitions. À chaque fois, elle choisit un partenaire « occasionnel » parmi les autres athlètes. Le tout, bien entendu, à l'insu de son fiancé.

Et puis il y a Barbara, 38 ans, compagne « par convenance » d'un soixantenaire divorcé. Ils ont choisi la liberté érotique réciproque et durant les week-ends et les vacances, Barbara fait feu de tout bois. Elle aime faire l'amour, du moment que cela n'implique aucun investissement affectif. Pour elle, dit-elle, c'est comme un bon repas. C'est pourquoi elle a éloigné son dernier amant, qui était trop câlin et lui rappelait son ami.

Ces femmes sont peut-être des exceptions. En général, la gent féminine passe pour aimer davantage séduire qu'aller jusqu'au bout. Ce qui renforce leur confiance en elles, c'est de faire la conquête d'un homme. Comme je l'ai expliqué dans mon dernier livre [12], l'estime de soi des femmes passe par leur charme, alors qu'elle passe par l'érection chez les hommes. Ainsi Marina, 35 ans, mariée à un avocat avec qui elle a une vie sexuelle satisfaisante, a besoin d'être courtisée par d'autres hommes pour se sentir séduisante. Pour elle, l'amour idéal est platonique. L'ennui, c'est que ses soupirants la désirent et qu'elle se laisse faire, alors qu'elle s'abstiendrait volontiers du passage à l'acte. Ce qui compte, pour Marina, c'est le flirt, le regard de désir sur son corps, qu'elle met en valeur en portant des vêtements très sexy de chez Versace.

Virginie, 36 ans, a, elle aussi, une relation stable à laquelle elle n'entend pas renoncer. Elle vit depuis sept ans avec son fiancé, un homme avantageusement doté sur le plan physique, vers qui elle retourne avec satisfaction après chacune de ses aventures. Virginie a besoin de vivre de brèves aventures parallèles pour se sentir continuellement désirée et courtisée. Et puis, à un niveau très concret, elle aime comparer le pénis de ses amants à celui de son partenaire : cela renforce son orgueil, car c'est toujours lui qui l'emporte...

Les infidélités de Virginie lui font éprouver le frisson de la transgression, mais elles ne sont pas sans risques. Jusqu'ici, elle est toujours revenue vers son ami, convaincue qu'il était le meilleur, tant par ses attributs anatomiques que par ses prestations sexuelles. Mais son dernier amant l'a tout à la fois « distraite » et troublée. Elle a décidé de ne pas s'en défaire, mais se demande comment elle pourrait améliorer sa relation avec son fiancé. Je crois qu'elle devrait cesser de faire des comparaisons sur les pénis de ses hommes. Si elle veut tromper, qu'elle vive cette trahison avec plaisir. Car ces comparaisons équivoques, même si elles sont fantasmatiques, pourraient l'entraîner sur une mauvaise pente. Rappelons-nous que nous ne pouvons pas tous nous « permettre » l'adultère. Il faut une grande solidité personnelle et de couple pour faire coexister des aventures et une relation officielle.

L'histoire de Margot est très différente, puisque elle voudrait trahir... et n'y est pas encore arrivée. Enfin, pas tout à fait. « Je donnerais n'importe quoi, m'écrit-elle, pour pouvoir, enfin, coucher avec Xavier et le sortir ainsi de ma tête et de mon cœur. Xavier est mon amour d'été. J'étais une gamine, j'avais à peine 15 ans, quand il me draguait et m'embrassait, le soir, entre les bateaux remontés sur la rive. J'étais trop jeune pour faire l'amour, mais qu'est-ce que j'en avais envie ! Et puis, la vie nous a séparés. Je ne suis plus venue en vacances dans le village de mon enfance, il a voyagé, il s'est marié avec une Allemande, puis il a divorcé, il est revenu. Et il a ouvert un club de plongée. De mon côté, j'ai rencontré un homme merveilleux, divorcé, qui m'a apporté la sécurité, la stabilité, et qui m'a donné un fils. C'est pour cet enfant, pour revenir chaque été dans un endroit où il pourrait se créer des racines, que nous avons décidé de louer une maison dans le village de mon cœur. J'y suis donc revenue. Quand j'ai revu Xavier, j'ai cru que le temps était resté figé. Cela fait maintenant trois étés que nous nous sourions, que nous échangeons des regards et que nous frémissons – moi, je frémis, en tout cas. L'année dernière, finalement, je l'ai de nouveau serré dans mes bras, sur la plage, entre les voiliers, comme autrefois. Et comme à 15 ans, je n'ai pas réussi à faire l'amour avec lui. Mon mari m'attendait à la maison. Où pouvais-je aller ? À l'hôtel ? Tout le monde nous connaît. Pourtant, cette année, c'est décidé : ça suffit comme ça. J'ai hâte d'être au mois de juillet, que commencent ces vacances tant attendues... Je veux l'amener dans mon lit. Un point, c'est tout. Je veux faire l'amour avec lui, savoir comment c'est, me l'enlever de la tête. L'oublier. » Margot sera-t-elle capable de réaliser son projet de trahison « thérapeutique » ou restera-t-elle brûlée par le soleil de l'été ?

Le comportement féminin le plus novateur me semble, toutefois, être celui qui transparaît dans l'histoire d'Adeline. Voyons ce qu'en dit l'homme qu'elle a rencontré, ou plutôt renversé, Anthony : « En juin 2000, je devais me marier. Mais en janvier de la même année, je suis tombé amoureux d'une voix, celle d'une jeune fille qui s'occupait des livraisons de fournitures dans l'entreprise pour laquelle je travaille. C'était elle, Adeline. Nous avons commencé à nous appeler aussi à la maison. Et cela a été crescendo. Complicité, attirance, envie de se connaître... Un beau jour, j'ai décidé d'aller la voir. Cela a été une rencontre fantastique, trois jours merveilleux, des rapports sexuels parfaits. Je suis revenu totalement "retourné", avec ma future épouse qui organisait le mariage et aménageait notre appartement. Cela n'a pas été facile. Au bout d'une vingtaine de jours, j'ai voulu revoir Adeline. J'ai invoqué un prétexte quelconque, et nous avons passé trois jours enfermés dans une chambre d'hôtel. Une expérience et des sensations renversantes ! J'ai alors décidé d'annuler mon mariage. Rien ne m'importait plus, je ne pensais plus qu'à elle, Adeline, Adeline... Elle aussi était fiancée, et quand je lui ai fait part de ma décision de ne plus me marier, elle est restée de marbre. Pas un mot, pas le moindre indice de sa volonté de quitter son compagnon. Je suis allé la voir deux fois au cours du même mois. À la fin, n'en pouvant plus, je lui ai demandé ce qu'elle comptait faire, et elle a été très claire : "Mon petit ami ? Pas question de le quitter !" Sachant de moins en moins où j'en étais, j'ai rappelé mon ex-fiancée et nous avons repris la vie ensemble, sans remettre le mariage à l'ordre du jour. Et Adeline ? Elle a alors décidé de venir me trouver. Quatre jours inoubliables, elle et moi, ensemble, au bord de la mer ! Fantastique ! C'était en juillet. Au mois d'octobre, j'ai décidé de reprogrammer mon mariage : une nouvelle date a été fixée, en septembre 2001. Je continuais de voir Adeline de temps en temps. Le jour J, je suis allé tranquillement à l'église, mais en pensant tout le temps à elle, ma drogue, mon obsession. Je l'ai appelée deux heures avant la cérémonie, puisque après, je devais partir en voyage de noces. Pendant la lune de miel, je n'ai pas pu résister à la tentation, et je lui ai téléphoné. Elle était ravie, mais je sentais bien que quelque chose n'allait pas. À mon retour, vingt jours plus tard, j'ai eu droit à la révélation : "J'ai quitté mon petit ami." J'en suis resté sans voix. Elle m'a alors expliqué qu'à force d'y penser, elle s'était rendu compte qu'elle n'éprouvait plus d'amour pour lui et qu'elle allait toujours chercher les émotions ailleurs. En ce qui me concerne, j'avoue que j'aurais pu laisser tomber ma femme sur-le-champ et courir vers elle. Mais sa réponse est restée la même : elle ne sait pas, elle ne peut rien me dire de certain. Je ne lui demande qu'une assurance : que si je quitte ma femme, elle m'accueillera, viendra vivre avec moi. Mais non. Nous nous sommes vus le mois dernier, et nous avons de nouveau vécu trois jours et trois nuits de folie. Mais elle reste imperturbable. Rien. Elle veut être libre de faire ce qu'elle veut et ne se sentir liée à personne. Je suis très amoureux d'elle et elle, je crois, de moi… Alors, pourquoi continue-t-elle à me dire non ? »

Forte, indépendante, résolue et passionnée, Adeline est sans nul doute une de ces femmes qui savent faire perdre la tête aux hommes. Une femme qui n'a pas peur de vivre ses émotions, mais qui ne veut pas renoncer à sa liberté.

Et elles sont de plus en plus nombreuses à ne pas vouloir de lien fixe, ou à avoir un compagnon stable avec lequel elles construisent une vie à deux, et des « amis » à droite et à gauche. Elle ont un fiancé qui est leur port d'attache, mais ont besoin de vivre des tempêtes en haute mer.

Je pense à deux jeunes femmes de ma connaissance, qui vont sur leurs 30 ans. Elles sont fiancées à des hommes fiables, qui s'emploient à mettre de côté l'argent nécessaire à l'achat d'une maison. Mais même si elles passent avec eux la majeure partie de leur temps, elles ne dédaignent pas des à-côtés. L'une le fait pour satisfaire une sexualité exubérante ; l'autre, fan de peinture surréaliste, parce qu'elle est intriguée par tout homme qui lui parle de Dali ou de Magritte. Au fond, elles se comportent toutes les deux comme les hommes l'ont toujours fait avec les femmes. Elles ont une relation stable qui leur apporte la sécurité, et des aventures pour mettre du sel dans leur vie…

CHAPITRE VI

Érotisme et ordinateur

Paradoxalement, la réalité virtuelle est en train de dépasser la réalité quotidienne. Le Web nous propose d'autres façons de vivre, de penser, qui modifient nos habitudes. Il nous fait croire que des personnages comme Lara Croft existent vraiment, ou qu'un jour, il sera possible de se créer un partenaire « sur mesure », comme dans le film *Weird Science* [1], une comédie avec Kelly LeBrock tournée bien des années avant l'avènement d'Internet.

C'est que la « Toile » nous offre un nombre vertigineux de rencontres, d'informations, d'occasions, et permet d'établir des relations selon des modalités beaucoup plus simples. La réalité virtuelle paraît plus concrète, mais aussi plus dynamique. Le Web abolit les barrières du monde « normal ». Le silence social – c'est-à-dire l'incapacité et, dans certains cas, le refus d'exprimer ses émotions et ses opinions – est rompu grâce à l'ordinateur. Désinhibition, émotivité, séduction, curiosité, imagination, illusion : tels sont les attributs des cyberscénarios. Les dialogues interactifs sur des forums de *chat*, les correspondances par courriel, bref, tous les moyens permettant de mettre son cœur à nu ébranlent et remettent en cause la représentation de notre vie quotidienne. Sur Internet, il naît et meurt des amours, et l'on voit même des gens se marier. Et le désir d'allumer, chaque jour, son ordinateur, et de cliquer sur un monde entièrement à découvrir, est devenu tellement obsessionnel chez certains que l'alarme a déjà été tirée aux États-Unis : attention à ne pas devenir *Internet-addicted*, autrement dit, un « drogué d'Internet ». Des tests ont été conçus afin de comprendre la gravité de ces dépendances, et l'on a créé des centres et des stratégies de « désintoxication ». J'ai l'impression, à ce stade, que le cyberespace est en train de devenir le modèle de référence : un instrument de communication tout à la fois irréel et réel, et un vecteur d'innombrables échanges sociaux.

L'aspect le plus intéressant, auquel on pense cependant rarement, est celui de l'aide qu'Internet peut apporter à ceux qui ne vont pas bien. Nombre de personnes souffrant de handicaps ou de blocages émotionnels utilisent le réseau pour socialiser, comme l'a raconté avec délicatesse le film *Thomas est amoureux*[2]. Les timides, les maladroits, les solitaires, les malheureux peuvent se connecter à Internet pour exprimer leur érotisme (c'est le *sex on the net*), leur imagination, leur curiosité. Par-delà les peurs, les interdits et les limitations. Pourtant, d'après de nombreux sociologues et anthropologues, le sexe virtuel est un symptôme de manque d'estime de soi et augmente la distance entre les sexes. Mais si l'on se connecte à un forum de *chat* érotique à deux heures du matin, on y trouve des chefs d'entreprise et des étudiants, des célibataires et des gens mariés, des quinquagénaires et des adolescents. Tous cherchent ce contact que leur quotidien ne leur offre pas. Triste situation ? Je ne sais pas, mais c'est sûrement un signal d'alerte. Il ne fait aucun doute qu'il y a, dans notre société, un problème d'isolement, de solitude, de communication, et c'est à cela que répond Internet. Peut-être qu'à l'avenir, une fois que la « webmania » sera passée, ce seront les internautes eux-mêmes qui modifieront les paramètres du réseau et chercheront autre chose. Il est également possible, comme le soutiennent de nombreux chercheurs, qu'Internet s'intègre aux autres moyens de communication et remplisse surtout une fonction d'information.

Nous verrons bien. En attendant, cette toile d'araignée est chaque jour plus serrée et plus grande. Elle commence à envelopper toute la planète à l'instar des méridiens et des parallèles, en synergie avec la globalisation. On peut se demander, d'ailleurs, si la magie du Web nous rapproche davantage de l'araignée qui tisse librement sa toile, ou du poisson qui finit dans le filet du pêcheur. La crainte fait place à l'enthousiasme, les émotions alternent sans cesse, accompagnées d'une sensation d'insécurité et de l'angoisse qu'engendre un phénomène particulier et bien moderne : la « volatilité ». Le plus important est d'éviter de faire une lecture à sens unique d'événements aussi complexes. Il est certain que l'expérience virtuelle peut être irrésistible au point de nous amener à penser que nous avons trouvé plus que ce que nous avons réellement obtenu. On peut toujours croire qu'il est possible de remplacer le contact humain et l'expérience réelle et rêver d'un monde agréable et dépourvu des embûches dont est semée la réalité...

LE *SEX ON THE NET*

Le grand nombre de forums de *chat* érotiques qui existent dans le cyberespace nous fait tous apparaître comme des « frustrés » à qui il suffit de se cacher sous de fausses dépouilles, derrière un écran, pour parvenir à l'orgasme. Peut-être en est-il ainsi. À moins que le Web ne soit simplement un moyen de se libérer du stress et de s'accorder la liberté d'imaginer, de réaliser ses fantasmes et de trouver à l'autre bout quelqu'un qui recherche les mêmes suggestions et le dit librement, sans peur ni inhibition. Toutes choses que le monde réel ne permet pas.

Pour certains, l'érotisme est le ressort qui fait tourner le monde. Ils ont raison. La publicité, par exemple, a toujours mis en avant la force de l'éros, qu'Internet a amplifiée et que nous avons accueillie avec plaisir dans le silence de nos nuits. Il n'y a rien d'étonnant à ce que les sites les plus consultés soient les sites hard, source d'une nouvelle excitation... et d'un nouveau commerce, comme l'illustrent les *money slaves*, sorte d'« esclaves érotiques » qui acceptent, moyennant paiement, d'expérimenter des activités sexuelles inédites. Ou les *webcam whores*, les « prostituées du Web », qui se déshabillent, contre rétribution et en direct, devant une caméra. C'est un *peep-show* en ligne, d'un genre nouveau, rémunérateur pour ceux qui aiment s'exhiber. Depuis peu, il y a aussi le phénomène américain et anglais des *cam-girls*. Des mineures de 15 ans maximum vendent en réseau des photographies ou des vidéos érotiques contre des cadeaux. En apparence, ces sites sont « innocents » : on y voit des photographies d'ados dans leur chambre. Mais il suffit de cliquer sur *shopping list* pour trouver la liste des cadeaux désirés en l'échange desquels les gamines se filment avec leur webcam et envoient les images à leurs clients[3]. Les voyeurs ont toujours payé pour « mater ».

Voilà ce qu'est le *sex on the net.* S'y confondent affaires et désir de se montrer. La sexualité via le Web est payante et a pour finalité la gloire et la joie de ceux qui, dans leur vie quotidienne, ne sont pas pleinement satisfaits : des femmes « normales » qui s'ennuient et se transforment sur le réseau, mais aussi des femmes qui ont décidé de gagner de l'argent avec le cyberporno, parce qu'elles ont compris que les sites hard auront toujours un public. À ce stade, le doute s'impose : notre réalité serait-elle tellement pleine d'inhibitions ?

Une précision, en tout cas. Un forum de *chat* est un « bar virtuel » où l'on rencontre des gens du monde entier et où l'on peut choisir l'« élu » avec lequel on pourra nouer une correspondance épistolaire passionnée – ce qui attire surtout les femmes. Que lève la main celui qui, parmi les plus de 30 ans, n'a pas rêvé en regardant *Vous avez un nouveau message,* avec Meg Ryan, la plus prisée des actrices romantiques qui, sur un site de *chat,* rencontre Tom Hanks, son rival au travail, et tombe amoureuse de lui sans savoir qui il est[4]... Les sites pornographiques, eux, sont tout autre chose, notamment lorsqu'il y a une webcam. Ils partent d'une pulsion sadique, parce que leurs utilisateurs – le plus souvent des hommes – paient pour « commander » une femme à distance. Le cinéma s'en est là encore inspiré : dans *Punch-Drunk Love,* le protagoniste se réconforte grâce à des forums de *chat* érotiques payants[5]. On trouve donc, sur le Web, aussi bien un « nouveau romantisme » (celui des déchirantes correspondances par e-mail) qu'une « nouvelle pornographie » (celle des sites les plus hard).

Qu'elles soient romantiques ou transgressives, ces

incursions dans le cybermonde font-elles du bien ? Lors du dernier Congrès mondial de sexologie, qui a eu lieu à Paris en juin 2001, nous étions deux cents à discuter sur le thème « Le sexe et Internet ». Michael Smith, sociologue à Miami, a surtout parlé de deux sites, www.masturbation-survey.org et www.videochatsexmanners.org. Pour lui ces nouveaux échanges réduisent l'anxiété sociale par rapport au sexe et accroissent la liberté. Dans certains cas, ils se transforment même en véritables instruments thérapeutiques – par exemple, pour les timides. À l'opposé, la sexologue australienne Raie Goodwach a affirmé que même s'il n'y a pas de contact physique, on retrouve les mêmes inquiétudes que dans la réalité. Elle a cité le cas de Nicolas, qui n'avait pas de problème sexuel avec sa compagne Mara, mais avait noué une « cyberrelation » avec une Américaine, Julia. En peu de temps, il s'est retrouvé dans une situation intenable. Il craignait d'être percé à jour par sa compagne, avec laquelle il faisait de moins en moins l'amour ; il avait peur qu'elle n'entre dans son ordinateur et ne lise ses messages, qui devenaient plus pressants, plus intimes et plus bouleversants... Pour finir, il est parti avec Julia qui, ne pouvant plus se contenter de cette relation virtuelle, avait pris l'avion pour l'Australie pour le connaître et l'épouser.

Certes, Internet est intéressant pour ceux qui veulent « jouer ». Il offre, en particulier, l'« anonymat ». Nombreux sont ceux qui choisissent la perversion soft d'un *nickname*, d'un « pseudonyme » qui trompe sur leur identité sexuelle. Attention, donc : derrière une excitante « Rita Hayworth » ou une mystérieuse « Monique » rencontrée sur un forum peut se dissimuler un musculeux routier. Il y a l'anonymat, avons-nous dit, mais aussi le pouvoir, la liberté de jouer et de se raconter sans dévoiler son visage. Du pur esprit, sans rien de physique. Enfin, Internet offre aussi la rapidité, la variété et la facilité d'accès. Bref, il donne la priorité à l'imagination sur les sensations corporelles. Comme le fait, dans un tout autre registre, la psychanalyse, qui couche le patient sur un divan pour bloquer le corps et canaliser les énergies à travers l'imaginaire. Toutefois, selon le psychologue Pascal Leleu, pour certaines personnes, ce qui se passe en vidéo se passe vraiment. Ce qui risque d'entraîner une dangereuse confusion entre le monde réel et le monde virtuel.

C'est ce qui est arrivé à Lola, 26 ans. Elle vit à Marseille et il y a à peu près un an, en « tchatchant », elle a connu un homme du Nord. « Il s'est tout de suite montré très gentil et disponible, et a voulu se "présenter" avec une webcam. Il n'était pas beau, mais il avait l'air sympathique ; et il m'a plu. Il m'a demandé mon numéro de portable, je le lui ai donné, et il m'a tout de suite appelée. Ce jour-là, nous avons passé des heures au téléphone... C'est ainsi qu'a commencé notre histoire, et je dois dire qu'il m'a immédiatement conquise. Il savait me dire ce qu'il fallait, il me faisait des compliments étourdissants, et avait une très belle voix, si séduisante... Tous les jours, il m'envoyait des messages merveilleux : longs, charmeurs, tendres comme des baisers. Et je me suis laissé emporter. Alors même que j'étais fiancée. Je ne sais pas pourquoi, ou plutôt si : au bout de dix ans, ça n'allait plus très bien entre nous, ou disons que nous traversions une période de lassitude. Et, à l'autre bout du pays, il y avait cet homme qui me voulait, me désirait, et me le disait de mille manières... J'en suis tombée amoureuse. Mais je me sentais coupable, je comprenais que nous ne pouvions pas continuer comme ça. Il demandait à me voir, mais je ne voulais pas trahir mon ami. Je savais, au fond de moi, que si je voyais mon courtisan télématique, je lui tomberais dans les bras. Je lui ai dit qu'il valait mieux que nous coupions les ponts pendant quelque temps. Mais j'étais atrocement malheureuse. Pour finir, je suis entrée dans sa boîte aux lettres (il m'avait confié son mot de passe), et j'ai découvert que ce qu'il faisait avec moi, il le faisait avec des dizaines d'autres jeunes femmes rencontrées sur Internet... Il les attirait dans son lit et les laissait tomber. Que dire de plus ? Cela fait près d'un an maintenant, mais la blessure n'a pas encore cicatrisé. » Le besoin d'amour nous rend bien fragiles.

ÉROS, OUI, MAIS SUR LE WEB

Quelques chiffres, pour commencer. Combien y a-t-il exactement de personnes au monde qui se cherchent (et se rencontrent) sur le Web ? Les chiffres ne cessent de varier, entre autres parce qu'il n'y a pas très longtemps que l'on peut se connecter au réseau. Mais il y en a assurément de plus en plus. D'après les dernières statistiques, les États-Unis, la Grande-Bretagne, l'Allemagne et la Chine viennent en tête. Et, parmi tous les internautes, combien participent à des forums de *chat* ? Un bon quart, si on en croit toujours les statistiques. Le profil de l'utilisateur type ? Un homme de 16 à 45 ans, d'éducation moyenne, qui vit le plus souvent dans une petite ville. Son horaire de prédilection pour se connecter : le soir, entre vingt-deux heures et minuit...

L'amour télématique et les cœurs solitaires

Josie, 43 ans, célibataire par choix, a décidé de ne pas se marier, mais de vivre, quand même, une vie affective et sexuelle bien remplie. Il y a quelque temps, elle s'est néanmoins rendu compte qu'il était de plus en plus difficile de faire de nouvelles rencontres. Jusqu'au jour où elle a découvert les forums de *chat*. Son premier flirt télématique a été Albert, 40 ans, un homme séparé de sa femme depuis peu qui voulait revenir « sur le marché » après la fin d'un mariage ennuyeux. Avec Josie, il a trouvé une femme très créative, pleine d'imagination, capable d'envoûter à travers les mots. Ils se sont vus, se sont plus. Josie était très flattée, pas seulement à cause de l'issue heureuse de cette rencontre, mais aussi parce qu'Albert lui plaisait vraiment. C'était un entrepreneur intéressant et cultivé. Chose qui ne gâtait rien – il était plus jeune qu'elle. Ils ont passé ensemble d'agréables week-ends dans des villes d'art ; la seule divergence entre eux était que Josie voulait faire l'amour souvent, en essayant des positions nouvelles, bref, avec imagination. Alors qu'Albert, plutôt que de rester trois jours à l'hôtel, préférait choisir de bons restaurants gastronomiques, voir les expositions en cours et parler tableaux. Ils ont discuté d'éventuels compromis afin d'« ajuster le tir », mais Josie était inquiète... De retour chez elle, après leur dernier week-end ensemble, elle a donc rallumé son ordinateur. Elle s'est connectée à « leur » forum, et pendant deux soirées s'est inventé un nouveau pseudo, une nouvelle identité, taillée sur mesure pour Albert : elle s'est présentée comme une femme aimant les voyages, la bonne chère et l'art. Il a mordu à l'hameçon, et lui a donné rendez-vous. Déçue, elle a décidé de ne plus le revoir... Josie est néanmoins restée attirée par les rencontres sur le Web. Sous son nouveau pseudo, elle a rencontré quatre autres hommes. Celui qui lui plaît le plus est un antimondialiste très engagé politiquement, avec lequel elle a entamé une correspondance à l'ancienne : ils s'écrivent des poèmes, en attendant de se rencontrer. Et le sexe ? Voici comment elle a résolu le problème : elle raconte toutes ses aventures virtuelles à son amant de toujours, Stéphane, un homme marié qui a de nombreuses maîtresses. Josie est plus que jamais sa favorite, parce qu'il est très excité par les histoires qu'elle vit via Internet et que lorsqu'ils font l'amour, il se donne beaucoup de mal pour qu'elle le considère comme son meilleur amant. Que dire de cela ? Jugement traditionnel mis à part, il est indéniable que ce mode de vie remplit agréablement les soirées de Josie. Je crois cependant qu'elle aimerait allier le cœur et le sexe, avoir un homme à ses côtés par sentiment, et pas seulement parce qu'il a envie de coucher avec elle. Qui sait, peut-être son charmant antimondialiste lui réussira-t-il...

L'histoire de Josie fait clairement apparaître l'avantage d'Internet sur les agences matrimoniales classiques, mais aussi sur les rencontres en discothèque ou sur la plage. Le Web a un autre « plus » irréfutable : il est praticable à tout âge. Ce que confirme avec bonheur Françoise. « J'ai 54 ans, m'écrit cette dernière, je vis séparée depuis longtemps, et j'ai consacré les dix dernières années de ma vie à mes enfants. Je n'ai fait que travailler, préparer les repas, repasser, téléphoner à mes amies, et m'occuper de mes aînés, qui sont maintenant adultes et mariés. Ma fille vient d'avoir un bébé qui est ma grande joie. Bref, je me suis dit que j'allais enfin pouvoir me reposer et penser un peu à moi. J'ai fait de la gym, je suis allée chez le coiffeur, j'ai voyagé... Et j'ai découvert Internet. J'ai commencé pour m'amuser : c'est mon plus jeune fils, maintenant étudiant, qui m'a initiée. Il était stupéfait que je ne sache pas ce que sont les *chats*. Je dois dire que j'ai appris très vite. C'était comme un jeu. Surtout, j'ai rencontré Henri. Divorcé, comme moi, il vit dans un endroit merveilleux, dans le Midi, et a commencé à m'envoyer des messages d'une incroyable délicatesse. Je me suis sentie de nouveau... jeune. Courtisée. Désirable. Des courriels, nous sommes passés aux coups de téléphone, puis nous nous sommes envoyés une photographie. Pour finir, nous avons décidé de nous rencontrer. Il a fallu une année, parce que j'hésitais beaucoup. Et si nous ne nous plaisions pas ? Et si la déception était trop grande et que nous ne nous écrivions plus ? Si notre rencontre se passait mal ? S'il me trouvait simplement trop vieille ? Il a fini par me convaincre, heureusement. Nous nous sommes donné rendez-vous à mi-chemin, dans une ville "neutre". J'étais aussi émue qu'une jeunette. Évidemment, au début, nous étions un peu gênés, il n'était pas exactement comme je me l'imaginais... Malgré cela, ensuite, nous nous sommes "retrouvés". Et aujourd'hui, après quelques mois, il m'a demandé de l'épouser et de déménager pour m'installer près de chez lui. Ma réaction ? J'ai accepté. Ma fille trouve que c'est de la folie, elle pense que je devrais me contenter d'être grand-mère. Moi, je n'ai pas l'intention de laisser passer cette seconde chance. Et je voudrais crier à tous les quinquagénaires en crise : "Essayez Internet, ça marche !" »

L'amour télématique, c'est « spécial »

Le fétichisme, le sadomasochisme dans toutes ses versions, mais aussi l'échangisme, l'amour en groupe : ceux qui ont des goûts sexuels « particuliers » savent comment les satisfaire : sur Internet, où ils peuvent trouver de nouveaux partenaires intéressés.

Ainsi, Sylvain et Lucie, un couple tout à fait comme il faut, ont découvert un jeu qui les excite énormément : faire l'amour à trois, avec une autre femme. Comme ils ne veulent pas que cette habitude nuise à leur réputation, ils s'abstiennent d'approcher des gens qu'ils connaissent personnellement. C'est donc grâce au Web qu'ils ont connu Marie-Thérèse, une femme d'à peu près leur âge.

Cette quinquagénaire est mariée, mère de trois enfants, et prête pour de nouvelles expériences excitantes. Ils se voient une fois par semaine et pour le moment, ce triangle ne connaît ni la possessivité ni la jalousie.

Le réseau est également parfait pour ceux qui ont une identité ambiguë ou qui voudraient changer de sexe. Pas en se faisant opérer, mais grâce à l'éros télématique. Rien de plus facile : il suffit, nous l'avons dit, d'utiliser un pseudo évoquant l'autre sexe. C'est ce qu'a fait Léa, qui ne voulait pas expérimenter de nouvelles amours, mais chercher des réponses à ses interrogations. En effet, son fiancé qui a 30 ans, comme elle, lui demande avec insistance d'essayer les rapports anaux. Léa est alors entrée dans un *chat* en utilisant un pseudo masculin, et elle a interrogé d'autres femmes sur cette pratique. Elle aurait pu s'informer en « restant femme », mais elle a préféré connaître les réponses féminines à une question qu'on dit, à tort, très masculine...

L'amour télématique comme carapace

On s'en souvient, Cyrano de Bergerac, inhibé et gauche, frustré par son nez, déclare son amour par personne interposée : ce sont les mots qui feront la conquête de sa belle, et non l'aspect physique du faux courtisan. Pour beaucoup de Cyranos modernes installés devant leur écran d'ordinateur, le Web est magique : on peut s'exprimer, se raconter, laisser libre cours à tous ses fantasmes, romantiques ou sexuels. Il n'y a pas de partenaire. Il est loin, très loin, derrière l'écran, au bout de la ligne téléphonique. On ne le voit pas, on ne peut pas le toucher. Et pourtant, il est incroyablement proche.

C'est pourquoi j'ai été très intéressé par l'histoire de Francesco, que le psychiatre Giacomo Dacquino raconte dans son livre sur le « besoin d'amour[6] ». Francesco, 28 ans, a commencé à bavarder sur les *chats* pour combler sa solitude. Peu à peu, l'envie et le plaisir de parler, de se raconter, sont devenus une habitude ; il a appris à se laisser aller sans crainte, jusqu'à l'intimité absolue. Chaque soir, il se connecte sous son pseudo, il « accroche » une femme, ils commencent à converser, à faire connaissance. Ils parlent de sexe. Puis ils se demandent mutuellement de se déshabiller ou de se toucher. Du fait de l'absence de réalité physique dans le langage des *chats*, il se sent plus libre, et c'est au réseau que Francesco confie son univers émotionnel et sexuel. Parce que la communication anonyme sollicite le *flanning*, autrement dit l'« amplification affective », la désinhibition, parfois même l'absence de prise de responsabilité. Pour le moment, Francesco a peur des rapports physiques, réels ; il préfère « se cacher » derrière un pseudo plutôt que rencontrer une femme en chair et en os. Avec laquelle, dit ce maladroit de 28 ans, on est presque toujours déçu. Giacomo Dacquino, qui raconte cette histoire, la commente de façon négative. Internet, soutient-il, est un lieu de rencontre illusoire pour d'éternels adolescents qui préfèrent rêver plutôt que de se confronter à la réalité. Pour lui, « la cyberculture est une culture individuelle isolante et isolée ». Je ne partage pas ce pessimisme. Certes, certaines personnes qui ont un Moi faible peuvent devenir des *net-slaves*, des « esclaves du Net ». Mais pour d'autres, comme Francesco, se rencontrer et s'émouvoir sur le Web est une étape de la conquête de la femme et de la sécurité amoureuse. Internet peut donc représenter une phase de rodage des sentiments ; c'est une bénédiction pour certains garçons timides et gauches qui apprennent ainsi à explorer le monde féminin et à mesurer leur pouvoir de séduction. Du moins, en mots.

PRENEZ TOUT, SAUF MON ORDINATEUR !

Nous l'avons dit, aux États-Unis, la sonnette d'alarme a déjà été sonnée : Internet peut créer une dépendance, il peut devenir une véritable obsession et remplacer le monde réel. Est-ce bien vrai ? Je pense que certains comportements liés au Web sont simplement transitoires, qu'ils offrent une excitation supplémentaire dans la vie. Il s'agit donc de perversions soft. Mais d'autres habitudes en réseau peuvent se transformer en véritables dépendances sexuelles : elles doivent donc être classées parmi les perversions hard. Ainsi, celui qui « épouse » son ordinateur au lieu d'avoir des amis ou des amours et dépense tout son salaire en clics érotiques restreint bel et bien sa liberté. C'est sans nul doute une nouvelle perversion hard, à ranger parmi les compulsions déjà connues comme la boulimie, les jeux de hasard ou l'alcoolisme. Tout autre est le cas de ceux qui décident d'entrer dans un *chat* érotique et passent la nuit à discuter et à s'amuser, point final. Le lendemain, ils reviennent – peut-être un peu fatigués et ensommeillés – à la vie normale. Certes, leur curiosité a sans doute été aiguisée, et ils essaieront de nouveau quelques mois plus tard, mais cela ne devient pas leur activité préférée : ils n'en ont pas « besoin » comme le drogué de sa dose d'héroïne.

Les drogués de cybersexe sont-ils nombreux ? Oui, selon Harvey Rosenstock, qui dirige, au Texas, une clinique réservée à des personnes souffrant de dépendance (à la drogue, à l'alcool, à la nourriture, etc.). Selon lui, un nouveau type de dépendance est précisément en train de se répandre : celle du sexe sur le Web. D'après ses chiffres, au moins 17,5 millions d'hommes américains ont déjà consulté au moins une fois un site porno sur Internet. Et 200 000 d'entre eux au minimum souffrent de dépendance au cybersexe. Peut-être ses chiffres sont-ils un peu exagérés, mais il est certain qu'un nombre croissant de patients s'adressent à lui pour être traités, que ce soit à l'aide de produits psychopharmaceutiques ou de la psychothérapie.

La psychologue américaine Kimberley Young dénonce, elle aussi[7], le côté sombre du cyberespace, où l'on peut perdre tout contact avec la réalité en sacrifiant ses affects, son travail et ses contacts sociaux. Elle réfute certains préjugés, comme l'idée que l'archétype du drogué d'Internet est un homme jeune et mordu d'informatique : d'après son étude, 61 % des réponses proviennent de femmes, dont certaines ont plus de 60 ans. En revanche, on trouve parmi les dépendants du Net des personnes qui souffraient de problèmes émotionnels ou psychiatriques avant de se connecter au réseau. Et dans 80 % des cas, cette dépendance est essentiellement un moyen de fuir – l'insatisfaction conjugale, la solitude, la dépression, le stress professionnel – pour des personnes manquant de confiance en elles-mêmes sur le plan physique.

C'est très certainement pour fuir d'ennuyeuses soirées en famille que Jérôme, un quadragénaire ingénieur légèrement grisonnant, vivant avec sa femme et sa fille, a commencé à « tchatcher ». Et le Net a transformé sa vie. Il a désormais à son actif au moins trois correspondances quasi amoureuses, avec trois femmes qui vivent dans d'autres villes. Il ne les a jamais rencontrées et ne les rencontrera jamais, mais elles sont devenues ses confidentes favorites. Jérôme, qui a un léger penchant pour le voyeurisme, adopte tout de suite le rôle de l'ami sage et galant, de l'homme qui a vécu et sait donner de bons conseils. Et il se fait tout raconter : les crises de couple, les trahisons, les perplexités conjugales... Il a désormais poussé la perversion jusqu'à parler de ses trois « innocentes » amies à son épouse. Parfois, il imprime les « meilleurs » passages de leurs messages pour les lui lire à haute voix. Jérôme a certainement trouvé une façon de renforcer son estime de soi, mais je me demande ce que sa femme pense de tout cela. Peut-être se réjouit-elle que son mari, soir après soir, ait une occupation...

Concernant l'insatisfaction conjugale, l'histoire de Sarah, 27 ans, me paraît intéressante. Elle a découvert son ami en train de se masturber en consultant un site hard. Et elle me demande si cela veut dire que leurs rapports sexuels ne satisfont pas ses besoins. Je pense qu'en fait, il s'agit seulement d'une variante contemporaine d'un vieux scénario : Sarah a beau avoir moins de 30 ans, c'est une femme à l'ancienne qui fait dépendre sa sécurité du désir d'autrui et, surtout, de l'homme aimé. Je ne sais pas si son fiancé est un accro à Internet ou si ne sont en jeu que des pulsions partielles qui ne mettent pas en danger leur lien de couple. La réaction de Sarah montre néanmoins que si les habitudes sexuelles peuvent changer, les sentiments de jalousie (et de moindre sécurité) tendent à rester les mêmes.

Enfin, une relation télématique peut aussi entraîner une catastrophe, comme dans le cas d'André, un professeur d'histoire de 60 ans. Sa vie de couple étant à peu près au point mort, il anime ses soirées en participant à un *chat*. C'est ainsi qu'est née une attirance réciproque dont le volet érotique est à la limite de la perversion : André, qui n'a jamais rencontré Évelyne, lui a demandé de se mettre des graines de courge dans le vagin, puis de les planter dans son jardin. « Les courges qui pousseront témoigneront de notre amour », lui a-t-il écrit. Malheureusement, en s'exécutant, Évelyne a contracté une grave infection qui a tourné à la septicémie. Sa vie est maintenant en danger, et j'ai dû intervenir de toute urgence auprès d'André, qui était bouleversé par les conséquences de son « romantisme ».

CHAPITRE VII

Le sexe à trois

L'amour ? Il se fait à deux, du moins selon les règles et les habitudes de la société occidentale. Dans d'autres civilisations, la sexualité n'est pas un « événement privé » auquel ne participent que deux personnes. Elle peut être « élargie » et on peut faire l'amour en présence d'autres gens, ou le faire à trois et plus. Il y a quelques années, lors d'un voyage en Inde, j'ai eu l'occasion de visiter les temples du Khajuraho, qui sont ornés de bas-reliefs représentant des scènes érotiques aux acteurs multiples. Bien sûr, on pourrait penser qu'il s'agit d'orgies renvoyant à la sexualité de groupe (voir chapitre X), mais il s'agit, en vérité, de positions spéciales, parfois inspirées du tantrisme, branche du bouddhisme qui considère la sexualité comme une façon de se relier à Dieu.

Dans notre culture, ces possibilités sont longtemps restées cantonnées au domaine des rêves et des fantasmes.

Comme le piquant « secret de famille » dont il a été question lors du dernier congrès sur James Joyce qui s'est tenu à Trieste : un spécialiste d'histoire littéraire a révélé que les journaux, jusqu'alors jamais publiés, du frère de Joyce, Stanislas, contenaient de lourdes allusions érotiques à un ménage à trois entre James Joyce, sa femme Nora et, justement, Stanislas. Avec des détails sadomaso, des scènes très hard... Mais, selon les chercheurs, ce ne serait que des fantasmes[1]...

Nous rêvons, donc. L'amour à trois ne serait que fantasmé. Comme dans le cas d'Emmanuel, qui avoue qu'il lui arrive souvent de rêver que sa femme est au lit avec d'autres hommes et que cela l'excite. Je crois que l'œdipe d'Emmanuel n'est pas tout à fait résolu – il lui est arrivé, dans son enfance, de voir accidentellement ses parents faire l'amour. À moins qu'il n'ait des tendances homosexuelles, comme ces hommes qui, en voyant des films porno, sont excités non pas par la vue des femmes, mais par le spectacle des corps masculins. Toujours est-il que le sexe à trois – le triolisme – se répand de plus en plus.

LES FANS DU TRIANGLE

Ces dernières années, de plus en plus d'hommes demandent à leur partenaire de faire l'amour à trois. La « figure géométrique » la plus fréquemment rêvée réalise un fantasme masculin fréquent, qui consiste à faire l'amour avec deux femmes. Ainsi, un universitaire qui a l'habitude de séduire ses étudiantes pose immanquablement la question fatale une fois que l'une d'entre elles est « accrochée » : « Pourquoi ne pas inviter une de tes amies avec nous ? » On peut s'interroger sur le pourquoi de cette perversion récurrente. Il est possible d'invoquer le syndrome du harem ou une profonde jalousie envers les autres hommes, mais je crois que ce sont là des explications superficielles : il faudrait davantage connaître les fantasmes érotiques et le passé de ce professeur de mathématiques. Je me demande toutefois quel avantage en tirent ses compagnes. Le plaisir de la soumission ? À moins qu'il ne s'agisse d'une latence homosexuelle où une figure masculine sert de garant ?

Dans le cas que je viens de citer, un homme seul cherche des « actrices » ou des complices pour satisfaire ses désirs. Mais bien souvent, les rapports à trois sont désirés et mis en œuvre par un couple. En général, la seule idée de faire des adeptes, de chercher et de trouver des participants à leur jeu, de préférence novices, est un aphrodisiaque pour le couple pervers. Lequel a besoin de renouveler son matériel humain, vu que sa perversion est toujours la même.

Le triolisme est un fantasme qui peut soit être réalisé, soit demeurer imaginaire. Voici ce que m'a raconté une jeune fille en proie à une grande agitation : « J'ai 21 ans et suis fiancée à un garçon de 29 ans. J'en viens tout de suite au motif de cette lettre : je voudrais savoir si je dois m'inquiéter au sujet d'une expérience que j'ai vécue il y a quelque temps, et qui me trouble encore aujourd'hui. Sur le plan sexuel, je m'entends très bien avec mon ami. Nous n'avons ni secret ni tabou. Nous parlons de tout, le dialogue entre nous est excellent. Mais quelquefois, il nous arrive de fantasmer durant nos rapports sexuels, et cela nous excite beaucoup. Nous nous imaginons dans des situations particulièrement osées, qui s'inspirent parfois de la réalité. Dernièrement, nous avons "imaginé", à plusieurs reprises, qu'une troisième personne, une jeune femme, participait à nos jeux. Puis nous avons tous les deux remarqué, dans les yeux et l'attitude désinhibée d'une amie commune, une certaine complicité potentielle. Un soir, nous nous sommes retrouvés à parler, ensemble, de vidéos hard, de revues pornographiques et de rapports à trois. Il n'y avait que nous à la maison et, un peu par jeu, nous lui avons proposé de regarder, ensemble, une cassette porno. Elle a accepté, à notre grande surprise. Nous nous sommes mis à regarder le film ensemble, sur le divan, et il s'est créé une situation à trois fortement érotique : mon ami nous a caressées et masturbées à tour de rôle... Bref, la soirée a été très hard. Depuis, nous continuons de nous dire que nous devrions l'inclure vraiment dans nos jeux érotiques, et même, lui proposer de faire l'amour à trois – je tiens à préciser que les fantasmes ne nous sont pas indispensables pour faire l'amour : nous y arrivons très bien aussi sans. Cette idée est très excitante, mais en même temps, elle me fait peur. Ai-je tort de vouloir vivre certaines expériences avec celui que j'aime ? Et si ce jeu m'amenait à devenir terriblement jalouse ou, pire, à être remplacée par une autre femme encore plus désinhibée que moi ? Nous pensons nous marier dans quelques années. Tout cela me tracasse beaucoup... » Comme je l'ai répondu à cette jeune femme, cette histoire touche à la perversion soft, pas à la perversion hard. Elle s'inquiète de ce qui est arrivé, ce qui est tout à fait normal, mais, dans le même temps, cela l'excite. Que faut-il donc penser ? Que l'amour à trois est réalisable s'il reste dans les limites de la légalité, y compris « psychologique », c'est-à-dire s'il est pratiqué entre adultes consentants et sans violence. Concernant le « danger » que pourrait courir leur couple et la « normalité » de ce qu'ils ont vécu, je l'ai rassurée, notamment parce qu'elle dit que son fiancé et elle s'entendent bien, et pas seulement au lit, et que les fantasmes ne sont pas la condition *sine qua non* pour qu'ils s'excitent. Sauf imprévu, je ne vois donc pas pourquoi elle devrait remettre en cause son projet matrimonial.

L'histoire de Chantal, elle, est différente. « J'ai 35 ans, m'écrit cette femme, je suis mariée depuis douze ans, et tout va bien avec mon mari. Y compris sur le plan sexuel. Cependant, depuis quelque temps, nous caressons l'idée, quand nous faisons l'amour, d'accueillir dans notre couche une amie à nous. De mon côté, je prétends que nous devrions seulement "lui faire voir" comment nous faisons l'amour, mais lui prétend que ce serait mieux s'il la touchait, car elle a des seins énormes... Je ne vous cacherai pas que j'ai avoué à cette amie la fascination que ses seins exercent sur mon mari. Cette amie, qui est fiancée, est de toute façon très fière de cette partie de son corps, et elle m'a répondu qu'elle les lui ferait voir, si elle n'avait pas honte... Elle a le même âge que moi, elle est intelligente, lit beaucoup et a une particularité de fonctionnement : elle laisse entrevoir ses intentions, mais si quelqu'un lui fait des avances, elle le repousse. Ce n'est pas une femme facile, et je ne voudrais pas gâcher une belle amitié pour quelques minutes d'excitation et de liberté érotique. De plus, je me demande si tout cela est "normal". Est-il normal de continuer de parler d'elle et de ses seins ? Et si nous lui demandions vraiment de nous regarder pendant que nous faisons l'amour ? Mon mari affirme qu'il ne la désire pas, mais qu'il éprouve de la curiosité pour son corps. Pensez-vous que ce soit un jeu dangereux ? »

Qu'un couple complice ait des fantasmes communs, et que les deux partenaires trouvent le temps et le lieu (dans ce cas, la chambre à coucher) de se les confier l'un à l'autre peut constituer un secret excitant. En l'occurrence, il s'agit des gros seins d'une amie commune. La symbolique en cause est complexe, car le sein renvoie à la fois à la maternité et à l'érotisme. Et la situation est quelque peu compliquée par le fait que Chantal a parlé à cette femme, tout en sachant qu'elle joue à séduire et à se dérober. Je crois néanmoins que ce couple est capable de gérer son fantasme et de le transformer en secret érotique. Il me paraîtrait plus dangereux, en revanche, d'amener jusqu'à leur lit cette amie qui est attirante, mais aussi narcissique et excessive, comme sa poitrine.

Certains « triolismes » sont, en effet, acceptés par les femmes « par amour », et, souvent, ils se terminent mal. Je pense, par exemple, à l'histoire de Laurence. Elle a 28 ans et traverse un dur moment. En effet, elle a cédé à son ami qui voulait absolument qu'ils fassent l'amour avec une autre jeune femme. Et quand elle s'est trouvée enceinte, elle a été abandonnée à son sort par les deux autres. Et, aujourd'hui, elle est blessée, traumatisée et mère célibataire malgré elle.

J'ai également reçu une lettre d'une trentenaire qui signe du nom de Dany. Elle m'écrit qu'elle a un compagnon depuis six ans et que depuis une année, il ne cesse de lui demander d'avoir des rapports à trois – lui, elle et une autre femme. Au début, elle a cru que c'était une plaisanterie, une façon de la mettre à l'épreuve, de tester sa déshinibition, sa « modernité ». Mais les mois ont passé et il continue, régulièrement, de lui rappeler son fantasme. Il est tenace, insistant et ne faiblit pas. Et Dany, inquiète, me demande comment réagir et comment il a pu avoir une telle idée. Il se peut qu'il ait toujours eu ce type de fantasme, ou qu'il ait vu un film porno... Au fond, la source importe peu. Le problème est que sa requête à lui blesse sa pudeur à elle. Parce que pour Dany, l'intimité est quelque chose d'absolument privé. Je pense qu'elle est victime, comme cela se produit fréquemment, d'un changement sexuel proposé, ou imposé, sans ajustement correspondant au niveau sentimental. Je lui ai conseillé de réfléchir, de se demander dans quelles limites elle se sentait à l'aise, afin qu'elle sache bien ce qu'elle est disposée à expérimenter, ce qui l'excite vraiment et ce qu'elle perçoit, au contraire, comme une violence. Ce n'est que lorsqu'elle aura fait la lumière en elle-même qu'elle pourra discuter, avec son fiancé, de sa demande, afin de comprendre s'il s'agit d'un « caprice » ou d'une véritable exigence érotique.

Je lui souhaite en tout cas de ne pas se trouver dans la même impasse que Christelle, autre trentenaire. Au bout d'un an de vie commune, son ami a commencé à avoir des problèmes d'érection. Elle était extrêmement préoccupée, mais n'avait pas le courage de lui en parler de peur de le blesser. Elle continuait donc à le serrer dans ses bras en lui disant que ça irait mieux la prochaine fois. Et le jour où ils ont enfin réussi à affronter le sujet, elle a découvert – stupéfaite – qu'il avait une solution toute trouvée : le sexe à trois ou l'échangisme. Fort heureusement, la solution choisie par Christelle a consisté à le quitter.

Le rapport à trois peut aussi servir à satisfaire d'autres pulsions, par exemple voyeuristes. Ainsi Yolande, qui a 22 ans, m'écrit pour me raconter qu'avec son dernier petit ami, la pénétration est impossible. Ils sont ensemble depuis plusieurs mois, mais il ne réussit à faire l'amour qu'en se masturbant devant elle et en fantasmant à propos de rapports à trois qu'elle refuse de façon absolue. Récemment, ils se sont isolés en voiture quand, tout à coup, il s'est aperçu de la présence d'un « observateur ». Il l'a ignoré, continuant imperturbablement – et d'autant plus excité – à se masturber. Yolande me demande comment elle peut l'aider, vu qu'il refuse de consulter un médecin ou un psychologue. Mais je ne crois pas que l'on puisse aider quelqu'un qui ne veut pas être aidé. Je pense plutôt que le petit ami de Yolande est excité par la pulsion voyeuriste ou exhibitionniste, qui remplace chez lui la pulsion plus courante de pénétration d'une femme. En général, les voyeurs ont une agressivité insuffisante pour érotiser la pénétration ; seul leur regard est « pénétrant ». Honnêtement, il me semble que la meilleure chose qu'elle puisse faire est de le quitter. Elle n'a que 22 ans et ne devrait pas se laisser enliser dans une situation ambiguë et frustrante, avec un homme qui ne veut pas se faire aider. Et que, de toute façon, elle ne connaît que depuis quelques mois.

Il existe également un autre type de triolisme, fondé davantage sur les mots et les fantasmes que sur la relation elle-même. Ainsi Christine, 37 ans, m'a raconté que son compagnon lui avait demandé, après quelques mois de vie commune, de séduire un autre homme et, ensuite, de tout lui raconter pendant qu'ils faisaient l'amour. Cela l'excitait énormément, alors que Christine se sentait humiliée mais se pliait de temps en temps à son désir en réfrénant en elle une énorme colère. Cette perversion soft, utilisant le fantôme d'un tiers, a continué pendant des années, jusqu'au jour où pour l'anniversaire de Christine, son ami lui a offert une caméra vidéo en lui demandant d'aller plus loin dans son jeu de séduction et de filmer ses rapports avec ses amants. Une fois encore, elle s'est sentie humiliée. Notamment parce que pour son anniversaire, elle s'attendait à une marque d'attention et d'affection, comme une bague ou des fleurs, et pas à une caméra, qui n'excitait que lui. Ils ont parlé, discuté, mais il continuait à répéter qu'il le faisait pour eux deux, parce qu'il l'aimait et voulait faire durer leur histoire. Elle l'a néanmoins quitté. Christine a sans doute été trop naïve de suivre aussi passivement les consignes de son ami, mais les pervers sont souvent très doués pour « vendre » leur vision et leur philosophie du sexe.

L'histoire de Didier, cadre de 45 ans, est très semblable. Brillant, riche et orgueilleux, il avait une jeune fiancée très éprise de lui, au point qu'elle acceptait ses désirs érotiques. Au bout de six mois de relation, il lui a demandé de coucher avec d'autres hommes, l'après-midi. Il était extrêmement fier de sa capacité à maîtriser sa jalousie et à s'autocontrôler. Les hommes « normaux », m'expliquait-il, sont jaloux de leurs rivaux réels et potentiels.

Il est dangereux d'imaginer sa compagne séduisant d'autres hommes, et encore plus de lui demander de le faire pour donner davantage de réalité à un fantasme. Et c'est prendre un risque énorme que d'ouvrir sa propre chambre à coucher à des rivaux inconnus. C'est d'ailleurs ce que raconte l'écrivain israélien Amos Oz dans un livre au titre fascinant, *La Boîte noire*, comme celle que l'on ouvre après un accident d'avion. La boîte noire dont il s'agit ici est celle d'un divorce[2]. L'ex-épouse évoque, avec douleur et en de très beaux termes, le jeu érotique qui a entraîné son couple à sa perte. Elle rappelle comment son mari a commencé à lui poser des questions sur les hommes qu'elle avait connus avant lui et a voulu qu'elle les note « de un à dix ». Puis, il lui a demandé s'il lui était jamais arrivé d'être attirée par un inconnu. Il a voulu qu'elle classe par degré de *sex-appeal* tous les hommes qu'ils connaissaient, depuis ses collègues à lui jusqu'à leurs amis en passant par le marchand de fruits et légumes et le facteur. Ce jeu de plus en plus pressant finissait au lit dans un crescendo érotique. Malheureusement, il est aussi devenu de plus en plus réel. Car peu à peu, le mari s'est mis à évoquer, au lit, l'ombre d'un tiers. Un homme qui aurait, par hasard, attiré son regard à elle. « La présence de ces ombres inconnues nous transperçait d'un plaisir cruel, brûlant, qui émergeait de mon ventre et faisait jaillir de ta poitrine des hurlements, des jurons, des supplications et des spasmes comme je n'en ai connu qu'à l'accouchement. Ou dans la mort. » Enfin, les ombres deviennent de véritables amants, des hommes qui occupent le lit conjugal pendant que le mari est au travail. Ces étreintes sont dépourvues de désir, mais pleines d'angoisse, et elles aboutissent à la destruction de leur mariage.

COMME SI CELA NE SUFFISAIT PAS...

Certaines relations à trois sont très particulières parce qu'elles mettent en jeu plusieurs autres fantasmes et perversions qui s'entrelacent étroitement. Ainsi Anne, 48 ans, et Alphonse, 55 ans, sont mariés depuis vingt-cinq ans. Leur mariage a été plutôt tourmenté, tant par ses problèmes professionnels à lui (petit entrepreneur, il a fait faillite deux fois) que par son caractère exécrable, qui l'a souvent conduit à la frapper. Depuis quelque temps, Alphonse amène à la maison une jeune Cubaine avec laquelle il a passé un accord insolite et discutable : il l'héberge contre des rapports sexuels.

Anne a été si surprise qu'au début, elle ne s'est pas révoltée contre cette situation. Elle espérait qu'il s'agirait d'une passade, se disait qu'en faisant semblant de rien, ce grotesque ménage à trois prendrait rapidement fin, comme nombre de provocations de son mari qu'elle avait l'habitude d'accepter en attendant que l'orage passe. Mais au bout d'un mois, il lui a fait comprendre qu'ils pourraient peut-être s'essayer à faire l'amour à trois... Anne, anéantie, est partie. Elle souffre aujourd'hui de sa solitude. Son mari, lui, est convaincu d'avoir « fait une affaire » sur le plan sentimental et érotique. En réalité, c'est un narcissique qui pense pouvoir traiter les personnes comme des objets. Et son arrogance est telle qu'il est persuadé que son épouse reviendra bientôt, prête à faire la paix et à négocier de nouvelles conditions.

Il ne faut pas croire pourtant que ce sont toujours les hommes qui « font la loi » dans les rapports à trois. Je pense, par exemple, à Rosie, qui est devenue la maîtresse de Marc. Il s'agit d'un avocat de 35 ans, marié, qui dit le plus grand bien de son épouse Laura, y compris à Rosie. Il la décrit comme une femme merveilleuse, qui a eu beaucoup de chance en le rencontrant ; il évoque sa beauté, ses goûts vestimentaires, raconte de petits détails de leur vie de couple. Peut-être par culpabilité, ou, inconsciemment, pour faire savoir à sa maîtresse qu'il ne quitterait jamais sa femme. Toujours est-il que la curiosité de Rosie a été piquée au vif et qu'elle a voulu faire la connaissance de Laura grâce à la complicité d'amis communs. Les deux femmes sont devenues amies et, chose plus surprenante, amantes, le tout à l'insu de Marc. Quand il s'en est rendu compte, six mois plus tard, celui-ci a demandé à Rosie, sur un ton viril et autoritaire, pourquoi ils ne feraient pas l'amour tous les trois. Sa volcanique maîtresse a alors préféré partir. Comme elle l'a expliqué à son avocat abasourdi, ce qui l'excitait dans cette situation, c'était les prétextes qu'invoquaient Marc et Laura pour la rencontrer. Elle savait tout, et eux, rien : c'était là son « doping érotique ».

Jean-Pierre et Marine, qui ont tous les deux 30 ans, vivent ensemble depuis cinq ans. Depuis deux ans, Marine éprouve une attirance croissante pour Julie, une danseuse de cabaret de 24 ans. Au début, c'était un fantasme, comme une petite cerise sur le suave gâteau du mariage, mais ensuite, cette relation est devenue sérieuse. Et Marine est une femme qui suit ses pulsions, veut voler de ses ailes et se sentir libre, comme un goéland. Elle dit qu'elle aime la beauté statuaire du corps de son mari, tout comme celui de Julie, nerveux et lisse.

Convaincu qu'un couple ne peut durer sans concessions, Jean-Pierre a accepté donc que Julie vienne chez eux. Il n'a pas de rapports sexuels avec elle et laisse sa femme libre d'exprimer son désir érotique avec lui ou avec Julie. Et cet improbable triangle résiste. Ils font des tas de choses ensemble : restaurant, courses, etc. Jean-Pierre, qui serait jaloux d'un autre homme, ne considère pas Julie comme une rivale, d'autant plus que Marine fait l'amour avec lui avec une énergie renouvelée.

Sonia et Jenny, qui ont toutes les deux 21 ans, se sont connues à l'université et ont décidé de partager un studio. Par une chaude soirée d'été, elle se sont retrouvées à partager une situation très intime avec Léo, à propos duquel elles fantasmaient toutes les deux depuis un moment. Elle ont ressenti une émotion très forte, inattendue, qu'elles ont dans le même temps vécue avec un naturel qu'elles n'auraient jamais imaginé. Léo a fait l'amour avec les deux jeunes filles dans la même pièce. Cette nuit de juillet a été longue, comme irréelle. Puis, après les examens, la petite ville universitaire s'est vidée et tout le monde est parti en vacances. Sonia et Jenny, grandes amies, n'ont éprouvé aucune jalousie au sujet de ce qui s'était passé et elles ont continué à revisionner dans leur tête le souvenir excitant de cette nuit. En septembre, le trio s'est retrouvé et, en dépit d'un léger embarras initial, il n'a pas été difficile de recréer la même situation. Mais maintenant, Sonia et Jenny sont déçues parce que Léo, effrayé par les émotions qu'il a éprouvées, invoque mille excuses pour éviter de retourner chez elles. Il se montre sympathique quand il les rencontre avec d'autres amis ou lorsqu'ils se voient à des fêtes, mais les choses s'arrêtent là. Sonia et Jenny, qui l'avaient cru plus audacieux et plus libéré, sont finalement soulagées parce qu'elles se rendent compte qu'à long terme, cette relation serait devenue « absurde », pour reprendre leur mot, et difficile à gérer. Elles n'ont cependant pas l'impression de ressentir des émotions aussi fortes dans la « simple » relation de couple qu'elles vivent avec leurs petits amis actuels.

L'histoire de Sonia et Jenny, et surtout ce dernier aveu, montre à quel point il est dangereux de dépasser les limites, d'expérimenter la transgression sans filet. Parce que lorsque l'on s'est approché du soleil, come Icare, on peut finir brûlé et tomber dans le vide, ou retomber sur terre, mais en se disant que les sensations normales sont plates et monotones. C'est particulièrement vrai si la transgression se transforme en histoire, prend forme et corps, et dure dans le temps. En revanche, si elle demeure un épisode isolé, avec toutes les caractéristiques de l'irréel et du rêve, elle peut être tranquillement archivée en mémoire. Et racontée à un bon ami lors d'une soirée de confidences, transformée en un doux secret, en un élément qui enrichit la vie.

LA LEÇON DE *JULES ET JIM*

Voilà un scénario classique : celui d'hommes qui ont deux pulsions à la fois. Ils doivent, d'une part, s'enraciner et, d'autre part, satisfaire leurs besoins érotiques. Beaucoup d'entre eux ne parviennent pas à concilier les deux et se retrouvent, typiquement, avec une femme et une maîtresse. Nous en reparlerons au prochain chapitre. Pour le moment, je voudrais m'en tenir à l'« infidélité mentale » et aux besoins érotiques multiples.

La première histoire est celle d'Émilie, 25 ans. Elle aime beaucoup son fiancé, avec lequel elle s'entend bien sexuellement et intellectuellement. Mais elle a rencontré un quadragénaire, qui l'attire par son parfum, par sa peau, et qui lui plaît de par le pouvoir qu'elle exerce sur lui. Quand il lui susurre à l'oreille « ce soir, j'ai du temps », et qu'elle comprend qu'il est très excité à la seule idée de la voir, elle se sent capable de le satisfaire comme nulle autre. Et quand elle lui fait atteindre le plaisir, elle m'avoue qu'elle se sent « putain ». Émilie a l'impression d'être très bonne au lit et de se l'être attaché à tout jamais. Pourtant, me dit-elle, elle a des doutes. Il lui plaît, mais elle ne l'estime pas, elle le trouve intellectuellement banal, même s'il est très courtisé, surtout pour sa situation sociale. En revanche, son fiancé est « fiable, fidèle, follement amoureux et c'est un amant infatigable ». « Comment peut-on s'exciter pour un crétin ? », me demande Émilie. Je pense que son amant lui permet de prendre sa revanche sur d'autres femmes, de découvrir son pouvoir de séduction, et d'avoir un homme qui ne fait qu'attendre qu'elle lui dise « oui, d'accord, ce soir », alors que son fiancé est déjà « acquis » et conquis.

Dans le domaine érotique, il faut qu'il y ait toujours une nouvelle étape, un nouveau territoire à conquérir. C'est pourquoi avec les ans, le sexe conjugal a en général tendance à s'affadir, à perdre de ses couleurs et à être remplacé par le « sexe hygiénique ». Pour emprunter une belle métaphore à l'écrivain anglais Nick Hornby, lorsque l'entente au lit est satisfaisante, il n'y a plus qu'à « appuyer sur les bons boutons[3] ». En effet, qui peut, mieux que son partenaire de longue date, connaître les zones érogènes, les préliminaires, la façon de se donner et de donner du plaisir ? Le sexe devient alors un somnifère, un tranquillisant, un antidépresseur. Chez les personnes âgées, il est un antidote à la peur de la mort.

J'ai reçu une lettre de Maryse, 26 ans. Elle a un fils et

s'entend bien avec son mari, tant dans leur vie quotidienne qu'au lit. Elle me demande : « Puisque tout va bien, pourquoi est-ce que je le trompe ? » Depuis deux ans, elle connaît un homme marié avec qui elle a engagé une aventure purement sexuelle qui ne semblait présenter aucune complication. Mais lorsque la passion a commencé à entrer en jeu, elle l'a quitté. Et lui a eu une réaction déconcertante : il l'appelait, lui faisait des déclarations d'amour, la suppliait de ne pas le laisser tomber. Ils se sont alors revus et Maryse s'est retrouvée enceinte. Il lui a demandé d'avorter, mais elle a choisi de laisser la grossesse suivre son cours, avec son cortège de culpabilité, d'amertume et de remords. Elle a préféré donner la vie. Son mari n'est au courant de rien et pense que l'enfant est son deuxième fils. Maryse a décidé que cela restera un secret, qu'elle ne dira jamais rien.

Deux ans plus tard, lors d'une rencontre professionnelle, elle rencontre de nouveau son amant, et ils font l'amour, comme si le temps n'avait pas passé. L'occasion de recommencer... Mais tout de suite après, son épouse à lui se retrouve enceinte, et il décide de ne plus revoir Maryse, qui se contenterait désormais de le revoir de temps en temps. Cette relation est-elle donc fondée seulement sur l'attirance sexuelle ? Je pense qu'il s'agit plutôt d'une passion qui met aussi en jeu les sentiments, car Maryse souffre que son amant ait mis fin à leur histoire. Serait-elle une autre de ces « femmes qui aiment trop » ? Je crois que Maryse a besoin de combler un vide de son passé, un vide que je ne connais pas : pour le comprendre, il faudrait en savoir davantage sur sa famille d'origine et son enfance. En revanche, je sais qu'il s'agit d'un vide que son mari ne parvient pas à combler, contrairement à son amant, qui a su le faire au moins temporairement. Certaines femmes se lancent ainsi dans une relation à trois parce qu'elles isolent le sexe du cœur, ce qui a longtemps été une attitude typiquement masculine. Pour ce qui est de Maryse, je crois plutôt que son comportement est dicté par un besoin du cœur.

C'est aussi un besoin sentimental qui est décrit dans le film *Un amore perfetto*[4], qui renouvelle le rêve de *Jules et Jim* il y a quarante ans[5]. La nouvelle Jeanne Moreau est la toute jeune Martina Stella, une actrice italienne au visage ingénu et troublant qui tourne film sur film. Elle se retrouve impliquée dans un amour à trois avec des jeunes de 20 ans. Elle est d'abord séduite par la hardiesse de Cè, joué par Cesare Cremonini (l'idole des ados, chanteur leader des Lùnapop). Son grand ami se sent exclu, mais il est ensuite « admis » au sein du couple, comme un chien fidèle. Le tout, bien entendu, dans un lieu culte pour les jeunes Italiens : la riviera de Romagne. Dans ce film, la nouvelle liberté sexuelle se heurte à des sentiments anciens comme la jalousie. Cesare Cremonini accepte son ami dans une position subalterne, mais quand l'autre fait l'amour avec Martina, la crise éclate. Il crie des slogans libertaires, mais son cœur se déchire. Pour Martina, la situation est plus naturelle, elle est passée d'un homme à un autre ; ils étaient amis, et elle reste l'amie du premier. Pour elle, le sexe et le cœur sont en accord. C'est la confrontation entre les deux hommes qui fait apparaître que l'amour à trois a ses limites. Et si à la fin, on assiste à une réconciliation entre amis, le sexe se refait à deux, conformément à la meilleure tradition. Peut-être leur histoire aurait-elle duré plus longtemps si, comme dans *Jules et Jim*, il y avait eu, entre les deux garçons, une attirance vaguement homosexuelle et pas seulement de l'amitié.

Cela finit encore plus mal dans une autre version française de l'amour à trois : *Marie-Jo et ses deux amours*[6], d'un metteur en scène connu davantage pour ses films engagés que pour des longs métrages sentimentaux, Robert Guédiguian. La protagoniste, qui vit à Marseille, est une quadragénaire « normale » qui aime deux hommes : son mari et son amant. Et qui ne veut renoncer à aucun des deux. Mais cela finira mal...

Il n'y a donc pas de *happy ending* pour l'amour à trois. Même dans la vie. Et le cinéma, qui est la grande fable collective de notre époque, le raconte très bien. De nos jours, les problèmes liés à la sexualité libérée ne sont plus les maladies sexuellement transmissibles ou un jugement social négatif, mais le cœur et les sentiments lorsque l'on se met à partager son intimité avec quelqu'un d'autre. La profondeur du trouble que provoque encore l'amour à trois, qu'il soit vécu ou seulement rêvé, nous est d'ailleurs attestée par l'éternel succès de *Jules et Jim*. Et cela bien que ce soit un film en noir et blanc. Et bien qu'il ait déjà quarante ans. En effet, le chef-d'œuvre de Truffaut date de 1962. Et s'il a alors fait scandale, il a aussi conservé toute sa magie. L'inquiétude d'un impossible ménage à trois et la poignante beauté de Jeanne Moreau, dont le cœur balance entre deux hommes, font encore rêver à notre époque.

CHAPITRE VIII

L'amour à trois

Au chapitre précédent, nous avons traité de « sexe à trois », c'est-à-dire d'histoires entremêlées entre un couple et une tierce personne où la pulsion érotique est le facteur prédominant. Je voudrais maintenant parler de ce que je définirais comme le « triolisme psychologique », où ce n'est pas le sexe qui domine, mais la poussée émotionnelle et sentimentale. La littérature et l'histoire des célébrités et des sentiments sont pleines de triangles, célèbres, agités ou scandaleux. Je pense, par exemple, au XVIIe, à Johannes Brahms qui avait à peine 20 ans quand il fit irruption dans le mariage de Robert Schumann et de Clara Wieck. Musique et amour, romantisme et amour... Brahms se fait admettre dans le foyer Schumann. Il se forme un curieux ménage à trois, entre lettres éplorées, enfants (Clara et Robert avaient 7 enfants), sonates et Lieder. Sans oublier un étrange côté œdipien : Clara a quatorze ans de plus que lui, et dans ses lettres, Johannes l'appelle (fort peu galamment, disons-le), « Frau Mama »... Puis, lorsque Schumann tente de se suicider en se jetant dans le Rhin et est interné dans une maison de repos, le jeune Brahms les rejoint. Il aide Clara, s'occupe des enfants, de la gestion du ménage. Pourtant, après la mort de Robert, survenue deux ans plus tard (en 1856), il n'épousera pas Clara. Il quitte même sa maison ; leurs rencontres à Baden-Baden se font de plus en plus occasionnelles. Peut-être s'agissait-il d'un amour qui ne pouvait exister et résister qu'à trois.

Toujours dans le milieu musical, il a existé un autre triangle, qui ne dura que l'espace d'un été : je veux parler de la liaison entre Coco Chanel et Igor Stravinski. Nous sommes en 1920. Coco, qui est déjà une styliste acclamée, offre de loger le compositeur russe – avec sa femme, atteinte de phtisie, leur quatre enfants, la cage contenant les perroquets parlants et le piano – dans sa luxueuse villa aux portes de Paris. Ce qui fait encore une fois un ménage en surnombre. Et c'est durant cet été de trahison que Coco conçut le mythique Numéro 5 de Chanel [1].

Mais, une fois sorti de l'univers des « people », que se passe-t-il quand un triangle imprévu se dessine au sein d'existences « normales » ? Voyons cela de plus près.

QUAND L'ORAGE ÉCLATE : LES CRISES PASSAGÈRES

Certains couples se retrouvent en crise parce qu'il survient dans leur vie un événement déstabilisant. Mais passager. Je pense, par exemple, à l'histoire d'Yvonne, une femme de 72 ans qui a découvert que son mari, âgé de 73 ans, la trompait avec une femme d'à peine 25 ans. Il nie, mais elle prétend avoir des preuves : des cheveux blonds sur la glace, des coups de fil « muets »... Elle est au bord du désespoir, parce qu'elle est encore très amoureuse et a l'impression que leur vie vole en éclats. Cinquante ans aux côtés d'un homme doivent bien compter pour quelque chose, répète-t-elle ; elle ne voit que le gâchis qui se profile et me demande de l'aide. Je m'arrêterai donc sur quelques-uns des points essentiels. Pour commencer, on ne comprend pas bien quel rôle son mari a joué : a-t-il été séducteur ou séduit ? Et puis, cette trahison a-t-elle réellement eu lieu ? Il dit que non, que ce ne sont que des idées qu'elle se fait, qu'elle est seulement jalouse. Ce qui m'inquiète le plus, c'est le fait que depuis près d'un an, la communication entre eux est devenue quasiment inexistante. Ils se parlent par monosyllabes, entre deux scènes, et détruisent une vie qui, au fond, durant cinquante années, leur a apporté beaucoup de satisfactions. Cela vaut-il la peine qu'Yvonne « punisse » son mari ? Pourquoi ne choisit-elle pas l'ancienne voie de la sagesse qui consiste à « encaisser » et, peu à peu, à « cicatriser » les plaies causées par cet événement ? Peut-être devraient-ils s'efforcer de parvenir à un compromis en présence d'une tierce personne de confiance, d'un médiateur qui pourrait les aider à rétablir la vérité et, surtout, la sérénité perdue.

Soupçons, preuves, révélations... Ce sont là autant de secousses lors de séismes assurément violents, mais qui ne durent qu'un temps et peuvent être « digérées » sans trop de dommages. Ce qu'a su faire Marie, qui a 44 ans et est mariée depuis huit années. Un insoupçonnable secret de famille s'est fait jour dernièrement : dans le passé, son mari l'a trompée avec sa sœur aînée. Or c'est une sœur à qui Marie est très liée. La trahison est donc double. Certes, il n'y a eu que deux soirées, une sorte d'« ivresse » passagère... Mais les blessures sont très douloureuses. La crise a été surmontée lors d'une délicate discussion familiale « à mains nues » au cours de laquelle Marie a notamment compris qu'elle était beaucoup plus déçue par sa sœur que par son mari.

PHASES TRANSITOIRES ET TRIANGLES PROVISOIRES

Jean et Ursule ont vécu une fulgurante aventure sexuelle. Tous les deux sont mariés et pour tous les deux, c'est la première fois, le premier égarement extraconjugal. Inattendu et renversant. Ursule dit qu'avec Jean, elle a appris à aimer « sans frein ». Mais maintenant, au-delà du désir érotique, elle éprouve pour lui quelque chose de beaucoup plus fort et le voudrait toujours à elle. Or Jean ne veut pas abandonner sa famille et ses enfants, ce qui la rend folle. Elle répète que c'est un sacrifice inutile, que leurs liens matrimoniaux à tous les deux sont désormais brisés. Mais si elle, elle est prête à demander le divorce immédiatement, Jean, lui, veut « réfléchir ». Cet amour provoque de la souffrance, mais pourrait encore évoluer dans le sens souhaité par Ursule. Surtout si Jean est hésitant, incertain, mais que – comme l'affirme Ursule – son mariage est vraiment mort.

Édouard et Lise, mariés depuis trente-six ans, approchent tous deux de la soixantaine. Leurs enfants ont tous quitté la maison, et ils sont maintenant seuls, dans un grand appartement, à se demander pourquoi ils vivent encore ensemble. Dernièrement, Lise a subi une petite intervention, et elle est en convalescence. Édouard ayant lui aussi été en petite forme à la suite d'une grippe avec complications, a préféré, pour ne pas la contaminer et ne pas la déranger la nuit, aller dormir dans la chambre de leur fils. Mais au terme de sa convalescence, il a annoncé qu'au fond, il se trouvait mieux tout seul pour dormir. Ce qui a déclenché une crise chez Lise, laquelle s'est mise à boire. L'alcool l'a rendue impulsive, violente, et lors de la discussion qu'ils ont eue, elle a accusé son mari d'avoir une maîtresse en province, dans une ville où il se rend souvent pour son travail. Et là, tout à coup, Édouard a avoué. Il lui a révélé que oui, il avait une liaison avec une autre femme, qu'il ne veut cependant pas épouser. Cet aveu, s'ajoutant à leur « séparation » nocturne, a provoqué un conflit conjugal. En effet, les attentes des deux conjoints à propos de leur mariage sont divergentes. Édouard lui a expliqué qu'il veut continuer à s'occuper de son travail, à se « réaliser » sur le plan professionnel, à être libre à certaines heures de la journée. Et cette attitude a été confirmée par son « déménagement du soir », comme s'il voulait réaffirmer qu'il a besoin de davantage de temps et d'espace pour lui-même. Lise, elle, rêve d'un lien beaucoup plus étroit avec son mari. Elle voudrait qu'il commence enfin à travailler moins (il exerce une profession libérale, il pourrait donc le faire), qu'il sorte plus souvent avec elle, pour aller au cinéma ou au musée. Et puis, elle aimerait enfin voyager, maintenant que leurs enfants sont grands, qu'ils en ont les moyens et qu'ils ont encore de l'énergie et de la curiosité. Depuis des années, il lui promet qu'ils iront en Australie, pays sur lequel elle a recueilli nombre de dépliants, de livres et d'informations. Mais comme il faut disposer d'au moins trois semaines, ils se sont jusqu'ici rabattus sur des destinations moins lointaines. Bref, si l'on peut résumer leur conflit en une seule phrase, je dirais qu'Édouard est amoureux de son travail, et non de son épouse.

Que faire quand le sens même de son mariage change, après une longue communauté de vie et d'habitudes ? Il faut voir si les partenaires ont la souplesse mentale nécessaire pour trouver un compromis. C'est difficile, mais pas impossible. Dans le cas d'Édouard et Lise, la marge de manœuvre me paraît cependant très limitée. En effet, il ne fait plus l'amour avec elle depuis longtemps ; pour lui, elle est une compagne dont il faut s'occuper, mais pas une épouse. Et ce comportement, protecteur mais dépourvu d'aspect érotique, a poussé Lise vers l'alcool. Elle boit, pleure, se sent mal ; et lui est encore plus protecteur, et distant. Pour Édouard, ce cercle vicieux serait acceptable mais Lise, avec son idéal romantique, ne peut l'accepter. Elle voudrait vivre une « véritable histoire » avec son mari, alors que leur lien n'a plus rien d'authentique depuis des années. Il y a encore assez peu de temps, leurs trois enfants vivaient avec eux et « remplissaient » la maison, comblant aussi les vides de leur communication de couple, mais maintenant, c'est le néant. Un néant qu'Édouard affronte grâce à son travail, qui lui apporte des stimulations, des succès, des satisfactions, notamment intellectuelles (il est architecte). Lise, elle, est plus dépendante et s'attend à ce que ce soit son mari qui comble le vide. Certes, elle a des sujets d'intérêt comme le cinéma, l'art, les voyages, mais elle ne sort pas seule, elle veut qu'Édouard vienne avec elle. Et à la fin, frustrée, elle reste à la maison... La seule hypothèse que je puisse émettre quant à l'avenir de ce couple est malheureusement pessimiste : Édouard finira sans doute par en avoir assez et par partir en laissant à son épouse l'appartement et une rente confortable. Il peut aller vivre avec l'autre mystérieuse femme, mais je crois plutôt qu'il restera seul : il n'est pas à la recherche d'un nouveau couple, il aime beaucoup sa solitude, fertile en idées et en stimulations, de même que son travail. Hélas, je rencontre beaucoup de ces couples peu habitués à gérer les changements et qui se retrouvent désarmés quand ils sont confrontés au syndrome du « nid vide ». Une fois que le dernier enfant a quitté le foyer, ils se regardent, et aucun d'eux n'a plus rien à dire à l'autre. D'ailleurs, dix ans après leurs premières amours, au moins la moitié des couples se séparent pour les raisons mêmes qui les avaient unis. Mieux vaut, donc, essayer de trouver avant de nouveaux motifs, de nouvelles complicités, de nouveaux objectifs. Sans quoi, la crise survient.

Il arrive d'autres fois que l'on se trouve impliqué dans un triangle par hasard, par « étourderie », presque par inertie, alors que le cœur est ailleurs. Telle est l'histoire de Thérèse, qui a 36 ans. « Je connais Alex depuis près de cinq ans, m'écrit-elle. Je le considère comme un ami. Il a 38 ans, m'a toujours plu, et il a toujours fait preuve de sympathie à mon égard. À certains moments, il me semble possible de faire naître quelque chose de plus entre nous. À d'autres, ce n'est qu'une chaleureuse et agréable amitié. Nous sommes tous les deux célibataires, mais lui a été longuement fiancé. Ensuite, il a eu une seconde relation importante, mais orageuse, pleine de disputes, dont il est sorti démoli. De mon côté, j'ai toujours connu des histoires plus imaginaires que réelles. Mes amours étaient des hommes lointains, ou ayant des problèmes psychologiques... Bref, une catastrophe. Et maintenant ? Nous avons tous les deux une histoire avec une personne mariée. Lui avec une collègue, et moi avec un homme que j'ai rencontré lors d'une fête et dont je n'ai connu l'engagement qu'après en être tombée éperdument amoureuse. Mais n'insistons pas, inutile de ressasser : ce n'est qu'une de mes nombreuses erreurs. Je cherche à grand-peine à m'éloigner de lui ; j'essaie de le voir le moins possible, même s'il me téléphone sans cesse.

Pendant ce temps, Alex, mon ami "de toujours", a de

nouveau changé d'attitude à mon égard. Nous avons passé de nombreuses soirées à discuter – nous nous retrouvons avec d'autres gens, jamais seuls. Il m'a répété qu'il était timide (bien qu'il soit très beau et soit courtisé par de multiples jeunes filles), qu'il ne faisait le premier pas avec une femme que s'il était sûr de lui à cent pour cent, qu'il avait peur de trouver quelqu'un qui le fasse souffrir autant que sa mère a souffert avec son père... Quand je l'ai connu, la première phrase qu'il m'a dite, qui m'a beaucoup surprise, a été : "Quand on tombe amoureux et que l'on devient dépendant, on se perd dans l'autre." Et moi ? Moi, j'ai terriblement peur d'avouer à quel point il me plaît. Ce qui est idiot, c'est qu'il me trouve plutôt à la hauteur en amour : il lui est arrivé de me dire (à tort) que l'on voyait bien que j'avais toujours été appréciée des hommes. Si seulement c'était vrai ! Bref, j'ai l'impression qu'il fuit, même s'il est très difficile d'être lucide quand on éprouve des sentiments pour quelqu'un. N'est-ce pas plus facile de dire qu'un homme a peur de ce qu'il éprouve plutôt que d'admettre qu'il n'est pas intéressé ? Et pendant ce temps, je poursuis ma relation avec mon amant marié qui, je m'en rends bien compte, m'intéresse moyennement... » La rencontre de deux timides est une chose bien pénible ! Tel a été mon premier commentaire à la fin de la longue lettre de Thérèse. Il me semble, pourtant, que ce qu'elle vit n'est un « triolisme psychologique » qu'en apparence : son amant marié est un personnage terne, relégué dans les coulisses de sa vie. C'est Alex qui occupe toutes ses pensées et suscite toutes ses émotions. Elle vit une longue souffrance quasiment juvénile qu'il serait peut-être bon, à 36 ans, de tirer au clair. En expliquant ses sentiments à Alex. Y compris au risque d'être déçue. L'amour, c'est comme une bonne bouteille de bordeaux. Il faut enlever le bouchon pour se rendre compte.

Au cours de ces longues phases de transition, qui ne débouchent pas immédiatement sur une solution, celui qui subit le triangle assume, lui aussi, une part de responsabilité. Je pense à Valérie, 32 ans. Depuis deux années, elle vit avec un homme de son âge, qui a aussi une relation avec une quadragénaire mariée et mère de deux enfants. Quand Valérie a découvert ce lien parallèle, elle a cru que le ciel lui tombait sur la tête. Elle a tout fait pour le reconquérir ; elle l'a supplié, flatté, elle a essayé de le ramener à la raison... Mais l'homme est égoïste et têtu. Il affirme être libre et vouloir le rester. Sa phrase de prédilection est : « Je veux pouvoir faire ce que je veux quand je veux », et il ne fait aucun doute qu'il met cette maxime en pratique.

Valérie est très éprise et ne parvient pas à le faire sortir de son cœur. Pourtant, elle passe des journées entières à le détester pour les souffrances qu'il continue de lui faire endurer. Elle préférerait presque qu'il la quitte. Mais non, il lui court après. Ils éprouvent une grande attirance sexuelle l'un pour l'autre, mais Valérie ne parvient pas à se l'attacher totalement : quand elle s'approche trop, il fuit. Un homme aussi immature, me demande Valérie, pourra-t-il jamais se lier à une femme ? Ou restera-t-il à tout jamais « libre et indépendant », comme il le dit ? Une chose est certaine : cette phase de « triolisme psychologique » n'a que trop duré et je pense que Valérie devrait se faire violence, lui dire adieu et l'oublier.

Une autre phase transitoire est celle que traverse Isabelle. Elle a 31 ans et attend un enfant. Elle n'a plus envie de faire l'amour, connaît une forte baisse de son désir, sans doute parce que le lien qui l'unit à son mari est trop « fraternel ». Isabelle le considère comme un ami. Elle a choisi un « doudou » à l'époque où elle était terrifiée par le sexe. Elle se sent désormais plus assurée, mais le « doudou » qu'il était n'est pas devenu un « cow-boy ». Il manque un peu d'agressivité, dans cette relation, et comme chacun sait, sans agressivité, il n'y a pas d'érotisme. Isabelle demande à son mari de changer parce qu'elle, elle a changé. Le problème, c'est que cette mutation n'a rien d'automatique !

Bien souvent, les mariages qui durent comportent des changements de rôles au sein du couple, mais le mari d'Isabelle n'a aucune envie de changer. Il est véritablement un gros doudou, un homme affectueux, tendre, débonnaire, très éloigné de la rudesse du « cow-boy » qui lui plairait. La solution ? Isabelle a choisi : elle a fait de leur couple un triangle. Bien qu'enceinte de son mari, elle a pris un amant. Avec lui, elle fait l'amour, elle a retrouvé le plaisir et sa libido. Et avec son mari, elle a la tendresse et les câlins. Mais il s'agit sans nul doute d'une phase transitoire, notamment parce que après la naissance du bébé, la situation sera bien différente. Et nous verrons si Isabelle et son mari seront capables d'évoluer ensemble et si elle aura envie de renoncer à son triangle provisoire.

ELLE L'AIME, L'AUTRE AUSSI

La psychanalyse nous a enseigné l'importance que revêt, dans la petite enfance, le complexe d'Œdipe. Un complexe qui, après avoir occupé la vie psychique de 3 à 5 ans, est en général « résolu ». De quoi s'agit-il ? À la naissance, filles et garçons n'ont qu'un objet d'amour, leur mère. Puis la petite fille oriente ses désirs vers son père, devenant ainsi la rivale de sa mère, tandis que le petit garçon reste lié à la figure maternelle et se retrouve en conflit avec son père. Avec le temps, les enfants apprennent à gérer leurs sentiments d'amour et de haine. À certains moments, ils sont en accord avec leur mère, et le père est un rival. La semaine suivante, ils adorent leur père et c'est leur mère qui est un obstacle. Ce ping-pong émotionnel est très utile, parce que les enfants doivent exercer non seulement leur intelligence et leur corps, mais aussi leurs sentiments. C'est pourquoi les psychanalystes évaluent plus positivement la famille traditionnelle, avec un père et une mère, que les familles monoparentales, au sein desquelles il faut exprimer des sentiments différents (d'amour et de haine) à l'égard de la même personne. Certains individus continuent à jouer à ce ping-pong des sentiments dans leur vie d'adultes. Ils ont « besoin » non d'un partenaire, mais de deux. Il ne s'agit pas de bigamie, mais d'une nécessité profonde d'avoir deux personnes à aimer. Et c'est là un phénomène plus répandu qu'on ne le croit.

Ainsi Patricia se demande si elle doit divorcer. Elle va avoir 40 ans et est mariée depuis vingt ans à un mari fiable, mais très prévisible et ennuyeux, quand, soudain, c'est le coup de foudre. Dans la petite ville où elle habite, un cirque s'est installé et elle y a emmené son plus jeune fils. Là, elle a fait la connaissance d'un clown, dont elle tombe amoureuse. Elle se demande aujourd'hui si elle doit quitter son mari. Elle dit avoir l'impression que sa vie est vide. Elle me parle de son mariage, qui est une « relation d'appui » typique : son mari représente la stabilité, tant pour son épouse que pour leurs enfants. Or Patricia a en elle un grain de folie, un désir d'imprévu. Elle tombe toujours amoureuse de personnes bizarres et voudrait vivre comme une adolescente. Elle me raconte qu'à l'occasion du dernier carnaval qui, dans sa ville, comporte des festivités en plein air, elle a accepté de se déguiser en sirène. Et c'est peut-être ce désir de mise en scène, de magie et de travestissement qui l'a conduite à tomber amoureuse d'un clown. Mais Patricia se pose aussi une autre question : elle commence à se demander, et à me demander, pourquoi ce sont toujours des hommes problématiques qui lui plaisent. Elle me raconte son enfance sans père et comment, dans sa famille, il y avait toujours de nombreux amis juges qui étaient là. Quand elle avait besoin d'un conseil, ou de l'avis d'un adulte, elle allait donc au tribunal... Elle a fini par se trouver un père, elle a épousé un homme fiable et rassurant, mais, maintenant, elle semble en vouloir davantage et avoir un désir terrible de vivre quelque chose qu'elle n'a jamais connu, sans doute un rapport avec un père qui était joueur... Et c'est pour cette raison qu'elle a choisi un clown. En outre, elle voit se profiler à l'horizon son quarantième anniversaire, qui est toujours une étape importante pour une femme. Et son côté transgressif la pousse à vouloir tout jeter pardessus bord et à recommencer depuis le début.

Que faire ? Le clown a tout de suite perçu cette attitude vorace de Patricia et il lui répète qu'elle ne doit pas tomber amoureuse, ni se bercer d'illusions. Il lui dit qu'ils pourraient se revoir, mais qu'il ne peut lui offrir une nouvelle famille. Je crois que ce serait là la meilleure solution pour Patricia, qui pourrait ainsi avoir, dans sa vie, deux hommes répondant à des besoins totalement différents : son mari, qui serait le père bon et fiable ; et le clown, qui serait le père ludique et fantaisiste. Patricia a lu le livre que j'ai écrit avec Donata Francescato, *Le Courage de changer*[2]. Je crois cependant que dans sa situation, le changement serait dangereux, parce que Patricia ne serait pas en mesure de le gérer.

Emmanuelle, elle, a 36 ans, trois enfants et un mari, Anthony, dont la libido a considérablement chuté après la naissance de leur petite dernière, qui a maintenant 3 ans. Elle a essayé d'en parler, a tenté de comprendre la raison de cette baisse persistante, mais Anthony, qui est un mari formellement parfait, affirme qu'il la voit désormais comme la mère de ses enfants. Il est très rationnel et routinier, conséquence directe d'une éducation rigide imposée par un père-patron. Il a appris à exploiter sa personnalité obsessionnelle pour réaliser ses désirs professionnels, mais il considère l'érotisme comme une dimension séparée du reste de sa vie. Au début, Emmanuelle a été charmée par Anthony : elle aimait son efficacité, ses aptitudes sportives (il skiait très bien, c'était un joueur de tennis infatigable). Elle est tombée amoureuse de lui, sans s'apercevoir que lui, sous son vernis, était plutôt rigide et misogyne. Ils ont tout de suite eu du mal à harmoniser leurs besoins sexuels respectifs. Elle, qui est une femme sensuelle ayant déjà vécu des histoires très satisfaisantes sur le plan érotique, a peut-être pris trop d'initiatives. Et lui, davantage obsédé par sa forme physique et son régime que par le sexe, a toujours préféré la gymnastique. Aujourd'hui encore, il n'aime ni son propre corps ni celui d'Emmanuelle. Leurs rares rapports sexuels se passent dans le noir, de la façon la plus conventionnelle qui soit et sans préliminaires. Anthony est particulièrement horrifié à l'idée de toucher les parties intimes d'une femme. Il établit une séparation très nette entre ce qui est propre et ce qui est sale, tant au niveau psychologique que sexuel. Bref, ils forment un couple érotiquement malheureux, qui doit maintenant faire face à une crise : Emmanuelle a découvert par hasard des préservatifs dans la mallette de son mari, et pour elle, le monde s'est écroulé. Elle a demandé des explications qu'il a refusé de lui donner, se montrant par-dessus le marché incapable de comprendre la douleur qu'il provoquait en elle.

Que faire avec ce couple en apparence « normal » et heureux, en dehors du domaine sexuel ? Un couple qui s'est construit un présent stable, avec trois enfants, une belle vie sociale, et une agréable tranquillité financière. Il faut vérifier, au-delà des apparences, quelle est la véritable complicité de ce couple, et savoir si l'un des deux partenaires est la cause principale de la crise. Emmanuelle a voulu voir en Anthony, outre un grand sportif, un homme viril et capable de l'aimer vraiment. Mais plus qu'une complice, elle semble être la victime d'un homme franchement excessif, qui divise le monde en deux : les choses justes et les mauvaises, les propres et les sales, les publiques et les privées. Comme si l'éros chez lui naissait des anfractuosités les plus cachées de la personnalité et se nourrissait de fantasmes atypiques, peu compatibles avec la vie conjugale. Si Emmanuelle est capable de faire coexister le langage public et le langage privé, ce n'est pas le cas d'Anthony, qui doit vivre ses besoins émotionnels avec deux personnes différentes. En effet, les préservatifs cachés sont sans doute liés à des aventures mercenaires épisodiques. Il me semble être exactement le genre d'homme qui, de temps en temps, va trouver des prostituées en cachette alors que sa libido conjugale est fortement atteinte. Seule une psychothérapie, que son épouse lui a demandée comme engagement personnel pour qu'ils puissent rester ensemble, pourra aider à poser des pontslevis là où Anthony a dressé des barricades.

Cette scission entre deux parties de la personnalité est encore plus clairement perceptible chez Robert, 45 ans, qui me consulte pour des raisons qui le perturbent beaucoup : ses aventures homosexuelles. Je ne pense pas avoir une position moraliste à l'égard des hommes mariés (fort nombreux) qui ont aussi des liaisons avec d'autres hommes, mais Robert, lui, est rongé par la culpabilité. Il s'agit pourtant d'un trouble présent en lui depuis longtemps, puisqu'il remonte à son adolescence, voire à son enfance. Il me raconte qu'à la plage, il a toujours regardé les autres hommes et fixé leurs maillots. Tout comme dans les vestiaires des gymnases... Et la curiosité a, peu à peu, fait place à l'excitation. Depuis quelque temps, il passe des heures et des heures sur Internet. Les *chats* érotiques lui permettent de contacter des hommes disponibles, de les « accrocher » et de laisser des messages intrigants à la seule fin de les rencontrer et de coucher avec eux. Et sa femme ? Il n'a jamais cessé de lui faire l'amour ; son désir pour elle est intact, harmonieux et normal. Il me dit qu'il aime les rapports sexuels avec elle, mais seulement avec elle. Il n'en voudrait avec aucune autre femme. Plusieurs fois, il a pensé envoyer tout valser et partir de chez lui pour exprimer en toute liberté sa vraie nature. Mais est-ce bien ce qu'il veut ? Ou n'est-ce qu'un fantasme, un saut dans le vide qui pourrait le laisser seul et frustré ? Robert est vraiment un homme coupé en deux : son cœur est avec sa femme (avec laquelle il a aussi une bonne entente érotique), et sa sexualité transgressive avec des hommes. Bref, l'histoire de Robert est une variante plus compliquée d'une situation très courante : celle des gens qui isolent la sexualité de l'amour.

CHAPITRE IX

L'échangisme

C'est le premier jour de l'année. Kitty se réveille, mais l'homme endormi à côté d'elle n'est pas son mari. C'est un homme dont elle ne se rappelle même pas le nom, qu'elle a connu au cours de la soirée de la veille. Un homme qu'elle ne reverra jamais plus. Et dont la femme a certainement passé la nuit avec son mari à elle... Scène d'échangisme du nouveau millénaire ? Pas du tout : nous sommes à Londres en 1900, tout au moins selon l'imagination de Tracy Chevalier, auteur américaine qui, après des mois dans les bibliothèques et les archives à étudier cette époque, a publié *Le Récital des anges* [1], qui raconte l'histoire croisée de deux femmes, de deux familles et de deux façons de vivre l'amour dans l'Angleterre du début du XXe siècle. Ainsi l'échangisme aurait déjà existé à une époque aussi peu suspecte ? Sans doute, même si on l'appelait autrement. La période victorienne, que nous tenons pour synonyme de mœurs rigides, n'avait rien de puritain, comme l'a bien montré l'exposition intitulée *Exposed, The Victorian Nude*[2], qui s'est tenue à Londres récemment.

Mais il faut arriver aux États-Unis des années 1960 et 1970, aux bourgeois oisifs qui, dans leurs pavillons alignés, découvrent la transgression, pour parler de l'échangisme comme d'un véritable phénomène. On peut le voir dans un film lucide et impitoyable, *The Ice Storm*, sorti il y a quelques années mais dont l'histoire se situe justement dans les années 1970[3]. Des couples de banlieusards invités à une fête jettent leurs clés de voiture dans une grande urne en arrivant, et en repartant, chaque femme « pêche » la clé de voiture de l'homme avec qui elle passera la nuit. Et qui, bien entendu, ne sera pas son mari. C'est aussi à cette époque que se déroulent les « scènes conjugales » décrites par John Updike dans ses best-sellers[4], qui racontent de véritables expériences de *swinging* au cours desquelles les épouses outrepassent toutes les limites de la morale à condition que leur mari, également présent, en fasse autant. C'est ainsi que certaines femmes ont appris à dissocier le sexe des sentiments[5].

Par ailleurs, l'échange de couple est, au départ, un « adultère conformiste » qui, pour éviter toute asymétrie (c'est-à-dire toute transgression unilatérale et secrète), prévoit une liberté d'action réciproque grâce à une solution puritaine. C'est comme le divorce des Américains : ils se séparent parce qu'ils ne supportent pas l'adultère, puis ils se remarient et redivorcent, et ainsi de suite. Ce qui, pour des personnes issues d'une culture latine, supprime le plaisir numéro un : la satisfaction de ne pas être percé à jour. Cette « transgression puritaine » qui, d'après des statistiques américaines, est pratiquée par 4 % des couples, s'est répandue en Europe dans un tout autre esprit, en l'occurrence pour introduire de la nouveauté dans la relation de couple. Il me semble néanmoins que l'échangisme « traditionnel » part du même principe que le divorce, qu'il cherche des codes d'échange qui permettent de sauvegarder l'institution qu'est le couple. Autre point important : l'écart sexuel est autorisé, à condition que le cœur ne varie pas. Comme l'histoire du mari qui fréquente des prostituées pour ne pas tromper sa femme. Mais il existe aussi un « faux » échangisme. Je connais certains hommes qui paient des call-girls pour faire des échanges avec les femmes des autres tandis que leurs épouses ignorantes sont « à l'abri » à la maison...

J'aime beaucoup une anecdote qui remonte à l'époque où je travaillais en Californie avec ma femme. Nous avions été invités à dîner par un juriste renommé et sa compagne, avenante gynécologue. Et la soirée s'était prolongée dans un *hot tub* finlandais, un petit bassin rempli d'eau chaude. Et là, si l'on voulait... L'été dernier, j'ai participé à une émission d'Ardisson. On voyait un film avec les bateaux qui partent, le soir, à Montréal sur le Saint-Laurent. À bord, on y dîne, on y danse, et dès que les eaux territoriales sont franchies, le capitaine annonce que les échanges peuvent commencer. Une étudiante, âgée de 26 ans, a raconté qu'elle y allait avec son petit ami de 25 ans, car il n'avait guère d'expérience en matière sexuelle : il valait mieux qu'il se « déniaise » ainsi, en toute sécurité, vu que l'usage de préservatifs est la règle. Elle voyait cela comme une sorte d'investissement à terme... Cette pratique est relativement courante. Les statistiques de mes collègues québécois parlent de rien moins que 9,5 % des couples. Et il ne s'agit pas de personnes ayant des pulsions partielles à satisfaire, comme cela peut arriver dans les expériences de groupe. Dans le récit de cette étudiante, j'ai surtout été marqué par le détail des préservatifs : les bateaux offrent une solution non seulement puritaine, mais « hygiénique », ce qui est fort peu européen.

L'échangisme a aussi intéressé le réalisateur Daniel Karlin qui a choisi des « personnes quelconques » pour tourner *Et si on parlait d'amour*[6] ? En dépit de son titre, ce film ne parle pas vraiment d'amour, mais bien plutôt de sexe. La première des quatre histoires est celle d'un couple de sexagénaires « échangistes », celle de Violette, infirmière, et Marcel, enseignant, qui racontent tranquillement, lors de leurs réunions de famille, leurs expériences osées. Enfants et petits-enfants sont au courant ; ils sont même interviewés dans le film. Comme souvent, c'est le mari qui a eu l'idée de départ, mais Violette admet y avoir pris goût, disant que sans cela, elle n'aurait jamais connu autant d'hommes. Dans leur village, Marcel, conseiller municipal, est une personnalité connue, et ses habitudes sexuelles le sont aussi, mais elles sont considérées comme des affaires privées, contrairement à ce qui se passe aux États-Unis. J'ai été particulièrement surpris par les réactions des petits-enfants de 10 et 12 ans. Le garçon dit que ce sont des choses « personnelles », des affaires d'hommes ; et la petite fille déclare, avec pudeur, qu'elle est contre. Elle rêve de former un couple rangé et monogame, pas comme celui de sa grand-mère.

CHANGER DE PARTENAIRES POUR NE PAS CHANGER DE PARTENAIRE

L'échangisme est-il dangereux pour le couple ? Depuis que j'exerce, j'ai rencontré des exemples positifs comme des exemples négatifs. Je me souviens d'un ingénieur aussi intelligent que maladroit quand il s'agissait de gérer ses émotions. Il obéissait totalement à sa compagne, personnage dominant de leur couple. C'est elle qui insistait pour faire de l'échangisme. Lors d'une période de crise, ils sont venus à mon cabinet, et leur différence d'allure aussi était significative. Lui était un peu « coincé », avec sa veste bleu marine et sa cravate, alors qu'elle était vêtue de noir, de voiles et de soie, qui la masquaient et la montraient tout à la fois.

Il arrive que l'échangisme soit choisi comme expérience « thérapeutique ». C'est ce qui est arrivé à un commerçant préoccupé par l'absence d'orgasme de sa femme, sans doute parce qu'il avait une incidence négative sur sa virilité narcissique. Faisant preuve d'une grande magnanimité, il lui a donc « accordé » un échange, mais, par la suite, lorsqu'il s'est rendu compte qu'elle avait aimé la chose, il est devenu fou de jalousie. Et il l'a quittée. Il est également dangereux que l'échange se fasse avec des amis, parfois dans le même appartement, dans des chambres voisines. Deux de mes connaissances ont testé ce scénario. Le lendemain, le mari a fait une scène terrible à son épouse, « coupable » de s'être trop activée avec son ami (dans l'autre chambre, il avait entendu des cris). Derrière une apparente liberté sexuelle se dissimulait donc un besoin de contrôle, de comparaison, et une extrême jalousie. Inutile de dire que ce couple n'a plus renouvelé ce type d'expérience et n'en est pas sorti renforcé.

On peut aussi mentionner ceux qui décident de tester l'échangisme, mais se trouvent confrontés à un obstacle imprévu : leur propre corps. Comme ce trentenaire anonyme et préoccupé qui m'a écrit parce que, après huit mois de *swinging* (il est marié depuis dix ans et sa femme était d'accord pour cette nouvelle expérience érotique), il a un problème d'érection. À la maison, avec sa femme, tout va très bien ; mais quand ils vont dans un club ou ont rendez-vous avec d'autres « échangistes », il ne parvient pas à faire l'amour. Le problème n'est cependant pas sexuel, mais psychologique ; sans doute s'agit-il d'un timide qui ne trouve qu'entre les murs de sa maison la sécurité nécessaire à l'acte érotique.

Le cas d'André, qui vient d'avoir 45 ans, est différent. C'est un avocat renommé dans le milieu des affaires, il a une femme très amoureuse de lui et deux très beaux enfants. Cet homme a toujours apprécié sa vie sociale, les parties de golf et les week-ends à la campagne. Parfaitement monogame, André a une vie sexuelle très heureuse. Du moins jusqu'au jour, très récent, où, à l'occasion d'une réunion professionnelle en province, il a découvert l'échangisme et « contaminé » ensuite sa femme... Toutefois, cet engouement étant très neuf, il est prématuré de hasarder des prévisions sur les conséquences que cette nouvelle habitude aura sur sa vie et son couple.

DES « SWINGERS » DE BON TON

Le *swinging* est un phénomène américain, mais, depuis quelques années, il se répand aussi en Europe. Entre des personnes étonnamment « normales », insoupçonnables, qui découvrent le plaisir de se donner à l'autre, et même aux autres, en maintenant cette perversion soft dans les limites de leur couple. Des pervers ? Oui, mais modérés, parce que le noyau dur reste le couple. Le *swinging* est un moment de distraction, une sorte de parenthèse érotique au sein du ménage à deux. Il ne s'agit ni de « couples orgiaques », unis par le désir de créer une intrigue perverse, ni d'un subterfuge pour sauver un mariage. Les échangistes ne trahissent pas le grand idéal romantique du sexe lié à l'amour, mais ils en élargissent le concept jusqu'à faire participer d'autres couples à leurs jeux. Au fond, le *swinging* représente la réalisation de nombreux fantasmes présents dans notre imaginaire sexuel, que nous refoulons et qui émergent souvent dans les rêves. Certes, il ne s'agit en rien d'une expérience obligatoire, mais si elle éveille la curiosité, elle peut être un moyen d'exprimer ses impulsions. Elle peut être une solution pour le couple, à condition qu'il y ait consentement mutuel.

Ses règles ? Aucune implication affective, aucune concession à la jalousie. L'échangisme n'est pas l'emblème d'un érotisme exacerbé, massifié et dépourvu de goût, mais plutôt l'expression soft de la vie d'aujourd'hui, pleine de passions et d'émotions vécues au vol, sans prendre le temps de les savourer pleinement. Il est étonnant de noter qu'il s'est aussi créé une *swing-etiquette*, une sorte de « bon ton de l'échange » qui doit être scrupuleusement respectée. L'étiquette prévoit l'interdiction des approches violentes ou non désirées, afin de privilégier des rencontres soft qui ne tiennent jamais pour acquise l'acceptation du couple. Une conversation brillante, des techniques de séduction monogame, des phrases susurrées mais jamais déplacées, tels sont les moyens d'approche dans les *king-size rooms*, les chambres pour échangistes qui se trouvent dans de vastes et luxueuses villas en périphérie des grandes villes américaines.

Ainsi, au rythme rassurant d'une vie à deux, beaucoup d'hommes et de femmes préfèrent la solution d'une sexualité au format multiple, de rencontres-croisements avec d'autres couples qui distraient et diversifient leur vie sexuelle sans créer pour autant de fracture. En effet, de retour chez eux, les échangistes aiment se raconter ce qui s'est passé et retrouver ensuite le désir de faire l'amour, mais cette fois seulement à deux.

ET SI CE N'ÉTAIT QU'UN JEU DE POUVOIR ?

Quels sont les mécanismes psychologiques qui sous-tendent le *swinging* ? L'échangiste est très « narcissique » et plus attentif à ses impulsions qu'à son objet d'amour ou d'attirance. C'est un peu un Casanova masculin et féminin, ce qui signifie qu'il est lié à sa pulsion et que l'attention qu'il porte à l'objet érotique est assez variable. À travers cette pratique, le narcissique trouve la possibilité de se réaliser plus facilement, alors qu'il est clair que le monogame, lui, verra dans l'échangisme une expérience diabolique. Un autre mécanisme est celui de l'« homosexualité autorisée », car il affleure, dans l'échangisme, des curiosités à l'égard de son propre sexe qui restent en général inavouées. L'échangisme offre donc aux voyeuristes, exhibitionnistes ou homosexuels latents des occasions que le couple hétérosexuel traditionnel n'autorise pas.

J'ai reçu une lettre d'Émilie, 37 ans, qui va à la recherche de couples échangistes sur Internet. C'est son mari qui lui a fait connaître cette pratique, et au début, elle n'était pas d'accord. « Maintenant, au contraire dit-elle, j'aime qu'on me regarde quand je fais l'amour et savoir que j'attire aussi d'autres hommes. » Elle est néanmoins préoccupée par le manque de jalousie de son mari et se demande si elle ne lui est pas devenue indifférente. « Ces derniers temps, il m'envoie "faire connaissance en avant-première", et se contente de regarder, tandis que je me laisse approcher "au petit bonheur" (en réalité, nous préparons les situations ensemble). » Je crois que l'impulsion du mari d'Émilie ne le porte pas tant à posséder une autre femme, comme la majorité des échangistes, qu'à satisfaire des pulsions voyeuristes et homosexuelles annexes. C'est la raison pour laquelle il n'est pas jaloux de sa femme. Comment, alors, expliquer cette tendance voyeuriste ? Pour Otto Kernberg, président de l'Association internationale de psychanalyse, l'impulsion voyeuriste est toujours une composante importante du désir érotique au sein du couple[7]. En effet, elle ressuscite des fantasmes œdipiens, comme le désir de faire irruption dans la « scène primitive » du lit de ses parents, présent depuis toujours dans l'imaginaire des enfants et, parfois, dans les fantasmes de certains adultes. Comme dans le cas, je crois, du mari d'Émilie.

Enfin, parmi les mécanismes psychologiques cachés, il y a le pouvoir. Certains hommes, et certaines femmes, maintiennent à travers la sexualité un très grand contrôle sur leur conjoint, qui est parfois complice de ce jeu. Je repense, par exemple, à un garçon de café qui a épousé une Sud-Américaine. Avec elle, il a enfin bâti un couple durable et érotique. En affirmant ne pas connaître la jalousie, il se montre « supérieur » ; quant à elle, elle renforce sa confiance en lui-même en séduisant d'autres hommes, charmés par sa beauté exotique et par sa maîtrise physique. Chez de nombreux autres couples au fonctionnement sadomasochiste, l'un des partenaires décide de ce qu'ils font, y compris sur le plan sexuel, et oblige donc l'autre, en exploitant sa tendance masochiste, à accepter des pratiques qu'il ne désire pas, dont l'échangisme. Pourtant, ce mécanisme est contraire au moteur premier du *swinging*, à savoir le respect de la liberté de l'autre.

Un jeu de pouvoir, donc... D'ailleurs, il est vrai que beaucoup de couples échangistes sont unis dans la quête de la nouveauté et recherchent la variété sans véritable trahison. Mais il arrive que le sexe soit tout simplement le territoire à l'intérieur duquel se joue le pouvoir du couple. Ce qui peut être extrêmement dangereux, ainsi que l'avait déjà montré, au XVIIIe siècle, Choderlos de Laclos dans *Les Liaisons dangereuses*, qui a fait scandale[8]. Toutefois, la fascination qu'exerce cette vision intrigante, cruelle et impudique de la sexualité est telle que cette histoire a été reprise plusieurs fois au cinéma, notamment par Roger Vadim, en 1959, dans un film mémorable avec Jeanne Moreau et Gérard Philipe et par Stephen Frears, en 1988, avec, cette fois, John Malkovich, Michelle Pfeiffer, Glenn Close[9]... Les distributions sont différentes, mais les perversions sont les mêmes, attirantes, cyniques et téméraires.

CHAPITRE X

La sexualité de groupe

Lorsque l'on parle de « sexualité de groupe », on pense tout de suite à quelque chose d'interdit, de clairement pervers, se déroulant dans une pièce sombre et enfumée. Est-ce vraiment cela ? Comme je l'ai déjà indiqué, l'art érotique antique que nous pouvons apprécier en Inde montre que la sexualité n'est pas nécessairement liée à la pudeur, à une intimité secrète et strictement limitée à deux, comme en Chine et dans la culture européenne. La prévalence, dans le cadre des doctrines religieuses hindouistes, des concepts orgiastico-mystiques sur les concepts contraires, fondés sur l'ascèse et le renoncement, a donné au XIe siècle les splendides temples de Kandariya-Mahadev et de Chitragupta, à Khajuraho. On y trouve des bas-reliefs représentant des positions de yoga qui, en général, impliquent plusieurs personnes, et chaque image se propose d'aider l'homme à se rapprocher du divin à travers une « voie d'union » dont l'art est un instrument essentiel. C'est là un point important du tantrisme. L'objectif suprême est la libération (*Moksa*), un détachement intérieur par rapport aux conditionnements de la vie. Il existe quatre façons de se rattacher à la divinité, dont la quatrième est le *Kama*, l'union parfaite dans l'amour. Le *Kama*, la volupté, est donc un ensemble de techniques dont le but est d'amener à l'union avec l'Absolu. Font aussi l'objet d'une vénération les symboles des organes sexuels masculins et féminins, *Linga* et *Yoni*, situés dans les cellules des temples, recouverts d'huile sacrée et couronnés de fleurs. Ils sont par ailleurs stylisés au point de perdre tout aspect réaliste, de manière à ne provoquer aucun trouble et à ne pas violer la pudeur.

En Inde, au sein des castes les plus élevées, une culture sexuelle de groupe s'est également développée. L'érotisme était même une façon d'exprimer le triomphalisme de quelques-unes des cours les plus puissantes, comme celles des Chandela ou des Pallava. C'est dans ce contexte qu'est apparu le *Kama-sutra*, qui avait pour but de codifier l'art d'aimer. Il décrit les six plaisirs auxiliaires qui mènent au rapport sexuel, les douze modes de l'étreinte, les huit façons de griffer et les quatre formes de caresses, mais cette volupté vise toujours l'union cosmique entre hommes et femmes.

Et dans la culture méditerranéenne ? Dans la Grèce antique, nous trouvons le culte de Dionysos, qui utilise sa puissance divine pour transgresser avec l'aide du vin et des femmes. Pour célébrer ce dieu, on organisait des *dionysies*, longues processions au cours desquelles on exposait une grande statue de forme phallique. Durant les dionysies, le peuple participait à des jeux physiques et des rencontres intimes que nous décririons, aujourd'hui, comme des « orgies ». Mais en faisant un grand saut dans l'histoire, nous découvrons qu'aujourd'hui encore, il existe parmi nous un sens dionysiaque de la vie, que le sociologue Michel Maffesoli nomme l'« ombre de Dionysos [1] ». Dans la société moderne, Dionysos représente quelque chose de très semblable au Ça freudien, au chaos originaire avant la séparation des deux esprits jumeaux Eros et Thanatos, l'amour et la mort. C'est l'impulsion contre la norme, le polythéisme opposé au monothéisme, la passion opposée à la raison, le mélange à la monogamie. C'est donc l'ombre de Dionysos qu'il faut entrevoir dans l'énergie vitale, forte et contradictoire, qui meut notre société et notre histoire. Une énergie qui se nourrit du « faire ensemble », du sentiment de communion, de la collectivité. Tel est d'ailleurs le sens du mot « orgie » : c'est un groupe qui repose, érotiquement, sur cette énergie vitale. Dans la dynamique sociale du nouveau millénaire, l'individu n'incarne plus un rôle ou une fonction déterminée, mais plusieurs rôles, et il se dissout théâtralement et « orgiaquement » dans le groupe.

ORGIE SUR LA PLANÈTE TERRE

En 1959 déjà, Federico Fellini mettait en scène, dans *La Dolce Vita*, une partouze se déroulant dans une villa de Fregene et où s'entremêlait le ballet de deux travestis et d'une blonde droguée utilisée comme monture [2]. Comment le sexe de groupe, autrefois divin, s'est-il donc transformé en orgie terrestre ? Et, surtout, quel effet cela fait-il d'y participer ? Voici un témoignage direct, celui d'un journaliste qui raconte sa soirée dans un club privé anonyme.

« “Non, les garçons, pas de rapports anaux”, dit une jeune femme enfourchée d'un ton décidé. Alors, il y a encore une loi. Dans cet enchevêtrement de corps en sueur

– dont le mien – on est content d'entendre certaines phrases. Il existe donc encore une limite, qui sera peut-être transgressée la prochaine fois. Mais pour le moment, les circonstances ne se prêtent guère à la réflexion : dans le noir, je touche et j'effleure tantôt un sein, tantôt une verge ou encore un dos brûlant. À qui est ce pied ? Certainement pas à cette jeune femme qui porte encore des bottes à talons hauts ! J'ai failli me prendre un sacré coup, elle pourrait bien les enlever ! Mais c'est comme dans les films porno, les putes n'enlèvent jamais leurs chaussures. La phrase a donc été prononcée avec fermeté. Et la femme a occupé les deux hommes pendant vingt bonnes minutes, en jouissant vraiment. Je le sais parce que je l'ai léchée. Le premier a été rapide, mais avec le second, ça a été du délire : elle a répondu à ses coups de boutoir en le chevauchant avec fougue, en s'empalant quasiment sur ce gros mât dressé. L'autre femme a voulu être mieux traitée mais à la fin, elle aussi a dû encaisser des coups directs. Et elle en prend encore d'un autre. Les femmes sont au nombre de deux, mais les hommes, combien sont-ils ? Dans l'obscurité de ce grand lit, je suis sûr d'en distinguer quatre. Et il y a aussi ceux qui regardent, immobiles. Il y en a plein pour chaque femme. Comme toujours, le gérant a fait entrer davantage d'hommes seuls, plus ceux dont on comprend très bien que si on les laisse à la porte, ils ficheront la baraque en l'air. C'est que quand on travaille dans le sexe, on a forcément affaire, un jour ou l'autre, à des délinquants, et cette nuit, ici, un romancier trouverait bien quelque personnage secondaire pour une scène d'ambiance. Parlons justement de la boîte. Des reproductions de tableaux de maîtres, beaucoup de luxe factice, des bustes romains et autres raffinements. Au bar, ils servent le whisky dans des verres en plastique – que l'on ne vienne pas me dire que c'est pour des raisons d'hygiène ! J'ai distribué des préservatifs, j'ai été fouetté et j'ai à moitié tiré mon coup ; mais j'ai aussi vu lécher des couilles et sucer des bites, au milieu de la sueur et de paires de fesses. J'ai embrassé sur la bouche des gens dont je ne connais même pas le nom, j'ai caressé des dos au petit bonheur. Dans la grande pièce, nous avons droit à un spectacle érotique. Le minable animateur habituel est aux claviers, les lampes sont basses et rouges ; on a pu assister à un strip-tease hyperclassique, avec voiles et autres vêtements absurdes, et une femme s'est fait déshabiller par l'hôtesse de la boîte, genre plutôt vulgaire, mais sensuelle. Robe longue, slip en dentelle et cuissardes, tout comme une autre jeune femme blonde à l'accent très curieux et aux seins siliconés. Vous avez déjà pétri les seins d'une femme siliconée ? On croirait presser deux boules en caoutchouc. Des boules ! Et quand on dit que le public participe aussi, voici ce qu'il en est : des spectateurs se promènent en laisse en aboyant, les cravates servent à comprimer les boules, le tout dans une odeur de transpiration digne d'une chambrée de caserne. Je me suis quand même amusé, jusqu'à ce que ce soit mon tour. Inutile de se mettre tout au fond, dans ce genre de boîte, aucun fauteuil n'est à l'abri. Ce que j'ai fait, moi ? Ne me le demandez pas. Toujours moins que ce qu'ils voulaient me faire, à moi. Et les fameux couples échangistes ? Cette nuit, il n'y en a pas un seul, bien qu'on soit vendredi. Au bar, en attendant justement qu'il arrive des couples, d'autres clients m'ont raconté des tas d'histoires. La plus connue est celle de la jeune blonde allemande que son vieux mari a amenée en Mercedes, qui a choisi une série d'hommes différents et s'en est envoyé au moins six comme ça. Après, elle s'est lavée, est remontée en voiture et son mari a tout simplement démarré. Mignon, non ? J'ai dû l'entendre au moins cinq fois dans ma vie, et ça se passait chaque fois dans une boîte différente. Qu'il s'agisse d'une légende ou d'un fait authentique, l'histoire se prête à être racontée chaque fois avec des détails nouveaux et piquants. À moins que ce ne soit la trame d'un porno ? »

POUR S'AMUSER OU PAR SOLITUDE ?

Ce récit en direct d'une orgie « terrestre » chaotique peut paraître plutôt amusant, mais la sexualité de groupe n'est pas toujours aussi joyeuse. Même si elle semble faire partie des perversions préférées. En effet, dans le sondage que j'ai effectué sur mon site, la sexualité de groupe vient, en effet, en première position, avant l'échangisme, l'homosexualité « expérimentale » et le sexe virtuel. Elle n'est pourtant pas dépourvue de risques et d'implications psychologiques négatives, comme l'a illustré l'un des plus grands metteurs en scène de l'histoire, Stanley Kubrick. Dans le dernier film qu'il a tourné avant de mourir, *Eyes Wide Shut*, il a montré à quel point la sexualité de groupe pouvait être préjudiciable au couple[3]. Dans le film d'abord, puis dans la vie privée, car les deux acteurs, Tom Cruise et Nicole Kidman, ont été frappés dans leur intimité et dans le fonctionnement secret de leur couple. Quelques mois après, ils ont divorcé.

Je pense aussi à Sylvie, une femme de 34 ans très envahissante. Elle entre dans mon cabinet sans frapper, en se plaignant tout de suite des hommes qui, dit-elle, l'ennuient. La semaine dernière, elle en a connu un au marché, qu'elle a invité à prendre le thé chez elle, mais, ensuite, il lui a fait des avances. Bizarre, non ? Certes, Sylvie a tout à fait le droit de dire non, mais elle joue un jeu de séduction pour le moins ambigu. Avec l'ingénuité caractéristique des personnalités hystériques qui nient leur besoin de séduire, elle est convaincue que les hommes ne pensent qu'à « ça ». Depuis qu'elle est petite, sa mère et sa tante lui ont répété que le sexe ne crée que des problèmes. Elle se souvient d'un épisode qui s'est passé alors qu'elle avait 14 ans : pour aller au carnaval, elle s'était déguisée et avait mis du rouge à lèvres, et sa mère l'a tout de suite accusée de se conduire en putain. Depuis, elle a gardé une attitude ambivalente à l'égard de la sexualité. Dès son jeune âge, elle a eu des fantasmes érotiques excitants dans lesquels elle imaginait qu'elle était une courtisane. Mais dans le même temps, elle se bouchait les oreilles, à l'école, pendant les cours d'éducation sexuelle... Sylvie a mal vécu les transformations physiques de l'adolescence, elle n'aime pas qu'on la voie dévêtue, ni même regarder le sexe d'un homme, qu'elle trouve « animal ». Après une tentative manquée d'autoérotisme, à 18 ans, l'inhibition prend le dessus. Jusqu'à 23 ans, elle n'a pas le moindre flirt. Elle a les cheveux courts, porte tout le temps des jeans, et dans la rue et les magasins, on la prend pour un homme. Elle prolonge cette phase de répression en rejoignant une secte religieuse au sein de laquelle la chasteté est de rigueur. À 25 ans, cependant, le « couvercle » que Sylvie a mis sur son eros commence à sauter. Elle commence à « sentir » sur elle les regards des hommes et se rend compte qu'elle est attirante. Lors d'un voyage dans le Midi, elle se laisse embrasser et caresser par un garçon qu'elle connaît à peine. À 26 ans, elle fait pour la première fois l'amour avec un homme divorcé qui a trente ans de plus qu'elle. À 32 ans, elle revient à l'autoérotisme et atteint pour la première fois l'orgasme. Puis, à 34, elle a une aventure avec son chef. Elle résiste un peu, se dérobe : pour toute réponse, il la repousse et la licencie. Maintenant, elle n'a plus de travail. Elle va plus fréquemment à son club de gym, où le directeur lui propose des massages qui se finissent en rapport sexuel. Sans doute Sylvie alterne-t-elle des attitudes envahissantes et séductrices, envoyant des messages ambigus aux hommes avec qui elle a des relations professionnelles et avec qui elle couche ensuite, mais dans la « culpabilité ». Ces derniers temps, elle fréquente des boîtes où l'on pratique la sexualité de groupe. Elle s'y trouve bien, tant qu'elle n'écoute ni son cœur ni sa tête... Sinon, elle doit immédiatement se sauver.

Si l'on analyse l'histoire de Sylvie, on voit que cette femme a subi, dans un premier temps, une forte répression sexuelle. Elle a cherché à la renforcer dans un contexte religieux, en entrant dans une secte, mais peu à peu les freins ont lâché et une période de désinhibition a commencé. Ces cinq dernières années, Sylvie a eu une vie sexuelle active, mais ni stable ni satisfaisante. Elle est angoissée par les excès érotiques qu'elle sent en elle et qu'elle vit comme des pulsions diaboliques. Les risques qu'elle encourt sont au minimum au nombre de trois :

1. *La mythomanie*, typique des personnalités hystériques ayant une gestion érotisée et en même temps inhibée des relations humaines. Cela risque de lui créer des problèmes dans ses rapports humains et professionnels. D'ailleurs, Sylvie n'a pas de compagnon et, surtout, pas de travail.

2. *La nymphomanie*. Ses impulsions sexuelles pourraient l'amener à avoir des comportements transgressifs, mus par l'urgence, dans un anonymat émotionnel relatif. Cela renforcerait chez elle l'idée que la sexualité est quelque chose de négatif et la renverrait aux préjugés maternels.

3. *La prostitution*, que l'on ne peut malheureusement pas exclure : chômeuse, déprimée et déçue, Sylvie pourrait décider de tirer parti du sexe au moins pour survivre.

Pour lui permettre d'éviter une telle évolution, nous lui avons proposé un travail psychologique fondé sur la métaphore du fleuve : durant toute la première partie de sa vie, il n'y a eu que de grandes berges qui faisaient obstacle ; maintenant, il n'y a plus qu'un fleuve en crue et la thérapie doit aider à canaliser le courant.

VOYEURISME, EXHIBITIONNISME, ET SURTOUT NARCISSISME

Il y a quelques années, je suis allé en Californie, où j'ai emmené trente médecins et psychologues suivre un cours de perfectionnement. Dans un ranch, à Lafayette, près de San Francisco, nous avons loué pour un après-midi une grande salle où nous suivions des leçons d'un massage – non érotique – dit « californien ». Mais nous avons dû quitter la salle avant dix-huit heures, parce qu'elle était réservée pour une soirée de sexualité de groupe. En regardant autour de nous, j'ai repéré les détails du « décor » érotique. Outre les matelas disposés par terre, il y avait deux canadiennes pour ceux qui souhaitaient un peu d'intimité, des galeries pour ceux qui voulaient observer, et même une loge spéciale pour ceux que cela excitait de faire l'amour dans une tombe. Bizarre ? Pas tant que cela : la sexualité de groupe réunit des ingrédients psychologiques très forts, car elle permet de réaliser tant son voyeurisme que son exhibitionnisme. Et chez certaines personnes, de satisfaire des pulsions homosexuelles, au moins visuelles.

Parfois, la pulsion sous-jacente est une pulsion « masochiste », comme c'est le cas, selon moi, dans le livre à scandale *La Vie sexuelle de Catherie M.*, où Catherine est, au cours des innombrables partouzes décrites, la seule femme avec une foule d'hommes qui la pénètrent de toutes les façons possibles[4]. On retrouve cette même pulsion masochiste dans un des livres cultes de la littérature érotique, *Histoire d'O*[5], où la protagoniste est fouettée, puis offerte par son amant, René, à d'autres hommes.

Il faut être clair : dans l'amour de groupe, les objectifs sont « narcissiques », ce qui signifie que l'intérêt pour le couple diminue peu à peu. En effet, la relation de couple implique un échange réciproque, ainsi qu'un engagement mutuel en vue de garantir le plus grand plaisir à tous les deux. Je pense qu'à l'inverse, les personnes qui aiment la sexualité de groupe satisfont davantage leurs fantasmes inconscients que leur partenaire.

Très souvent, les couples qui ont participé ponctuellement à de telles « variantes en groupe » signalent un sentiment de solitude, et d'exclusion. C'est, du moins, ce que rapporte l'anthropologue américain Gilbert Bartell, qui a interrogé 280 personnes ayant expérimenté cette pratique[6]. De nombreux hommes ont déclaré se sentir exclus parce que la sexualité de groupe les désavantageait. Au départ, les femmes éprouvent de la pudeur, mais, ensuite, souvent poussées par leur compagnon, elles se lancent à corps perdu dans ces expériences nouvelles. Et les hommes, qui ont appris à contrôler leur jalousie vis-à-vis des autres, se retrouvent rongés par l'envie. Parce que, alors que ce sont eux qui ont « dirigé la musique », quand ils décident de partir, ils ne peuvent pas le faire : quand les partenaires masculins n'en peuvent plus, les femmes veulent rester pour se donner du plaisir les unes aux autres.

Enfin, il y a la sexualité de groupe mise en scène, comme un show de Las Vegas. Tel semble être, en tout cas, le quotidien de harem de Hugh Hefner, le plus tout jeune fondateur de l'empire Playboy qui, en dépit de son âge, et grâce à de fortes doses de Viagra, raconte avec fierté sa vie domestique. Polygame impénitent, il vit dans un vaste manoir de Los Angeles avec sept blondes (plus une poupée en caoutchouc grandeur nature qui a l'apparence de son ex-femme). Chacune des blondes a sa chambre, mais il est plus agréable de faire l'amour ensemble, indique Hefner. C'est qu'il a une réputation à défendre !

SOUS LE SIGNE DE DIONYSOS

Michel a 35 ans, un divorce à son actif – réglé en toute civilité – et une carrière prometteuse de courtier dans une grande banque d'affaires. Il mène donc une vie satisfaisante ? Eh bien non. En effet, il a perdu la hargne et la passion qui l'ont animé au cours de ses premières années de carrière et de vie conjugale, il n'a plus envie de se mettre en jeu, parce qu'il ne sent plus vibrer d'énergie vitale autour de lui. Jusqu'au jour où il rencontre Laurent, un marchand d'art aux penchants sexuels ambigus qui l'initie à la sexualité orgiaque. La « première fois » de Michel a lieu lors d'une fête, sous l'effet de la cocaïne prise en compagnie de Laurent et de ses amis. Quand, le lendemain, il commence à réfléchir à ce qui s'est passé, il se rend compte qu'il ne peut rationaliser l'expérience qu'il a vécue. Il sent néanmoins en lui une force primitive et primordiale qui le pousse à chercher de nouveau la sexualité de groupe. En quelques mois, il semble renaître : il quitte son travail à la banque et devient, en peu de temps, un marchand d'art apprécié et demandé. Dans son cas, la partouze n'a pas été vécue seulement comme une « variante » érotique, mais comme un moyen d'évoluer et de s'enrichir. Dans cette sexualité collective, Michel a découvert un profond lien symbolique avec lui-même et les autres qui s'est transformé en effervescence, en capacité d'innover et d'expérimenter quelque chose de différent tant dans le domaine public que privé.

Tout comme le dieu Dionysos, l'expérience orgiaque a de nombreux visages et de nombreuses facettes bien définies dont chacune offre une lecture et une interprétation très différentes. Prenons l'histoire de Raphaëlle. Cette femme de 31 ans a un patrimoine qui lui permet de travailler comme journaliste free-lance pour une prestigieuse revue de mode, et une véritable collection d'ex : des ex-fiancés, des ex-amants, des ex-camarades d'école pour qui elle éprouve une grande passion. Raphaëlle, qui refuse une relation stable avec un homme, invite de temps en temps chez elle un de ses ex-amants et, sous le prétexte de bavarder et de se rappeler le bon vieux temps, à la fin de la soirée, elle l'entraîne dans son lit. Au fil des ans, cette habitude lui a permis de mettre des verrous à sa vie sentimentale et de rester accrochée à un groupe dont les membres ignorent d'ailleurs faire partie.

Jusqu'au jour où pour défier sa meilleure amie, Raphaëlle décide d'organiser une rencontre-surprise avec cinq de ses ex préférés : elle les invite tous chez elle, sans leur expliquer qui seront les autres hôtes. Cette soirée inattendue est réussie, si ce n'est qu'au lieu d'être une simple occasion de discuter en amis, elle tourne en une partouze que Raphaëlle ne subit nullement, mais dont elle est, au contraire, la protagoniste : elle guide et met à l'aise les partenaires de cette aventure érotique inédite et, pour cette raison, électrisante. Le lendemain, elle réalise ce qui s'est passé et se sent profondément gênée d'avoir bafoué les valeurs catholiques qui lui ont été inculquées.

Cette partouze impromptue restera une expérience unique dans sa vie mais, surtout, elle marquera un tournant : elle lui ouvrira la voie de la monogamie, non seulement sexuelle, mais aussi sentimentale. En effet, cette soirée hard, qui lui a bien plu, parce qu'elle était partagée avec un groupe d'ex fiables, lui a aussi permis de libérer une grande charge d'énergie qui l'a fait sortir du cocon primitif d'ex-fiancés au sein duquel elle s'était réfugiée et qui l'empêchait de vivre et d'aimer vraiment. Cette expression d'une grande passion longtemps endormie a été dans le même temps une expérience d'extase et de catharsis. Et, surtout, d'affranchissement et de joie : la rencontre des autres et la fusion avec eux lui ont fait prendre conscience d'elle-même. Dans ce cas, l'expérience en groupe ne doit pas être vue comme perverse mais comme positive, comme une sorte de laissez-passer qui a mené cette femme vers la libération de ce qu'il y avait de plus énergique et de plus explosif en elle.

CHAPITRE XI

La prison du sexe

Une femme écrit : « Je suis mariée depuis douze ans avec un maniaque sexuel qui veut faire l'amour à tous les moments de la journée, par exemple quand je fais la vaisselle, la lessive, la cuisine et... excusez mon écriture saccadée... » Vous avez peut-être déjà ri en lisant cette histoire qui a circulé sur Internet. Si je l'ai choisie, c'est pour introduire, en dédramatisant, le chapitre consacré à la pathologie que constitue la dépendance sexuelle. Ces dernières années, les mass-médias se sont beaucoup occupés de l'excès de désir, surtout à la suite des confidences surprenantes – le plus souvent suivies d'un démenti – de quelques célébrités du show-biz. Quelques noms ? La star de cinéma Michael Douglas ou le top model Kate Moss, qui ne seraient sortis de la *sexual addiction* que grâce à des cures dans des cliniques spécialisées. Le problème a tout de suite fait grand bruit aux États-Unis et plus récemment, il a aussi attiré l'attention de l'opinion publique européenne.

Pourtant, la dépendance sexuelle, entendue comme une compulsion à avoir des rapports sexuels, a été découverte dès 1886 par Richard von Kraff-Ebing. Dans son livre *Psychopathia Sexualis*, il la décrit comme une situation où l'appétit sexuel du sujet s'est développé de manière anormale, « au point d'impliquer toutes ses pensées et sensations et de ne lui permettre d'avoir aucun autre objectif dans la vie [1] ». Plus récemment, on a parlé de « désir sexuel hyperactif », de « compulsion sexuelle [2] », d'« impulsivité sexuelle [3] » et, enfin, de « dépendance sexuelle [4] ». Pour certains psychanalystes, comme Otto Fenichel [5], la *sexual addiction* serait à comprendre comme un moyen de défense contre des émotions intolérables. La sexualité ne servirait pas seulement à atteindre le plaisir, mais aussi à libérer l'individu d'un état de tension douloureux et angoissant. En général, l'origine de ces attitudes compulsives réside, comme pour toutes les autres formes de dépendance, dans l'absence de rapport d'empathie avec ses parents, dont l'inévitable conséquence est la rupture du sens de soi et l'émergence de « produits de désintégration » que l'on cherche à soulager à travers la dépendance de certains produits, une sexualité compulsive ou des comportements d'autoagression. Comme l'ont écrit M. Tolpin et H. Kohut, « comme toutes les dépendances, l'impulsivité sexuelle a aussi pour fonction de compenser une défaillance du Moi, de la masquer ou de la combler grâce à une activité frénétique et répétitive [6] ».

LA DÉPENDANCE SEXUELLE EXISTE-T-ELLE VRAIMENT ?

Cette question n'a rien de rhétorique. Certains pourraient objecter qu'en réalité, la *sexual addiction* n'existe pas et n'est qu'une étiquette posée sur des comportements déviants par rapport aux normes sociales. C'est l'opinion, par exemple, de M.P. Levine et R.R. Troiden[7], pour qui « la dépendance sexuelle et la compulsion sexuelle représentent des codifications pseudoscientifiques de valeurs érotiques établies dans notre société, et non de véritables entités cliniques ». Pour ces deux chercheurs, les troubles psychosexuels seraient à voir comme des constructions sociales renvoyant à des modèles sexuels divergents par rapport aux standards culturels dominants. Pour d'autres comme Adès et Lejoyeux[8], la compulsivité sexuelle serait fille de la publicité, selon laquelle « le plaisir immédiat se trouve sous la main de celui qui le cherche ». La *sexual addiction* fait donc partie des nouvelles dépendances, comme les jeux de hasard (la passion de la roulette, du poker vidéo ou du Loto), ou les achats compulsifs dans les magasins (la « shoppingmania », trouble féminin).

Ce point de vue fait bien apparaître que les notions de sexualité contrôlée et non contrôlée sont des inventions culturelles d'une société donnée à un moment donné. Ces concepts peuvent donc varier en fonction de la période ou de la société considérée et s'établissent lorsqu'un certain comportement sexuel peut être considéré comme « normal » ou, au contraire, « anormal ». C'est ainsi qu'aux États-Unis, les catégories de dysfonctionnements sexuels ont été créées en considération de l'adhésion ou non aux codes de l'éros prévalents à un moment précis[9]. Ainsi, les années 1950 ont été placées sous le signe du « code reproductif », inspiré de la tradition judéo-chrétienne, laquelle considérait la sexualité comme sale et coupable si elle n'était pas pratiquée dans le cadre du mariage à des fins de reproduction. Les rapports sexuels occasionnels ou fréquents étaient vus comme pathologiques, car ils constituaient un symptôme de perte de contrôle. En 1952, dans la première édition du DSM, le *Manuel diagnostique et statistique des troubles mentaux*, la masturbation, la fellation, le cunnilingus, l'homosexualité et la sexualité de groupe étaient d'ailleurs classés comme des formes de maladies mentales. Certains psychiatres mettaient la prostitution et l'avortement dans le même sac. C'est au cours de cette période que l'on a vu surgir des pathologies comme le don-juanisme et la nymphomanie.

Après 68, et tout au long des années 1970, les jeunes ont abandonné l'optique reproductive pour adopter un « code relationnel » ou, mieux encore, un « code hédoniste », plus libre puisqu'il ne rejetait au-delà de la norme que les rapports non consensuels. La crise du code reproductif a donné à chacun la possibilité de gérer ses valeurs sexuelles de façon autonome. Durant cette période, le terrain socioculturel s'est radicalement modifié, ce qui a entraîné un changement des concepts de normalité et de déviance. Toute une génération d'hommes et de femmes s'est sentie, pour la première fois, protagoniste d'une véritable révolution sexuelle. Et du même coup, elle s'est trouvée en droit de faire des expériences érotiques qui incluaient des aventures hors mariage, des rencontres sans lendemain, des échanges, le libre accès à la pornographie, des relations homosexuelles, etc. Les progrès dans le domaine de la contraception, la légalisation de l'avortement et la découverte d'antibiotiques contre les maladies sexuellement transmissibles ont favorisé ce climat permissif. Du fait de cette évolution, le sexe hors mariage et les rapports sexuels sans finalité procréatrice n'ont plus été considérés comme des formes de trouble psychosexuel, et la masturbation, la fellation, le cunnilingus et l'homosexualité ont peu à peu été « effacés » des éditions ultérieures du DSM. À l'inverse, on a vu apparaître les premiers signes de crises de l'éros, et des manifestations d'anorgasmie, d'inhibition du désir, de troubles de l'érection et de l'éjaculation.

Nous arrivons alors au début des années 1980. De nouveaux spectres surgissent : le sida, l'extension de l'herpès génital et celle de l'hépatite B. S'amorce alors un retour à des relations sexuelles fondées sur la confiance et sur l'adhésion à un code strictement relationnel, selon lequel le sexe est un instrument permettant d'intensifier les émotions et l'intimité, mais n'allant pas jusqu'à inclure une liberté « légalisée » en dehors de la relation choisie comme importante et solide. La confiance devient ainsi l'élément de base de l'intimité sexuelle. L'est-elle encore aujourd'hui ?

LE PROFIL DES DROGUÉS DU SEXE

Comment définir les « compulsifs sexuels » ? Il s'agit de personnes qui ont des activités sexuelles très fréquentes et qui, souvent, réussissent à avoir plusieurs orgasmes par jour. Ce sont des individus de sexe masculin, âgés entre 20 et 40 ans, et obsédés par des sensations et des fantasmes érotiques, ce qui, en général, interfère avec leur travail et leur crée de sérieux problèmes relationnels. La fréquence de leur activité sexuelle est maximale entre 20 et 30 ans et tend à diminuer avec le temps. Le dépendant sexuel typique est une sorte de Docteur Jekyll et Mister Hyde. Il a la trentaine, des diplômes, un bon revenu, une femme ou, au moins, une relation sentimentale stable. Bref, il est insoupçonnable. Il veille généralement à se faire voir sous son meilleur jour grâce à un mécanisme classique de dissimulation qui lui permet de masquer les aspects déplaisants et socialement inacceptables de sa personnalité. À noter toutefois : les drogués du sexe sont beaucoup plus anxieux et bien plus déprimés que la moyenne de la population.

En réalité, ce qui différencie ces personnes de ceux qui ont simplement la chance d'avoir un gros appétit sexuel, mais maîtrisé, c'est l'aspect compulsif et forcé de leurs désirs, qui trouble leur autocontrôle au point de les pousser à des initiatives et des activités érotiques continues, à commettre des violences sexuelles au travail, à avoir des relations avec des prostituées, à utiliser du matériel pornographique, etc. Même lorsqu'ils sont conscients de courir le risque de perdre leur travail, leur partenaire ou, s'ils ont des rapports non protégés, leur vie.

Ainsi Pierre, universitaire de 45 ans, se plaignait du manque d'initiative de sa femme dans l'intimité. C'est pour cela, disait-il, qu'il avait besoin de fréquenter les prostituées. Pourtant, quand sa femme est devenue plus disponible, il n'a jamais changé ses habitudes, alors même qu'il savait qu'il mettait en danger son mariage et sa santé. Il y avait en lui, m'expliquait-il, quelque chose d'irrationnel, quelque chose qui l'incitait, malgré lui, à payer pour faire l'amour. Et de plus en plus.

Ainsi, il existerait une « poussée » irrationnelle, ingouvernable, quelque chose qui rendrait ces hommes « insatiables ». Mais est-ce vraiment l'adjectif qui convient ? En effet, n'importe qui peut être insatiable, au début d'une passion dévorante. Souvent, on traverse une phase au cours de laquelle on se sent dominé par un désir « insatiable » envers l'être aimé. Mais ce n'est pas pour autant de la dépendance, car dans un tel cas, le désir n'est pas généralisé, mais lié à une personne donnée. Qui plus est, on peut aussi définir comme « insatiables » les hommes qui ont seulement une pulsion sexuelle forte, certes, mais normale, qui sont le plus souvent satisfaits après un ou deux orgasmes dans le cadre d'une relation unique et qui n'ont, par ailleurs, aucun mal à contrôler leurs impulsions érotiques.

Les drogués du sexe, eux, souffrent de leurs compulsions. Comme Antoine, 36 ans, qui m'écrit qu'il est obsédé par le sexe féminin. Chaque fois qu'il voit une femme, il fantasme au sujet de son vagin : il l'imagine, le voit dans tous ses détails... Pourtant, il est marié et il a une maîtresse. Cela me rappelle l'étrange requête d'un joueur de basket qui m'a téléphoné pour savoir comment faire réduire son pénis qui mesure actuellement vingt-six centimètres. Il affirme être dépendant du sexe et ne plus vouloir trahir sa fiancée. Et il allait jusqu'à envisager une sorte de castration chirurgicale. Il ne s'est toutefois jamais présenté à notre rendez-vous.

Pervers ou dépendant ?

Les personnes qui souffrent de *sexual addiction* ne sont pas forcément perverses. Certes, certaines d'entre elles présentent aussi une perversion, mais d'autres ont un comportement érotique absolument normal, en dehors de la question de la fréquence. Quelques études ont montré que ceux qui adoptent des comportements sexuels pervers ont en général une impulsivité exacerbée, qu'ils ont subi davantage d'abus sexuels, ont un niveau d'instruction moins élevé et qu'ils sont plus souvent que la moyenne chômeurs ou handicapés. Entendons-nous : les problèmes sociaux rencontrés vont de pair avec de plus grands troubles du contrôle des impulsions ; ils ne sont en aucune façon liés à une plus grande propension à développer des perversions, et la distinction est importante. De l'autre côté, il a été largement mis en évidence que le milieu d'origine du drogué du sexe est caractérisé par une présence plus fréquente de troubles liés à des dépendances comme l'alcoolisme, la boulimie, l'anorexie, la toxicomanie et le jeu pathologique [10].

En réalité, l'impulsivité sexuelle est souvent activée par une situation perverse. Ainsi, un célèbre psychiatre qui, durant ses séances, pratiquait l'hypnose, ne pouvait s'empêcher de glisser son pénis dans la bouche de ses patientes endormies, ce qui lui vaut d'avoir plusieurs poursuites judiciaires en cours. Certains pédophiles sont tellement prisonniers de leur obsession qu'ils peuvent transgresser la loi. D'autres satisfont des pulsions partielles, par exemple de type sadomasochiste.

Peut-on mesurer la dépendance sexuelle ?

Nous l'avons dit, le dépendant sexuel type est un homme d'une trentaine d'années. Très peu de femmes, donc, souffrent de *sexual addiction.* Mais il y en a. De nombreuses études américaines le confirment, de même que les résultats de recherches effectuées en Europe. En effet, il existe désormais un outil permettant de « mesurer » la tendance à la dépendance sexuelle. Il s'agit du « Sexual Addiction Screening Test » (MSAST), de Patrick J. Carnes (voir : www.willypasini.it). Je l'ai reproduit, légèrement modifié, en annexe pour ceux, et celles, qui souhaitent le consulter.

Mais revenons-en aux résultats des études et aux différences entre hommes et femmes. Premier chiffre : 6,2 %

des sujets qui ont répondu au Sexual Addiction Screening Test présentent une perte de contrôle de leur comportement sexuel. Cette perte n'est pas particulièrement grave, mais elle est suffisante pour que l'on puisse leur conseiller « des examens cliniques supplémentaires [11] ». Les données obtenues sur mon site confirment cette tendance. Sur 239 personnes qui ont répondu au test, 49,37 % doivent être considérées comme normales, contre 41,42 % qui ont un comportement érotique limite, entre normalité et propension à voir la sexualité comme un moyen de calmer leur anxiété. Chez 9,21 % d'entre eux, le comportement sexuel risque de devenir incontrôlable, et donc pathologique. Et les différences entre les femmes et les hommes que nous évoquions ? Tout d'abord, les femmes sont plus nombreuses à voir le sexe comme un remède contre l'anxiété (24,63 % contre 16,79 % des hommes). Plus important, seules 2,9 % d'entre elles ont un comportement sexuel risquant de devenir incontrôlable (et nécessitant une consultation auprès d'un sexologue), alors que les hommes sont bien plus nombreux, avec une proportion de 5,97 %. Ces résultats correspondent tout à fait à ceux qu'a obtenus Carnes aux États-Unis [12].

Globalement, il apparaît que ces femmes sont plus sensibles à l'anxiété, à la dépression, à l'obsessionalité, mais, contrairement aux hommes qui ont répondu aux mêmes tests de mesure, on ne trouve chez elles aucune corrélation avec le psychotisme défini comme une tendance à suivre ses impulsions agressives. Cela permet de mieux cerner une différence fondamentale entre les sexes : les hommes semblent avoir, plus fréquemment que les femmes, outre des compulsions sexuelles, des comportements sexuels pervers. Les divergences statistiques pourraient être attribuées au plus ou moins grand poids accordé à la fréquence des rapports sexuels et à l'agressivité chez les hommes et chez les femmes[13]. En effet, les droguées du sexe au féminin sont plus portées sur des comportements extrêmement séducteurs, des activités voyeuristes et les rencontres avec des inconnus. Elles ont très souvent des fantasmes érotiques et adoptent très rarement des comportements sexuels intrusifs ou agressifs. Si la *sexual addiction* frappe donc à la fois des hommes et des femmes, chez les femmes, elle se manifeste à travers des comportements sexuels plus passifs et moins violents.

Ainsi, les femmes peuvent, elles aussi, être « insatiables » ? Ce n'est pas un hasard si dernièrement, les magazines féminins ont commencé à parler d'« addiction sexuelle ». Après avoir assisté à plusieurs séances d'un groupe d'entraide de droguées du sexe, une journaliste a livré leurs témoignages[14]. Il en ressort que ce sont des femmes qui ont tout essayé – des clubs privés le samedi soir aux rencontres occasionnelles et répétées. « À la fin, dit l'une d'elles, j'avais un type par jour... Celui de la salle de gym, un collègue de bureau, un inconnu au bar d'en bas de chez moi... » Et toutes ces dames sont d'accord sur un point : aujourd'hui, avec Internet, la dépendance sexuelle aussi est beaucoup plus « facile ».

Quelquefois, ces femmes ne sont pas tant dépendantes qu'impulsives. C'est le cas, par exemple, de Juliette. Elle a 30 ans et est en plein divorce, ce qui n'est pas la première fois. Elle s'est mariée à 20 ans avec un Anglais très épris d'elle mais, surtout, de body-building. Il passait une bonne partie de ses soirées à la salle de gym, et tant qu'elle l'a accompagné, leur histoire a continué. Quand elle n'a plus tenu la cadence, leur couple en a pâti. Premier divorce, donc. Ensuite, Juliette a vécu, à 24 ans, une autre grande passion, cette fois avec un détective privé, un costaud, rencontré à l'aéroport, avec lequel elle a entamé une histoire d'amour frénétique, scandée par de nombreux voyages et au moins trois rapports sexuels par jour. Cette relation a pris fin brutalement, car un beau jour, il lui a révélé qu'il travaillait pour les services secrets et il a tout à coup disparu... Quelques mois plus tard, Juliette rencontre un autre homme totalement différent, René, qui lui offre enfin une apparente sérénité. Ils ont un fils, se marient, mais dès le début, leur sexualité est difficile. Au bout de quelques années, ils se séparent et c'est ainsi que Juliette se retrouve aujourd'hui de nouveau en instance de divorce.

Elle s'est cependant remise à rêver, parce qu'elle a de nouveau rencontré son « type idéal » : l'aventurier musclé. Il s'agit de Simon, qui travaille dans un bureau proche du sien et qu'elle croise souvent dans la rue. Attirée par son torse puissant et velu, qu'il exhibe sous des chemises largement ouvertes, elle l'a approché sous un prétexte quelconque et lui fait désormais une cour acharnée. Simon est réticent, parce qu'il a peur des femmes et, surtout, de s'engager dans une relation importante. Un jour, alors qu'ils étaient en voiture, elle l'a caressé et ils ont fait l'amour avec fougue. Mais après, Simon a de nouveau pris le large, disant qu'il n'était pas prêt à s'engager.

Juliette, déçue et inquiète, se demande ce qu'elle doit faire. Je crois qu'elle devrait réfléchir davantage à elle-même, à ses difficultés à établir une juste distance avec les hommes. Elle a tendance à mettre en place des relations trop intenses, trop passionnelles et trop désinhibées par rapport à ce qu'elle est réellement en mesure de supporter. Seule une personne sûre d'elle et considérant la passion sexuelle comme un aspect prioritaire de sa vie peut suivre son impulsion et vivre d'une façon aussi « sauvage ». Le problème de Juliette est qu'elle finit toujours par être perdante. Elle se retrouve, à 30 ans, avec tout un « cimetière » de sportifs qui l'ont séduite, usée, et remisée. Certes, elle a tiré de ces relations de grandes satisfactions sexuelles, mais sur le plan émotionnel, elle est mélancolique et seule.

Une des causes possibles de l'impulsivité érotique de Juliette réside dans son passé et dans une famille trop transparente où son père lui racontait sa difficile intimité avec sa mère. Du coup, il lui manque une pudeur intergénérationnelle qui n'est pas une froide inhibition, mais une juste distance. Et cette situation à la fois excitante et frustrante se répète dans les rapports qu'elle a avec les hommes. Son apparente spontanéité lui procure une grande satisfaction physique, mais la laisse frustrée sur le plan affectif. Pour le moment, Juliette vit ses grandes histoires d'amour et de sexe comme une drogue dont elle ne peut se passer. Son besoin de changer de partenaire, d'« agir », tient à sa nature non pas spontanée, mais avide et impulsive. Il conviendra de l'aider à trouver une façon différente, et tout aussi gratifiante, d'établir une relation avec les autres, afin qu'elle soit plus heureuse et moins autodestructrice.

Les couples dépendants

En cette période où les hommes sont relativement relégués « à l'arrière-plan », il existe tout de même une petite partie de la population masculine qui continue de ne penser qu'à « ça ». Même après le coup de foudre initial, ils continuent à demander à leur compagne de faire l'amour au moins une fois par jour. Qu'en disent leurs fiancées et épouses ainsi assiégées ? Elles peuvent être complices de ce jeu, mais aussi irritées : il n'est parfois ni facile ni drôle d'aimer un insatiable. Au début, les partenaires d'un drogué du sexe se sentent rassurées sur leur féminité et leur pouvoir de séduction, mais par la suite, leur désir – et les mécanismes physiques de l'excitation, comme la lubrification – ne suit plus. Pour finir, trop sollicitées, elles ne font plus aucun effort pour séduire et en viennent à « négocier » avec leur insatiable compagnon des rapports sexuels rapides...

Franck fait partie de cette catégorie d'insatiables. Il a 37 ans et est marié à Nicole, qui en a 36. Alors qu'ils étaient tous les deux vierges avant de se rencontrer, ils se sont mis à faire l'amour plusieurs fois par jour. Ensuite, Nicole, qui désirait depuis longtemps un enfant, a été « calmée » par la maternité, tandis que lui a maintenu le même rythme et, pour réveiller le désir de sa femme, lui fait des avances dans des lieux toujours différents – le garage, le jardin... Ce qui l'attire, maintenant, c'est le « coup de midi ». Et une fois par mois, il « s'offre » une heure de sexe et de « massages exceptionnels » avec une prostituée à proximité de son bureau.

Dans certains couples, cependant, les partenaires se sont bien choisis et le sexe est leur domaine de plus grande intimité. Ainsi Diana Moreno, âgée de 50 ans, est encore amoureuse de son mari Rex Bormann, 60 ans, directeur de son cirque. Il sont mariés depuis trente-trois ans et font l'amour deux fois par jour, le matin et le soir, pour leur plus grande satisfaction réciproque [15]. Certes, ils sont sexuellement dépendants, mais aussi parfaitement assortis. Malheureusement, les accros du sexe ont en général tendance à établir des rapports de couple avec des partenaires qui ont d'autres problèmes de dépendance : on parle alors de couples codépendants. C'est le cas, par exemple, de femmes qui choisissent toujours des hommes qui ne leur conviennent pas. Elles adoptent rapidement une attitude obsessionnelle de contrôle de leur partenaire, lequel souffre, au contraire, d'une perte de contrôle totale dans le domaine sexuel et considère sa compagne comme le miroir dans lequel se reflète sa propre dépendance ou obsession [16]. Les codépendants essaient de réagir à leurs souffrances en prenant soin de l'autre, ce qui est leur seul moyen de se sentir « puissants ». Une femme qui a épousé un insatiable va donc convaincre qu'elle peut faire changer les choses et maîtriser la dépendance de l'autre en s'efforçant de le dissuader de mettre en œuvre son comportement « coupable ». De cette façon, elle s'oublie elle-même. En effet, penser à soi, ce serait éprouver toute l'angoisse de son impuissance fondamentale. Cette attitude de contrôle obsessionnel l'amène à perdre le sens de soi et de la réalité. Elle en vient à défendre et à justifier son partenaire, confortant ainsi sa dépendance sexuelle.

Au fond, les femmes de ce type sont des manipulatrices qui cherchent à plaire à leur partenaire de toutes les façons possibles. Ces comportements produisent chez les dépendants des sensations continues de perte de contrôle, une forte anxiété et de la culpabilité parce qu'ils se rendent compte qu'ils agissent de façon destructrice pour eux-mêmes et pour les autres. Plus les drogués du sexe perdent la maîtrise de leur éros, plus leur partenaire codépendante devient, sous prétexte de les contrôler et de mettre des limites, « sexuellement anorexique », passant ainsi d'une situation de sexualité frénétique à une rigidité qui débouche sur l'abstinence totale.

TOUT EST-IL DANS LA TÊTE ?

Faites l'expérience suivante : proposez à boire à une souris dans un bol d'eau ou dans un bol d'alcool sucré. Au début, elle choisira l'alcool sucré parce que c'est plus doux et que ça a plus de goût. Ensuite, elle le choisira parce qu'elle en aura testé les effets... Et elle continuera jusqu'à ce qu'elle soit saoule et se transforme en un stupide rongeur en état d'ébriété. Pourquoi ? Parce que l'alcool active, dans son cerveau, les centres du plaisir. C'est aussi ce qui se passe chez l'homme face à la sexualité, à l'alcool, à la cocaïne ou aux jeux de hasard.

Dans les pays anglo-saxons, on appelle ce syndrome *addiction*, du latin *addictus*, terme désignant le débiteur qui devait devenir esclave de son créancier tant qu'il n'avait pas entièrement réglé sa dette. L'addiction a, souvent, des racines neurobiologiques précises. Ainsi, la bouteille de whisky, la poudre blanche ou la roulette russe déclenchent dans le cerveau des mécanismes biochimiques qui créent la dépendance. Et qui amènent la personne concernée à tomber dans un véritable esclavage. Pour certains c'est le sexe qui joue ce rôle de piège.

Le terme anglais que l'on utilise, en médecine, pour décrire cette « poussée à passer à l'action » est *craving*. Il désigne la pulsion qui incite à prendre des substances ou à accomplir des actes déterminés. Lors de certaines expériences en laboratoire, on a ainsi passé une vidéo qui évoquait le rite de la boisson, ou une bouteille. On s'est aperçu, à cette occasion, que le cerveau réagissait différemment chez les sujets qui n'avaient jamais eu de problème avec l'alcool et chez ceux qui, au contraire, en avaient eu. Chez les ex-alcooliques, le cerveau s'activait au niveau de certaines aires spécifiques (notamment l'amygdale) associées à la mémoire des émotions et au désir. Sans doute la même chose se produit-elle avec le sexe. Cette particularité pourrait être due à une défaillance des mécanismes de régulation des impulsions qui, normalement, modulent nos désirs en les adaptant aux occasions et aux dangers présents dans notre environnement.

La dépendance sexuelle a donc beaucoup de points communs avec les autres types de dépendance. Y compris le « cycle » de la maladie. Ces phases que nous résumons ici suivent le scénario classique de l'*addiction*, de quelque type soit-elle. La caractéristique de base est le manque d'estime de soi et de pouvoir, dit *powerlessness*, qui se traduit par une véritable incapacité à tolérer les moments d'anxiété quotidiens. Au cours de cette phase, certains cherchent une solution, pour soulager et masquer leur douleur profonde, à travers des *acting out*. Ces actes peuvent provoquer, dans un premier temps, des sensations de plaisir intense et une amélioration de l'humeur – au niveau physiologique, le circuit de la sérotonine s'active. Mais les conséquences négatives de la dépendance sexuelle vont agir à tous les niveaux de la vie sociale et relationnelle et fortement menacer l'estime de soi du sujet. Doù le cercle vicieux qui déclenche un nouveau passage à l'acte.

À ce stade, le compulsif sexuel ne parvient plus à gérer ses comportements. Les problèmes s'accroissent sur tous les plans, et plus ils s'accroissent, plus le compulsif va chercher des solutions à travers ses actes pulsionnels. Avec le temps, la sensation de vide est de moins en moins compensée par ces comportements et le dépendant est de plus en plus persuadé que s'il augmente leur fréquence, il réussira à se tirer d'affaire. Mais leur emploi sans discrimination produit à son tour les conditions d'une phase d'aggravation. C'est là, en général, que le compulsif « touche le fond ». Et que, le plus souvent, il cherche de l'aide. Au cours de cette phase, il évolue vers une véritable forme d'abstinence sexuelle, appelée « syndrome de sevrage ». L'objectif à atteindre, à travers une thérapie de groupe ou individuelle, est de ne plus recourir au sexe comme moyen de fuir mais, au contraire, de « sentir » son désespoir dans un cadre protégé par le thérapeute et/ou le groupe lui-même.

À côté de l'explication mobilisant les mécanismes physiologiques complexes que nous venons de décrire, il en existe une autre qui, elle, met en cause les racines émotionnelles et, surtout, les expériences vécues et l'environnement de l'individu « atteint » de dépendance.

Voyons, par exemple, le cas d'Hélène. Cette femme de 32 ans est mariée, mère de deux enfants, et exerce la profession de médecin. Son travail à l'hôpital l'occupe beaucoup. Toutefois, derrière cette vie en apparence banale se cache une inquiétante dépendance sexuelle. En effet, Hélène est venue me trouver pour m'avouer qu'elle éprouve une attirance sexuelle pour les patients qu'elle soigne, et surtout pour les hommes souffrant de maladies graves, comme une tumeur ou une leucémie. Un peu plus tard, au cours de la thérapie, elle a admis que parfois, la compulsion s'était transformée en action. Lors de certaines nuits de garde, alors qu'elle était le seul médecin présent et que les autres patients dormaient, elle a eu des rapports sexuels, selon elle agréables, avec des malades. Avec le temps, j'ai fini par découvrir que tout cela était conditionné par un traumatisme vécu dans son adolescence, puis refoulé. À 12 ans, à la suite d'une vilaine fracture, Hélène avait fait un long séjour à l'hôpital. Et la nuit, un infirmier passait beaucoup de temps avec elle pour la consoler. Et se faire « consoler ».

De même que la compulsion sexuelle d'Hélène remonte à un traumatisme au cours de son adolescence, il existe des « pistes psychologiques » qu'il ne faut jamais négliger comme des abus sexuels dans l'enfance, des désirs fusionnels (et non intimes) a une jalousie pathologique. Sans oublier des motivations d'ordre psychiatrique. Ainsi Arnaud, qui faisait l'amour tous les jours avec sa femme, pensait pratiquer de la sorte un « enchantement préventif ». Il croyait, en effet, que cela empêcherait son épouse de devenir une « sorcière » et qu'il lui évitait ainsi le sort de ses anciennes compagnes qui l'avaient méchamment quitté. Évidemment, le problème d'Arnaud était ailleurs, mais, lui, était persuadé que les femmes devaient être « calmées » et satisfaites sexuellement pour qu'on puisse, ensuite, avoir un échange affectif avec elles...

Pour Daniel, le problème tient à une raison psychologique ancienne. Ce policier de 40 ans me raconte que durant son enfance, il a été battu, négligé, et qu'il a grandi sans tendresse. Le sexe lui permet de satisfaire un besoin de fusion. Il dit qu'avec les femmes, il fait souvent l'amour pour être certain qu'elles resteront avec lui. Avec sa dernière compagne, il a inventé un rituel créatif : il l'attache au lit, lui bande les yeux et la couvre de miel et de crème Chantilly avant de la « goûter » et de la pénétrer progressivement. Il raconte qu'il est hanté par l'idée de comparaison : il veut qu'elle le considère comme le meilleur amant qu'elle ait jamais eu. Il veut lui montrer qu'il est le plus attentif, le plus sensuel... Il serait surpris d'apprendre que bien des femmes ne sont guère enthousiasmées de passer autant de temps au lit, surtout quand elles ont d'autres intérêts à cultiver.

Il y a aussi des personnes qui vivent sous le signe de la voracité. Elles doivent posséder tout ce qu'elles désirent, et tout de suite. Leurs partenaires jouent la même fonction que la bouteille pour l'alcoolique : il est impossible de ne pas l'ouvrir, et ils doivent satisfaire un besoin urgent. Ceux qui vivent dans cette obsession de la voracité abordent donc la sexualité comme la nourriture : il faut qu'ils se gavent, sous réserve de traverser ensuite des périodes d'anorexie. Un exemple désormais « classique » est celui de Catherine Millet, qui doit être « remplie » par les hommes de toutes les façons possibles, ainsi qu'elle l'a raconté elle-même dans son livre qui a fait scandale[17].

D'autres encore sont restés « fixés » au stade infantile « anal », tel que l'a décrit Freud, et doivent décharger leurs pulsions sans attendre. Ainsi, lorsqu'il a un fantasme sexuel, un de mes patients le vit avec une telle intensité sur le plan physique qu'il doit le réaliser dans la demi-heure qui suit. C'est pourquoi, bien qu'il soit marié, il fréquente les prostituées qui travaillent dans le quartier où se trouve son bureau. Et puis, il y a les anxieux. Parmi eux, on trouve beaucoup de garçons qui ont peur des femmes et se masturbent compulsivement en pensant à elles, mais qui n'osent pas prendre l'initiative car ils craignent de faire mauvaise impression. Enfin, il y a ceux qui ont un « petit vice » lié à leurs premières expériences sexuelles et qui le reproduisent sans parvenir à s'ouvrir à la sexualité relationnelle. C'est le cas de Stéphanie qui m'a consulté pour une anorgasmie relationnelle avec son mari. Cette femme de 30 ans ne peut pas jouir quand elle fait l'amour avec lui, mais au cours de la thérapie, elle me révèle qu'elle pratique une masturbation compulsive et orgasmique liée à son hygiène intime : c'est un réflexe, dès qu'elle s'assoit sur son bidet. Et cela a commencé quand elle avait 13 ans...

Certains hommes, eux, font souvent l'amour par angoisse et par peur de vieillir. Leur philosophie est la suivante : « Je bande, donc je suis. » À chaque orgasme, ils se sentent vivre intensément. D'autres hommes souffrent d'une jalousie pathologique qui les pousse à faire l'amour plus souvent. Je me souviens de Roger, un assureur dont la femme tenait un bar. Il ne supportait pas les sourires qu'elle adressait à ses clients et l'obligeait alors, chaque semaine, à fermer sans prévenir, à n'importe quelle heure, pour faire l'amour avec elle, se la « réapproprier » et se rassurer. Selon le psychiatre François-Xavier Poudat, beaucoup de ces hommes compulsifs ont subi des abus sexuels dans leur enfance. Leur sexualité est donc centrée sur les pulsions urgentes, et non sur la relation. Et lorsque leurs compagnes s'en rendent compte, elles se sentent utilisées : ni séduites, ni courtisées.

L'ÉROS DANS LE VERRE : COMMENT SOIGNER LA DÉPENDANCE SEXUELLE

Au début de ce chapitre, j'ai parlé des stars qui finissent, aux États-Unis, dans des « cliniques de désintoxication » spécialisées. En Europe, il n'y en a pas, mais il existe, en revanche, différentes façons d'aider les compulsifs sexuels. En général, ils se font soigner dans des établissements privés ou des cliniques qui traitent d'autres compulsions comme l'alcoolisme, les dépendances affectives et le jeu pathologique. La méthode appliquée est un mélange de psychothérapie individuelle et de psychothérapie de groupe afin que la personne prenne conscience des raisons de ses obsessions. Dans certains cas, des produits psychopharmaceutiques sont aussi prescrits. En effet, tout comme la dépression et les troubles obsessifs-compulsifs, la dépendance sexuelle répond à la thérapie pharmacologique fondée sur des antidépresseurs, et en particulier sur ceux qui augmentent le niveau de sérotonine dans le système nerveux central (les inhibiteurs de recapture de la sérotonine), autrement dit le médicament à base de fluoxétine (comme le Prozac), de fluvoxamine, de paroxétine, etc.

Le traitement par substances à effet sérotoninergique fonctionne mieux sur les dépendants sexuels qui ne présentent pas de perversions. À l'inverse, ceux qui associent à leur compulsion sexuelle des comportements pervers répondent plus facilement aux produits qui abaissent le niveau d'impulsivité générale, comme la sertraline. En général, la thérapie la plus efficace est fondée sur des antidépresseurs, une thérapie de groupe et le recours à des techniques cognitivo-comportementales [18]. En effet, à travers ces différents traitements, la personne est fortement encouragée à reprendre le contrôle de ses comportements sexuels. La plupart des thérapies combinent donc deux traitements, ou plus – par exemple une thérapie sexuelle, familiale, ou de couple, la participation à des groupes d'entraide et, parfois, une thérapie psychodynamique [19].

Rappelons que la voie suggérée par la thérapie individuelle cognitivo-comportementale consiste à « réapprendre » d'autres modèles de pensée plus adaptés. C'est d'ailleurs dans ce cadre que sont apparus les premiers groupes d'entraide pour dépendants sexuels. Dans les années 1960, un membre des Alcooliques anonymes de Boston remarqua, en effet, que le sexe sans implication affective, la pulsion à trahir constamment, était un trouble semblable, à de nombreux égards, à l'alcoolisme, et il parla alors de *sex and love addiction*. Selon lui, ce trouble pouvait être traité comme une dépendance alcoolique. Il fut donc à l'origine d'une diversification de l'approche thérapeutique des Alcooliques anonymes. Et il créa en 1976, avec plusieurs autres membres de l'association, le premier groupe de Sex and Love Addicts Anonymous [20]. De tels groupes d'entraide existent désormais partout dans le monde. La participation est gratuite et il est très facile de les contacter : il suffit de passer par les Alcooliques anonymes.

Ce programme a également donné naissance au Modèle Minnesota, qui repose sur des entretiens de motivation, une thérapie de groupe et une thérapie individuelle. Les spécialistes qui appliquent ce modèle jugent utile d'« éduquer » les dépendants sexuels à devenir « conseillers », c'est-à-dire quasiment des thérapeutes eux-mêmes. C'est exactement ce qui se fait au sein des groupes d'alcooliques anonymes ou de toxicomanes : celui qui est « guéri » devient « tuteur » et responsable d'un nouvel arrivant. En effet, l'engagement au service des autres incite constamment à rester sobre, que ce soit sur le plan sexuel ou alcoolique.

CHAPITRE XII

Identités ambiguës

Qui dit identité dit histoire personnelle. Il faut remonter le temps des émotions et le temps biologique jusqu'à la conception, pour la bonne raison que le développement sexuel dépend des compétences cognitives et affectives d'un individu. Toutefois, ce développement est aussi fortement influencé par la base biologique et les normes socioculturelles.

COMMENT ON DEVIENT UN HOMME OU UNE FEMME

Chacun de nous est porteur d'un « sexe chromosomique » (XY pour l'homme, XX pour la femme) et d'un « sexe gonadique », car au bout de la cinquième semaine de vie intra-utérine, la production de testostérone transforme les gonades primitives en futurs testicules. Contrairement à ce que raconte la Bible, qui fait naître la femme de la côte d'Adam, pendant les premières semaines de notre vie, nous sommes tous des femmes. Ce n'est que plus tard que près de la moitié du genre humain se « masculinise ».

Progressivement, le développement sexuel se détache de la base biologique. Selon la théorie freudienne, dans la petite enfance, les traits de caractère – qui se constituent durant cette période – correspondent aux fonctions du corps. Ainsi, au stade oral, qui domine les deux premières années, l'enfant connaît-il le monde à travers ce qu'il mange, goûte ou porte simplement à sa bouche. Sa future psychosexualité dépendra de l'importance des pulsions orales (avidité et voracité) à ce stade de son développement.

Vers l'âge de 2 ou 3 ans, l'enfant entre dans la phase anale, puisqu'il doit apprendre à contrôler ses sphincters. S'il reste à ce stade, il deviendra un obsessionnel, maniaque de l'ordre et de la propreté, y compris sur le plan sexuel. Ensuite, jusqu'à l'âge de 6 ans, l'enfant va développer différentes pulsions partielles. C'est, selon Freud, le stade pervers polymorphe. Si sa curiosité naturelle se fige et devient pathologique, il peut, en grandissant, devenir voyeur. Si la tendance qu'il a à montrer fièrement ses organes génitaux, avant le développement de la pudeur, persiste et lui procure une certaine excitation, il deviendra exhibitionniste. Et si le développement des pulsions agressives se poursuit au-delà de la phase physiologique de cruauté que traversent tous les enfants, il peut finir adepte du sadomasochisme.

Par ailleurs, son identité sexuelle sera aussi en bonne partie déterminée par sa capacité à s'identifier positivement au parent du même sexe, dans le cadre d'une bonne résolution du complexe d'Œdipe.

La puberté se reconnaît à l'apparition des caractères sexuels secondaires – l'intensification de la pousse des poils, la mue de la voix et la croissance du pénis chez le garçon ; les premières règles chez la fille – qui marquent l'entrée dans l'adolescence. Pendant cette période, qui dure selon les Américains de l'âge de 13 à 19 ans, le développement psychosexuel continue, mais il est peu harmonieux, avec une alternance de périodes d'ascétisme et d'érotisme exacerbé : les fameuses tempêtes hormonales. C'est le moment où, selon le spécialiste allemand Sigush, les jeunes (85 % des garçons et 70 % des filles) explorent la masturbation. Quant à l'âge des premiers rapports sexuels, dans les pays européens, il se situe aujourd'hui vers 17 ans.

Dans les années 1970 et 1980, les jeunes, un peu ignorants en matière de sexualité, consultaient pour s'informer. Il n'était pas rare d'entendre : « S'il m'embrasse, est-ce que je vais tomber enceinte ? » Aujourd'hui, ce qui les préoccupe, ce sont les difficultés des échanges affectifs ainsi que les problèmes d'intimité relationnelle et d'identité. Les temps ont décidément bien changé.

D'ATHÈNES À LA HAYE, LE DROIT À L'HOMOSEXUALITÉ

Le principe rappelé par Aristote selon lequel le désir est toujours « le désir de la chose agréable » résume l'opinion des Grecs sur la sexualité. Et il explique la conception dynamique de l'acte sexuel faite de désir et de plaisir.

Chez les Grecs, en effet, la sexualité était une chose naturelle, qu'il s'agisse des rapports « conformes à la nature », autrement dit destinés à la procréation, ou

« contre nature », entre deux hommes ou deux femmes. D'ailleurs, la population, les institutions et les lois autorisaient les relations homosexuelles. Un homme pouvait se consacrer à un autre homme sans craindre la critique ou la réprobation. La culture grecque préconisait par-dessus tout la « juste mesure » du plaisir : tempérance et maîtrise de soi étaient des vertus. Tous les comportements sexuels étaient permis à condition qu'ils respectent certaines « mesures de discipline morale ». Comme l'a souligné Michel Foucault [1], le véritable mal consistait à assouvir ses besoins avec intempérance, démesure et excès. L'attirance n'était donc pas liée à l'identité sexuelle ; c'était la personne attirante qui était désirable. Bref, le désir célébrait la beauté. Passé le moment magique de la jeunesse, le corps de l'homme adulte, par exemple, continuait d'être apprécié et mis en valeur. De même, le corps de l'adolescent a longtemps été exalté et considéré comme le juste objet du désir : symbole d'une virilité immature, il n'en était que plus fascinant.

L'admiration du corps de l'enfant conduit à un autre sujet et à une pratique très répandue au sein de la société grecque : l'amour entre un adulte et un jeune pubère (et non prépubère, attention). Dans les textes grecs, on ne parle pas de pédophilie, mais on emploie parfois le terme « pédérastie ». En général, cet amour est lié à l'éducation et à l'enseignement de la philosophie, selon lesquelles l'homme adulte a pour mission de guider le plus jeune, de le conseiller et de l'aider. Ces relations étaient empreintes de retenue, et il était très important de faire la cour. Selon le code de l'époque, le jeune homme ne devait pas céder trop facilement ; il fallait respecter des conventions et des règles de conduite ; une longue période de feinte réticence était de mise avant de succomber. Le jeune homme n'était jamais obligé, il était libre de choisir, d'accepter ou de refuser. La mission de l'adulte, et sa difficulté, consistait à le convaincre, à faire valoir son propre prestige, à manifester son empressement par des dons.

Les Grecs pouvaient ainsi se donner aux deux sexes sans pour autant appartenir à des catégories bien définies. Il n'y avait pas de distinction aussi tranchée que dans notre société entre hétérosexuels, homosexuels et bisexuels. L'eros unissait les êtres humains quel que soit leur sexe et indépendamment de leur penchant érotique et des liens du mariage.

Il me semble que nous assistons aujourd'hui à un retour du modèle grec, même si la pédophilie et l'homosexualité ont pris des directions opposées. La pédophilie ou, plus exactement, la pédérastie, est, sans contestation possible, un crime à l'encontre de mineurs, bien souvent des enfants, qui n'ont pas d'identité précise. Elle est le plus souvent imposée par la force et la violence. Or, et à un stade précoce de l'existence, ces expériences peuvent marquer à jamais l'identité en devenir et l'équilibre psychologique. En revanche, l'homosexualité entre adultes consentants a récemment été supprimée de la liste des troubles psychologiques établie par la Société américaine de psychiatrie. Selon l'Organisation mondiale de la santé, il s'agit d'un autre choix sexuel, au même titre que l'hétérosexualité, si bien que la Hollande a célébré plus de 200 000 mariages entre homosexuels et qu'en France, le précédent gouvernement a introduit le PACS en faveur des couples qui vivent ensemble mais qui, selon la législation actuelle, ne peuvent pas se marier.

LE RETOUR DU MYTHE DE L'HERMAPHRODITE

Le médecin grec Galien fut le premier, au IIe siècle après J.-C., à introduire le terme hermaphrodite en médecine pour indiquer la présence, chez un même individu, de glandes sexuelles masculines et féminines. Le problème physique, plutôt rare, nous intéresse moins ici que son versant psychologique. Rappelons que dans le monde grec, l'androgyne est une figure emblématique de la totalité, de la plénitude, de la création. Le mythe raconte que le fils d'Hermès et d'Aphrodite (auxquels il doit son nom, Hermaphroditos) était d'une telle beauté que la nymphe de la source Salmacis en tomba éperdument amoureuse. Un jour que le jeune dieu prenait un bain, elle l'enlaça en priant les dieux de ne plus jamais les séparer : elle fut exaucée et ils s'unirent l'un à l'autre, corps et âme.

Aujourd'hui, c'est l'hermaphrodisme psychologique qui est sous les feux de la rampe. Des artistes et des chanteurs comme Amanda Lear, Madonna, Michael Jackson, David Bowie jouent abondamment sur cette ambiguïté. Est-ce propre au monde occidental ? Non. Dans ce pays prude et bigot qu'est la Chine est né un personnage dont l'hermaphrodisme et le courage ont défrayé la chronique. Elle s'appelle Jin Xing (qui veut dire « Étoile dorée »), a 35 ans, exerce le métier de danseuse et dirige à Shanghai le premier ensemble chinois de modern dance. C'est une charmante Asiatique aux longs cheveux noirs et soyeux, qui est née homme d'un père qui, pour compliquer les choses, était officier de l'armée chinoise et destinait son fils à la carrière militaire. Son destin était tout tracé, du moins jusqu'à l'âge de 28 ans, où Jin Xing a décidé de choisir la danse et de changer de sexe. Et en cette ère de médiatisation, la télévision a filmé sa dernière opération chirurgicale, qui a duré seize heures. Jin Xing est le symbole du renouveau chinois. Star de danse et mère, car elle a aussi adopté un enfant...

Dans le milieu artistique, on peut citer Tamara de Lempicka, que l'on a redécouverte récemment. Durant la première partie de sa carrière, à Paris, dans les années 1930, elle peignait des femmes pourvues de nombreux symboles phalliques – je pense notamment au *Portrait de la duchesse de La Salle* dans une pose plastique, en habits masculins sombres, culotte de cheval et bottes noires. Et au cinéma, après le chef-d'œuvre de Fellini, *Satyricon*, comment ne pas songer à Almodovar et son *Tout sur ma mère*, intense et révolutionnaire, dans lequel les rôles masculins et féminins sont sans cesse bouleversés[2] ?

Mais c'est sans doute dans le milieu de la mode qu'est le plus accentué le mélange masculin/féminin. La mode propose, comme idéal, la beauté androgyne. Des jeunes gens glabres, au torse épilé et aux muscles discrets, portent des vêtements déstructurés qui, pour le profane, semblent pouvoir aller aussi bien à un homme qu'à une femme ou défilent en « paréo urbain ». À l'inverse, de toutes jeunes filles presque dépourvues de poitrine se cachent derrière des vestes masculines et de grosses chaussures militaires.

L'ambiguïté peut, certes, être un jeu, une transgression, un enrichissement, mais elle peut aussi devenir douloureuse, inquiétante, lorsqu'elle entraîne des changements de comportement sexuel allant jusqu'au transsexualisme, ce que décrit Noëlle Châtelet dans son livre, *La Tête en bas*[3], qui raconte comment Denise est « devenue » Paul.

J'ai recueilli, moi aussi, le témoignage poignant d'un jeune homme de 25 ans qui n'a qu'un seul désir, se métamorphoser en femme. « J'ai un travail intéressant, m'écrit-il, une famille à charge, des amis. Et comme tant de femmes de mon âge, un seul et unique désir, faire l'amour avec un homme, vivre avec lui et avoir des enfants. Mais ce désir ne deviendra jamais réalité, car je ne suis pas une femme, je suis un homme. Je pense que j'ai très vite pris conscience que j'étais différente des autres : je préférais jouer avec les filles et je mettais, en cachette, les vêtements de ma sœur. Adolescent, je me suis forcé pendant un certain temps à avoir des petites amies. Un désastre… Aujourd'hui, j'ai peur d'être condamné toute ma vie dans un corps qui ne m'appartient pas. Et j'ai peur, si je décide de dire la vérité, de ne pas être accepté par ma famille, mes amis, et même de perdre mon travail. Que dois-je faire ? »

Le malaise de cette femme prisonnière dans un corps d'homme est si grand qu'il transparaît dans sa façon de s'exprimer. Dans sa lettre, elle mêle le masculin et le féminin quand elle parle d'elle-même, comme si elle n'avait pas encore décidé « ce » qu'elle veut être. Un chemin semé d'embûches, mais pas impossible, s'offre à elle parce que ici, le changement de sexe est légal. Il faut au moins deux ans de traitements hormonaux sous la surveillance d'un endocrinologue, et autant de psychothérapie. Ensuite, seulement, on peut faire une demande d'opération chirurgicale (pour ce jeune homme, il en faudra deux, d'abord la poitrine, puis les parties génitales). Enfin, cette demande devra être soumise à une commission. Les délais sont longs mais nécessaires, aux dires des spécialistes, car cette phase de destruction de son sexe est très déstabilisante. Il faut être déterminé et bien suivi par des personnes compétentes. Ajoutons que le plaisir dans les relations sexuelles n'est pas du tout garanti. Quant à la procréation « naturelle », elle est totalement exclue. Toujours est-il que 25 ans est le bon âge pour commencer à avoir des entretiens psychologiques d'orientation et à se renseigner. Et comme je l'ai dit à cette personne qui souffre, il existe des associations de bénévoles qui se proposent d'aider et d'accompagner les transsexuels[4].

Il existe donc des gens qui se sentent « à l'étroit » dans un corps étranger et qui choisiront peut-être de changer de sexe. Mais il y en a d'autres qui vivent bien la mixité « physique » des éléments masculins et féminins qu'ils portent en eux. Comment pouvons-nous, nous autres psychologues, décrire l'hermaphrodisme en termes positifs ? En nous appuyant sur l'opposition concave/convexe. Laissons de côté les définitions de géométrie et disons que ce sont deux façons d'être, deux philosophies de vie, différentes et opposées, un peu comme le noir et le blanc. Concave ou convexe, donc, parce que chacun de nous a, vis-à-vis du monde et des autres, une attitude plutôt réceptive ou plutôt agressive, selon sa personnalité profonde. Certains possèdent même les deux et sont capables d'en user en alternance, selon les circonstances, avec le même bonheur. Un chef d'entreprise, par exemple, peut – je dirais même plus, doit – être convexe, c'est-à-dire volontaire, compétitif, rapide dans le travail, alors qu'il peut très bien, chez lui, être plus tendre, plus souple, plus réceptif aux besoins de ses enfants et de son épouse. Mais il n'est pas donné à tout le monde de savoir choisir le bon comportement avec les autres, d'être capable de s'adapter, de changer de registre. C'est parfois la rigidité qui prévaut, d'où les difficultés avec les proches. Certains ont justement des problèmes d'intimité relationnelle justement parce qu'ils ne savent être que concaves ou convexes, seulement « postes émetteurs » ou « postes récepteurs ». En général, c'est le manque de convexité qui provoque les plus gros dégâts en amitié et dans les relations sentimentales.

ELLE EST SI MODERNE, SI ANDROGYNE...

Le charme qu'exerce l'hermaphrodite est suivi de très près par celui de l'androgyne. Toutefois, alors que l'hermaphrodite est le mélange parfait du masculin et du féminin, qu'il est un « homme-femme », l'androgynie, qui désigne bien la même chose du point de vue étymologique, est un trait particulièrement caractéristique des femmes d'aujourd'hui.

Pour le comprendre, on peut partir de l'imaginaire érotique. Nancy Friday, qui est sans doute l'une des plus grandes spécialistes en la matière – auteur, entre autres, du fameux *My Secret Garden* et, vingt ans après, de *Women on top* – a interrogé trois mille femmes à propos de leurs fantasmes [5]. Son étude confirme que plus les femmes ont un rôle actif dans la réalité, plus elles ont un rôle actif dans l'imaginaire. Fini les fantasmes masochistes ; elles voient les hommes souffrant le martyre comme saint Sébastien ou réduits en esclavage.

L'androgynie féminine trouve ses origines dans l'enfance, ou tout au moins dans l'adolescence, comme l'illustre l'histoire de Sandra, 36 ans, qui fait des crises de dépression à cause d'une vie sentimentale très compliquée. Après plusieurs relations conflictuelles avec des hommes mariés, elle a eu un enfant d'un quadragénaire qui n'assumait pas sa paternité. En général, elle est « méchante » avec les hommes. Elle les séduit pour flatter son narcissisme, puis les quitte. Il lui arrive parfois d'être physiquement agressive. Ainsi, lors d'une dispute, elle a carrément mordu son dernier partenaire, malgré des circonstances atténuantes, puisqu'elle avait un peu trop bu. Elle m'a confié qu'elle rêve d'être un homme depuis l'âge de 10 ans. À l'époque, son père battait sa mère, et elle aurait voulu être un homme pour l'en empêcher. Mais quand elle ne peut se comporter comme un homme, elle déprime. D'où le Prozac qu'elle prend depuis des années. Si elle voulait vraiment modifier cet aspect de sa personnalité, elle ferait une psychothérapie pour ne plus rester prisonnière du passé.

Comment expliquer un tel « virage » vers l'identité ambiguë et le charme qu'exercent l'hermaphrodisme et l'androgynie ? Avant tout par le fait que les rôles sociaux sont moins rigides, de nos jours, et que les stéréotypes du guerrier et de la femme au foyer font désormais sourire. Ce changement est positif pour la plupart des gens, mais pour les plus faibles, les plus fragiles, il n'existe plus de modèle de référence. Il faut savoir que beaucoup d'individus se façonnent sur une identité conventionnelle, suggérée ou imposée par la société. Et quand ce modèle vient à manquer, les troubles de l'identité augmentent.

Dans de nombreux cas, l'identité ambiguë ne cache pas un problème sexuel mais plutôt une personnalité immature ou perturbée. C'est le cas de Cécile, 20 ans, fille désirée et aimée, aux dires de sa mère. Pourtant, elle n'est pas heureuse. Enfant, elle avait souvent des allergies. Alors qu'elle avait 15 ans, un événement traumatisant s'est produit : son père a dû partir à l'étranger et la famille a suivi. Cécile était désespérée, elle ne voulait pas s'en aller loin de sa ville, de ses amis, de tout ce qui la sécurisait. Après le baccalauréat, elle a quitté la maison et a vécu pendant trois ans une relation très conflictuelle avec un garçon. À l'issue de cette histoire d'amour, elle s'est trouvée déstabilisée parce que son ami est devenu homosexuel et est allé vivre avec son copain. Double trahison qui l'a profondément abattue... Alors Cécile a emménagé chez Hélène, de dix ans son aînée, une femme solide sur laquelle elle s'appuie totalement. Cécile pense qu'Hélène l'attire sexuellement, mais qu'elle n'a pas vraiment d'inclination lesbienne. « Je préfère les hommes, dit-elle, mais eux ne pensent qu'à une chose. Moi, je voudrais être acceptée comme je suis. » L'histoire de Cécile m'a été racontée par sa mère, qui est très inquiète pour l'avenir de sa fille, en particulier sur le plan affectif. À mon avis, Cécile n'est pas lesbienne, seulement immature émotionnellement. Il faudrait en savoir plus sur sa vie sexuelle, si elle ressentait du plaisir quand elle faisait l'amour avec ses copains, quels sont ses fantasmes érotiques. Il est certain que chez une personne aussi influençable, les rencontres qu'elle fait peuvent déterminer son orientation sexuelle.

Au-delà de l'histoire de Cécile, quels sont les mécanismes à l'œuvre dans le phénomène de l'androgynie féminine ? Que cache ce que certains spécialistes nomment l'« identité incertaine [6] » ? Voyons ce qu'il en est à travers quelques témoignages.

1. L'androgyne par amour

Agathe, 40 ans, a épousé Adrien, entrepreneur en maçonnerie. Au bout de cinq ans de mariage, Agathe a commencé à souffrir du manque de désir de son mari pour elle. Elle le soupçonne d'avoir une maîtresse, le fait suivre et découvre qu'une fois par semaine, il rencontre un transsexuel. Agathe ne fait pas de scène de ménage, ne crie pas au scandale, elle fait face. Elle commence à s'habiller en homme, parvient à créer une ambiguïté qui attire son époux et réveille son désir. Voilà un cas d'androgynie « thérapeutique », quasiment un masque que l'on peut, selon le cas, mettre ou enlever. Si certaines femmes utilisent porte-jarretelles, bas résille ou soutiens-gorges à balconnet pour susciter le désir, les indicateurs d'ambiguïtés sexuelles peuvent aujourd'hui être des instruments de séduction tout aussi efficaces.

2. *L'androgyne par dépit*

L'homme avec qui elle vit préfère les femmes bien en chair, à la bouche écarlate et aux longs cheveux longs blonds flamboyants. Or Isabelle est plutôt brune et plate comme une limande. Il lui a tellement vanté son idéal féminin qu'elle prend la mouche et décide, inconsciemment, de se venger : elle fait un régime, se coupe les cheveux très court et troque la minijupe contre le pantalon. Son androgynie est une façon de déclarer la guerre à son compagnon, et laisse entrevoir une lutte de pouvoir très serrée au sein de leur couple. On note d'ailleurs une augmentation du nombre de femmes qui ne supportent plus les machos et réagissent au fameux : « Sois belle et tais-toi. » Et certains hommes commencent à aimer ces nouvelles dominatrices, ces « emmerdeuses ». Pour une autre raison : l'androgyne joue un rôle plus ambigu et plus complexe que l'hystérique « traditionnelle ».

3. *L'androgyne par choix*

Chez elle, les éléments masculins et féminins cohabitent de façon harmonieuse. En fait, elle a une bisexualité psychique, mais pas forcément sexuelle. Elle tire de l'androgynie une vision plus riche de la réalité. J'irai même jusqu'à dire que pour tout futur psychanalyste, c'est quasiment une « obligation professionnelle ». Il faut en effet savoir s'identifier aux hommes comme aux femmes, tout en maintenant une distance thérapeutique en fonction du sexe du patient et du type de problèmes qu'il présente.

4. L'androgyne par la force des choses

Nous sommes ici dans le domaine de la psychopathologie, étant donné que l'androgynie n'est pas délibérée, mais subie. Il existe deux modèles dominants. Le premier, je l'appellerai, pour simplifier, celui des « mi-figue mi-raisin ». Ces femmes gardent un côté adolescent et ont une identité ambiguë dans la mesure où les carences d'un Moi faible ne leur permettent pas de structurer une personnalité adulte bien définie.

Le second s'applique aux homosexuelles qui supportent difficilement un corps « étranger ». Elles sont nées femmes, mais se sentent hommes sur le plan psychologique. Certaines mènent un long combat intérieur avant d'accepter enfin leur identité. C'est le cas de sportives comme Martina Navratilova, ou d'artistes comme Louise Breslau, peintre, parisienne d'adoption, née au XIXe siècle, à une époque où il n'était pas facile pour une femme d'être une artiste, lesbienne de surcroît. Une exposition réunissant ses tableaux, injustement oubliés, dans lesquels elle s'est souvent représentée aux côtés de sa fidèle compagne, lui a été récemment consacrée en Suisse[7].

Quelques-unes de ces « réorientations » sont favorisées par les transformations physiques de la ménopause qui rendent certaines femmes plus androgynes avec l'âge. Les unes retrouvent une douce féminité dans l'art d'être grands-mères, les autres recourent au lifting, d'autres encore découvrent que l'androgynie présente de gros avantages dans l'exercice du pouvoir, autrefois réservé aux hommes.

LA BISEXUALITÉ EST-ELLE SYNONYME DE LIBERTÉ ?

La sexologue canadienne Denise Medico a bien décrit la bisexualité féminine lors d'un congrès de « sexoanalyse » qui s'est tenu à Arcachon. Elle a dénombré au moins cinq types femmes bisexuelles. Les voici.

1. *Les femmes « partagées en deux »*. À l'homme, elles demandent des rapports sexuels « traditionnels », comprenant la pénétration et, éventuellement, un enfant. Avec leur partenaire féminine, elles ont des liens plus archaïques, où le sexe compte peu au profit des caresses, et cherchent à retrouver une féminité qu'elles sentent un peu défaillante.

2. *Les femmes ambivalentes à l'égard de l'objet qui les attire*. Avec les hommes, elles se laissent dominer, jusqu'à la limite du masochisme, alors qu'avec les autres femmes, elles jouent le rôle du mâle. Pendant l'amour, elles pratiquent la « pénétration » avec leurs doigts ou des objets, quitte à faire mal à l'autre.

3. *Les femmes qui ont tendance à faire la distinction entre la tendresse (réservée aux autres femmes) et l'érotisme (réservé aux hommes)*. Avec les hommes de leur vie, elles ont une activité sexuelle intense, et avec les femmes, elles sont douces et caressantes. C'est au fond une attitude très masculine : pour beaucoup d'hommes, il n'y a que des saintes (à épouser) et des putains (à garder comme maîtresse).

4. *Les femmes qui traversent une phase de bisexualité passagère*. Selon Christophe Bousselet, la bisexualité est une phase transitoire entre l'homosexualité et l'hétérosexualité, ce qui se produit, par exemple, chez les adolescentes qui

ont un Moi faible et sont, dans un premier temps, assises « entre deux chaises ». À l'inverse, ce peut être une phase transitoire entre l'hétérosexualité et l'homosexualité chez des femmes qui, après s'être mariées, avoir eu des enfants et fondé une famille, décident de suivre l'autre pulsion qui est en elles.

5. *Les femmes se laissant aller à une bisexualité expérimentale.* Elles voudraient connaître « l'autre moitié du monde » et sont tentées par de nouvelles expériences, sans pour autant être lesbiennes.

Jusqu'à présent, nous avons parlé de femmes, mais indépendamment du sexe que l'on a, comment vit-on, comment déclare-t-on sa bisexualité ?

Masculin, féminin

Philippe, chef d'entreprise, approche de la cinquantaine. Il raconte que durant son adolescence il était convaincu d'être homosexuel. De 14 à 29 ans, il n'a eu que des aventures masculines. Puis il a connu Martine, dont il est tombé amoureux. « C'est la seule femme, me dit-il, avec laquelle j'aie eu envie de faire l'amour. » Ils vivent ensemble, se marient, ont deux enfants. Puis elle meurt tragiquement d'un cancer. Quelques années plus tard, et passé la période de deuil, Philippe est « spontanément » revenu aux amours masculines, parce que, au fond, l'homosexualité est sa vraie nature.

Armand, lui, a 54 ans. Il est marié depuis vingt ans. Durant toutes ces années, il ne lui est arrivé qu'une fois d'être très attiré par un homme beaucoup plus jeune. Il est fondamentalement hétérosexuel, mais parmi ses pulsions figure aussi la pulsion homosexuelle.

Enfin, Agnès, la quarantaine, séparée au bout de treize ans de mariage au cours desquels sont nés deux enfants.

Seule après le divorce, elle partage un appartement avec Corinne, bisexuelle, et le devient elle aussi. Auparavant, elle n'avait aucune pulsion lesbienne, alors que Corinne l'a toujours été, mais avait des relations avec des hommes comme « couverture ».

S'agit-il là de cas limites ? Pas vraiment. Dans un monde où l'espérance de vie est de plus en plus longue, où il y a donc de plus en plus de temps (et de liberté, de désinhibition, ainsi que moins d'obstacles sociaux) pour écouter ses propres pulsions, certains décident de se laisser guider par leur curiosité érotique et affective, sans s'imposer de limites. Les uns utilisent toute la palette de la sexualité pour établir des liens du cœur. D'autres, plus narcissiques, ont besoin de satisfaire leurs pulsions, que l'objet aimé soit homosexuel ou hétérosexuel. Ou exploitent la bisexualité pour grimper dans l'échelle sociale. C'est le cas de Georges, désormais marié et père d'un enfant qui, dans son adolescence, était l'amant d'un célèbre réalisateur. Ce qu'il n'a fait, m'a-t-il dit avec cynisme, que pour entrer dans le monde du cinéma.

La bisexualité n'est donc pas un comportement homogène. C'est parfois une régression, chez les personnes que j'ai qualifiées de « mi-figue mi-raisin », ou une forme d'égoïsme, chez les narcissiques qui ne pensent qu'à satisfaire leurs pulsions, quel que soit le sexe de leur partenaire. Elle peut aussi représenter un style de vie très contemporain, pour des êtres au Moi très fort qui séparent la sexualité de la procréation et veulent la vivre jusqu'au bout, en expérimentant toutes ses facettes.

Curieusement, alors qu'aujourd'hui on trouve beaucoup de livres, de magazines et même, depuis peu, des émissions de télévision destinés à un public homosexuel, il n'existe, à ma connaissance, qu'une seule publication pour bisexuels. C'est un périodique dirigé par un bisexuel français qui raconte que durant son enfance, il faisait de terribles cauchemars. Sa mère le prenait alors dans son lit, entre son mari et elle. C'est peut-être la raison de sa bisexualité adulte, qui constitue selon lui une caractéristique singulière de sa personnalité.

Drag-queens et drag-kings

Les drag-queens sont des hommes qui aiment se travestir et se donner en spectacle : ils sont le versant optimiste de l'homosexuel qui aime les traits féminins. Ils se maquillent à outrance, portent des tenues aguichantes et adoptent une attitude hyperséductrice, une attitude ancienne, dirai-je, presque désuète, que les femmes ont abandonnée depuis longtemps. Les drag-queens remplissent les théâtres, plus encore que les mythiques danseuses nues du Crazy Horse. De plus, ils ont l'air de s'amuser, présentent un aspect ludique de l'existence et invitent à franchir les limites imposées par les conventions bourgeoises. En coulisses, il doit bien y avoir les « habituels » tiraillements que suscitent l'envie et la jalousie, mais sur scène, place au divertissement, au sens de l'humour, à la transgression, le maquillage aidant, ainsi que les hauts talons, les perruques et les robes à paillettes. Tandis que bien des transsexuels sont tristes parce que leur dilemme sexuel est dramatique, les drag-queens montrent que la vie est un jeu, comme lors des Gay Prides, les grands défilés annuels des homosexuels.

Plus compliqués, les drag-kings sont des femmes aux traits masculins – moustaches et boursouflures suspectes sous la ceinture. Le film de Gabriel Baur, *Venus Boys*[8], parle de ces femmes aimant la virilité qui s'amusent à se travestir. La réalisatrice appartient elle-même à cette catégorie de « mutants » : elle prend des hormones mâles, non pas pour devenir un homme, mais pour avoir les deux sexes à la fois. Elle essaie d'apprendre à marcher comme un cow-boy tout en restant une femme ; et dans une formidable description des femmes d'une boîte de nuit branchée de New York, le Slipper Room, elle fait voler en éclats nos convictions sur la dualité homme-femme.

Les personnages de ce film sont incroyables. Il y a Bridge qui fait surgir l'image d'un homme derrière une robe de femme fatale façon Rita Hayworth dans *Gilda*, Mildred qui se métamorphose en prince du rap, Dred qui mêle la tendre virilité et la rudesse du mauvais garçon. Enfin, il y a Mo Dick, qui disparaît sous une chevelure féline pour imiter ensuite Elvis Presley. Toutes semblent nous dire : « Bienvenue dans l'ère pansexuelle ! » Avec un brin de mégalomanie bien sympathique, comme chez Bridge, qui prétend séduire n'importe qui, homme ou femme.

LA VIRILITÉ EN DÉFAUT

Lorsque le désir sexuel de l'homme décline, l'ennemi caché est souvent une agressivité mal intégrée. C'est le cas de René. À 32 ans, il se trouve à un tournant de sa vie : il aimerait fonder une famille, même s'il joue un peu les don juan. Il a décidé, non sans difficulté, de laisser tomber son amie actuelle, car il ne la désire plus, même s'il la voit souvent. Il est bien avec elle et aime tout en elle, sauf la forme de son sexe.

Je découvre très vite que René a vécu un traumatisme infantile : à 14 ans, il a découvert que son père était homosexuel. Ce qui ne l'a pas empêché de développer une hétérosexualité plutôt active, bien qu'un peu brouillonne. Son fantasme érotique récurrent est celui d'une jeune fille qui lui demande des prestations « bestiales », qu'il ne peut évidemment satisfaire. Ou bien à qui il propose (toujours dans le monde du fantasme) une saynète de haute montagne : elle est ensevelie sous une avalanche, et lui est un gros saint-bernard qui vient la sauver... et le scénario précédent se répète. À partir de ce fantasme, j'ai travaillé avec René sur l'agressivité virile, qu'il confond avec le sadisme. C'est là le cœur du problème : son agressivité mal intégrée n'est pas en mesure de soutenir sa virilité. Ce qui le pousse à multiplier les aventures pour renforcer son Moi en satisfaisant son narcissisme. À l'heure qu'il est, il a probablement rompu avec sa copine. Je pense qu'ils resteront intimes sur le plan affectif, voire sexuel, à la demande de son amie, car c'est une femme qui ne supporte pas d'être abandonnée. Mais René devra développer une saine agressivité, propre à l'essence masculine et également nécessaire dans l'érotisme.

Jean, lui, a 23 ans, une stature impressionnante et les traits du visage très marqués, mais il ne « bouge » pas comme un homme. Il marche les épaules rentrées, le bassin en arrière, comme sur des œufs. Il n'est en rien efféminé, mais me dit avoir révélé son homosexualité à sa mère, qui l'a acceptée mieux qu'il ne l'aurait cru. Cet aveu, pourtant, n'a en rien calmé son anxiété. Il a une liaison avec une fille depuis trois ans : « Pour faire comme les copains de la fac. » Il fait l'amour avec elle, mais, m'avoue-t-il, s'excite en pensant à un homme beau et fort. Il ne se sent pas sincère avec elle, entre autres parce que depuis un an, il a commencé à envisager des relations homosexuelles.

L'histoire de Jean est l'un des cas, de plus en plus nombreux aujourd'hui, de trouble de l'identité sexuelle. Il pourrait devenir bisexuel, mais son ambivalence l'angoisse, car il ne sait plus qui il est. Il a une hétérosexualité sociale et une homosexualité affective. Il ne rêve pas de devenir homosexuel, mais d'avoir une famille traditionnelle. Alors, que faire ? Une psychanalyse l'aiderait certainement. En remontant à son histoire personnelle, elle pourrait le mettre en harmonie avec ses pulsions.

Dans le cas de Jean, on peut avancer deux hypothèses. Analysons tout d'abord la réceptivité de son corps, qui est un trait féminin apparu dans un lointain passé. Elle peut être liée au stade oral, à l'affection et à la nourriture données par la mère ; ce besoin essentiel « passe » ensuite dans la relation sexuelle. S'il était une femme, Jean aurait moins de problèmes, parce que le sexe sert aussi à satisfaire des besoins affectifs : le désir d'être rempli de bonnes choses. Malheureusement, c'est un homme, et il doit donc limiter sa réceptivité à la bouche pour manger, et aux oreilles pour écouter les autres. Il devrait au contraire investir son phallus. Au fond, son pénis fait l'amour avec les femmes indépendamment de sa tête et de ses fantasmes, qui sont homosexuels.

La solution au dilemme de Jean est passée par le corps. Je l'ai incité à recommencer à jouer au basket et à faire des paniers, comportement qui, au niveau métaphorique, reprend ce qu'il devrait faire au niveau sexuel. D'autres exercices d'agressivité active, que j'ai décrits dans mon livre *Le Corps en psychothérapie* [9], ont permis à Jean de retrouver une agressivité active distincte du sadisme. En effet, à l'égard de son père, qui a quitté la maison quand il avait 5 ans à peine, il a toujours nourri des fantasmes violents, « sadiques » dit-il : il imaginait qu'il le frappait. Ainsi Jean s'est débarrassé de sa « fausse homosexualité » car, chez lui, le besoin de recevoir l'énergie d'autrui lui servait à réfréner son agressivité, qu'il croyait sadique.

Paul, 23 ans, doit, lui aussi, résoudre des problèmes

liés à l'agressivité qui remontent à loin. En plus, il a la phobie du sang. Un exemple ? Adolescent, il s'est évanoui quand il s'est aperçu, par hasard, que sa petite amie avait ses règles. Paul a peur du corps féminin. Une fois, au cinéma, il a vu un accouchement et s'est senti mal. Il a une vision romantique des femmes. Au début d'une nouvelle relation, il n'a aucune relation sexuelle le premier mois parce que, dit-il, il doit s'habituer au corps de la fille. Il a fait l'amour pour la première fois à l'âge de 20 ans, il a connu plusieurs filles, mais il est obsédé par l'idée d'être homosexuel. En même temps, il ne parvient pas à se voir aux côtés d'un homme. Il veut fonder une famille « normale ». Ses fantasmes vont cependant vers des hommes très virils, exactement ce qu'il ne parvient pas à être. Je pense que Paul recherche chez les hommes une identification qui renforce son identité, alors que le corps féminin et le sang font émerger son fantasme de castration. Paul n'a pas terminé son évolution. Il devrait l'accélérer et commencer une psychothérapie qui lui permette de dépasser son sentiment de castration, résidu du complexe d'Œdipe.

Ces quatre exemples montrent que le tempérament et l'agressivité positive sont des facteurs additifs de la virilité. Dans d'autres cas, cependant, l'obstacle réside dans le masochisme.

Je pense à Nicolas, 40 ans, marié. Mais avec sa femme c'est la guerre perpétuelle. Il a une maîtresse de onze ans de plus que lui, mariée elle aussi, qui voit d'un bon œil ses avances sexuelles, mais ne veut pas d'engagement affectif. Si bien que chaque fois qu'il se dispute avec sa maîtresse ou qu'il a des problèmes au bureau, Nicolas connaît des périodes de régression homosexuelle. Il fréquente les bars homo et se laisse aborder par des inconnus avec lesquels il a des rapports rapides et sans lendemain. Après avoir

« expié », il reprend pendant un mois une vie plus ou moins normale. Il a donc un comportement bisexuel sans l'être : il se sert du sexe pour satisfaire ses besoins psychologiques perturbés.

Comme Guillaume, 33 ans. Ce fils de bonne famille vit dans une grande ville de province et a arrêté de travailler. Il s'est identifié à sa mère dépressive plutôt qu'à son père, un homme volontaire à qui tout réussit. Guillaume a tendance à être homosexuel mais s'entoure de jolies filles qui lui servent de couverture. En réalité, il n'est ni homosexuel ni hétérosexuel, mais masochiste : il veut saboter son existence. C'est la seule arme dont il dispose pour frapper son père, socialement puissant. Le masochisme psychologique (et non érotique) explique en fait bon nombre de conduites sexuelles ambiguës qui ne sont pas vraiment délibérées.

La plupart du temps, c'est la famille qui sert de couverture. Ainsi, je suis passé, dernièrement, chez un ami avec lequel je joue souvent au golf, pour l'accompagner au club en voiture. En entrant, j'ai remarqué que dans la chambre à coucher, le lit était défait mais du côté de sa femme seulement, alors que le lit de la chambre d'amis était sens dessus dessous. J'ai ainsi deviné où il avait passé la nuit ; et comme je savais que pendant quelque temps, il accueillait une vieille connaissance avec laquelle il partage une passion pour le VTT, j'ai soudain compris les raisons de certaines conduites et petites phrases de mon ami. La morale de l'histoire ? Nous sommes restés en bons termes, bien entendu. Je me suis borné à ne plus l'inviter à la maison en couple – c'est-à-dire avec son épouse...

CHAPITRE XIII

La jalousie

Sexe à plusieurs, sexe virtuel, expériences sadomaso, autant de comportements érotiques et amoureux d'un nouveau genre dont nous avons décrit jusqu'ici le monde secret et imprévisible, mais aussi tout le plaisir et les émotions qu'ils procurent. En affichant, apparemment, la liberté la plus débridée et la plus grande désinhibition. Mais attention, ces comportements ont aussi des conséquences négatives, dont la plus importante est la jalousie. C'est la raison la plus fréquente des consultations chez le sexologue, même si on a désormais plutôt tendance à cacher qu'on est jaloux. Parmi les nombreux cas que j'ai pu traiter, j'en ai choisi un assez caractéristique : le témoignage que j'ai reçu sur mon site par courriel.

Anne raconte : « Mon mari m'a avoué sa liaison avec une femme rencontrée sur le Web. J'ai ressenti de la colère, et une déception terrible. Et j'ai cédé aux avances d'un ami commun. » Voici donc les nouveaux comportements amoureux : on recherche des émotions en naviguant sur le Net, et une amitié qui n'est que virtuelle – en ligne – devient une aventure passionnelle, et bien réelle. Et revoilà les « anciens » : déception, colère, trahison par dépit. Avec une complication en plus. Car, les trahisons réciproques une fois avouées – avec force détails d'ordre sexuel dont on aurait très bien pu se passer –, Anne et son époux ont décidé d'essayer de revivre ensemble. Il faut dire aussi qu'ils ont un enfant en bas âge. Le mari, pourtant, ne parvient pas à pardonner : il soutient que la trahison d'Anne, comparée à la sienne, est beaucoup plus « grave ». Et il veut la quitter. De plus, elle est accusée par ses propres parents d'être la vraie responsable de tout ce qui est arrivé.

Je pense que la jalousie sexuelle met en danger de façon plus évidente l'identité de la personne qu'elle frappe. En effet, la trahison prend une signification profonde dans la mesure où elle réveille des sentiments d'insécurité, d'abandon et de colère. Ces émotions sont souvent d'autant plus intenses que l'estime de soi est défaillante : la personne trahie finit par douter d'elle, elle en vient à croire qu'elle ne vaut rien. Le fait que l'autre ait choisi d'aller voir ailleurs laisse entendre qu'elle n'est pas « digne », qu'elle présente une lacune, un défaut, ou qu'elle a commis une faute. Et empêche de faire sortir la colère qui bout en elle.

Sommes-nous donc entrés dans le troisième millénaire en emportant comme bagage ce sentiment ancestral et passé de mode qu'est la jalousie ? Oui. Parce que, même si beaucoup de choses ont changé, le couple a évolué, sur le plan sexuel, mais pas sur le plan sentimental. C'est comme si les grandes modifications culturelles se heurtaient aux racines génétiques de ce sentiment. Selon la théorie évolutionniste de Helen Fischer[1], la jalousie aurait, en effet, « servi », au cours des siècles, à favoriser la survie de l'espèce. Les hommes « contrôlaient » assidûment leurs compagnes pour être sûrs d'être les pères des petits qui naissaient. De leur côté, les femmes obtenaient plus de protection et de sécurité, ce qui assurait à leur progéniture de plus grandes chances de survie. Il semble même, d'après des expériences menées dans un laboratoire de Manchester[2], qu'il existe un « contrôle inconscient » de la production des spermatozoïdes grâce auquel les hommes qui soupçonnent leur partenaire d'être infidèle, ou qui en sont certains, produiraient, à chaque éjaculation, plus de cellules spermatiques et de spermatozoïdes que ceux qui sont sûrs d'avoir une compagne fidèle. En ce sens, la jalousie serait donc « aphrodisiaque ».

NORMALE OU PATHOLOGIQUE ? LES DEGRÉS DE LA JALOUSIE

Essayons de pénétrer dans le monde des jaloux, de mieux comprendre leurs pulsions. Pour cela, revenons à Freud, le père de la psychanalyse, qui distingue trois types de jalousie : la jalousie normale, la jalousie névrotique et la jalousie pathologique[3]. La jalousie dite normale est présente chez tous les individus et, si elle n'est pas manifeste, c'est qu'elle est réprimée. Il existe, du reste, une « bonne » jalousie : l'attachement à ceux qui nous intéressent, qui nous tiennent à cœur, et pas seulement pendant ces mois envoûtants où l'on est amoureux, mais aussi après de longues années passées ensemble. Je ne crois pas ceux qui prétendent ne pas être jaloux : aimer, c'est désirer que l'être aimé reste à vos côtés et certainement pas qu'il ou elle finisse dans les bras d'un autre. Il y a aussi la « jalousie aphrodisiaque ». Ainsi, j'ai connu un couple de

Lyon. C'était un homme énergique, nerveux, un peu plus âgé qu'elle et à qui tout souriait dans la vie. Il n'avait de cesse d'acheter de nouvelles entreprises et de conquérir de nouvelles jeunes femmes. Son épouse représentait sa réussite et sa stabilité, rien de plus. Jusqu'au soir où, lors d'un dîner mondain, un homme riche, que le mari estimait beaucoup, lui a fait la cour. Ce qui a immédiatement déclenché une réaction : le mari distrait a regardé autrement sa femme, parce qu'il la voyait « à travers » les yeux de l'autre.

Au deuxième niveau on trouve une forme de « jalousie névrotique et hypersensible », autrement dit exagérée ou injustifiée. Selon Freud, elle provient de la projection sur l'autre de son propre sentiment de culpabilité. Je me souviens d'un industriel parisien très jouisseur. Quoique marié, il se permettait des aventures, mais il faisait accompagner sa femme par son chauffeur partout où elle allait, et souvent il demandait à un ami policier de la prendre en filature. Alors que l'idée de la trahison n'avait même pas effleuré cette femme, catholique et dévote. Son obsession était à son comble le dimanche : ils allaient à la messe ensemble, et si elle ne se levait pas pour aller communier, il pensait aussitôt qu'elle avait quelque chose à cacher.

Au troisième niveau, enfin, il y a la jalousie « délirante et pathologique ». Vous souvenez-vous du film avec Julia Roberts, *Les Nuits avec mon ennemi*[4] ? Le mari est soupçonneux, jusqu'au délire et à la violence. Jaloux des moindres gestes de sa femme, de la plus petite once de liberté qu'elle s'octroie, voire de chacune de ses pensées. On peut aussi penser à la jalousie de l'alcoolique. Qui est assez commune, malheureusement, quand des années d'alcool ont détruit le foie et transformé les hormones mâles en œstrogènes. Car c'est la raison pour laquelle beaucoup d'esclaves de la bouteille sont jaloux de leur femme : ils ne parviennent plus à la satisfaire et la soupçonnent de chercher un autre homme. Mais laissons de côté ces cas qui relèvent de la psychiatrie et revenons aux autres degrés de jalousie.

Parmi les jalousies graves, citons la possessivité, celle de l'amant qui balafre le visage de sa maîtresse pour qu'elle n'appartienne à aucun autre. Ou bien la jalousie « rétrospective », que des hommes éprouvent à l'égard de tous ceux, en général, que leur femme a fréquentés avant, ou bien d'un seul, notamment celui avec lequel elle a perdu sa virginité. Qui plus est, certains jaloux trouvent d'incroyables antidotes à leur « maladie ». Je pense, par exemple, à un dentiste très possessif qui avait décidé d'épouser un vrai laideron, convaincu qu'ainsi, personne ne lui ravirait sa femme.

Il existe également une « jalousie passionnelle liée à l'amour-propre ». Certains craignent que leurs sentiments, leurs émotions, toute l'énergie qu'ils ont déployée soient perdus si leur partenaire les abandonne pour quelqu'un d'autre. C'est aussi à l'amour-propre qu'il faut relier les prétendus « crimes d'honneur » qui, en réalité, ne concernent pas tant la femme « coupable » que l'honneur du mari offensé aux yeux des autres « mâles ». Dans de nombreuses situations, en effet, c'est la comparaison avec un autre homme ou une autre femme qui nourrit l'obsession.

Enfin, les femmes tendent à être jalouses du cœur de l'être aimé, alors que les hommes tendent à être jaloux du corps de leur bien-aimée. Les choses ont-elles changé ? Il y a quelque temps, j'ai mis au point un test permettant de le mesurer[5]. C'est simple, je demande de choisir entre deux possibilités : *a)* vous préféreriez que votre partenaire (elle ou lui) soit avec quelqu'un d'autre en pensant à vous ; ou bien *b)* qu'elle ou lui soit avec vous en pensant à quelqu'un d'autre ? La plupart des femmes choisissent l'option *a)*, les hommes, l'option *b)*. Et vous, que choisiriez-vous ? Il faut, bien sûr, écarter la seule solution vraiment souhaitable : que votre partenaire pense à vous en faisant l'amour avec vous.

LES JALOUX SONT-ILS IMMATURES ?

Othello n'est plus un héros du monde sentimental : la jalousie a pris une tournure négative et est discrètement devenue culpabilisante. En effet, une bonne part de la littérature romantique tient les jaloux pour les premiers responsables de leur conduite : ils ne sont pas adultes, pas mûrs, parce qu'ils ne savent pas se maîtriser. Ce qui rend plus amers encore les esclaves de ce sentiment. La majeure partie des personnes interrogées par Peter Van Sommers dans son ouvrage sur le sujet[6] déclarent, en effet, cacher leur jalousie et n'en avoir jamais parlé à personne avant l'enquête.

Le jaloux ne s'aime pas quand il est jaloux, mais il ne parvient pas à trouver d'issue. C'est plus fort que lui. Il éprouve donc une grande souffrance, se méprise et se sent impuissant. Roland Barthes résume ainsi la chose avec une grande finesse : « Comme jaloux, je souffre quatre fois : parce que je suis jaloux, parce que je me reproche de l'être, parce que je crains que ma jalousie ne blesse l'autre, parce que je me laisse assujettir à une banalité[7]. »

Pour beaucoup, la jalousie est un instinct atavique, une force irrationnelle et barbare. Ce jugement négatif porté par la société contribue à aggraver davantage l'embarras de ceux qui l'éprouvent. Je pense, par exemple, à Christelle, 22 ans, qui vient de se marier avec Cédric, qu'elle aime à en mourir malgré son caractère difficile.

Christelle rencontre le problème suivant : au début de leur relation, Cédric lui a longuement parlé de sa précédente petite amie, qui a beaucoup compté dans sa vie. Et maintenant, Christelle est au supplice. Elle s'imagine qu'en réalité, son mari n'a pas oublié cette femme, qu'il n'aimera plus personne comme elle. Elle s'est convaincue qu'elle n'est qu'une solution « de repli », car, bien sûr, il ne peut l'aimer autant que sa précédente compagne.

En somme, Christelle est jalouse d'un fantôme. Elle est en train de s'empoisonner l'existence pour rien. Elle n'en parle plus à Cédric, sinon il se fâche. Elle souffre en silence et somatise avec des migraines et des maux de ventre. Grâce à la thérapie qu'elle est en train de suivre, Christelle a commencé à comprendre que sa jalousie était liée à un manque d'estime de soi et à un complexe d'Œdipe non résolu, parce qu'elle a grandi en croyant que sa mère était plus belle, plus séduisante, et plus aimable qu'elle.

Plus encore, il peut arriver qu'un homme et une femme, affectés par deux types de jalousie différents, se tourmentent l'un l'autre, dévorés par leur propre sentiment d'insécurité, par les soupçons et les récriminations. C'est ce que raconte la jeune romancière espagnole Lucia Etxebarria dans son dernier roman, *De l'amour et autres mensonges* [8], où elle décrit la rencontre irrésistible, durant les folles nuits madrilènes emplies de musique, d'alcool et de cocaïne, d'une jeune réalisatrice transgressive, Ruth, et d'un poète ambitieux, plus jeune encore, Juan. Nuits de sexe, de fièvre dévorante, où ils se laissent aller. Et jours de sanglots, de disputes, d'insultes, parce que Juan est fiancé avec une fille banale, insipide – mais richissime – qu'il n'a pas l'intention de quitter. Ce qui rend Ruth follement jalouse et met à mal sa confiance en elle, alors qu'elle est belle, qu'elle a du succès et que tous les garçons lui courent après. De son côté, Juan est peu sûr de lui face à une femme qu'il sent si forte, si passionnée. Il se méfie de tous les hommes qui l'effleurent du regard dans les fêtes, dans la rue, et continue de se faire du mal en pensant à tous les ex qu'elle a eus. « La pensée de la trace des autres hommes sur le corps de sa maîtresse le révulsait, il ne parvenait pas à l'accepter. Elle se fichait dans sa tête comme une douleur aiguë, elle devenait pratiquement physique... » La jalousie que Juan ressent à l'égard du passé de Ruth et la jalousie que Ruth ressent à l'égard de la vie que Juan mène maintenant provoquent un imbroglio douloureux et fou dont ils ne pourront sortir qu'en se quittant.

COMMENT « FONCTIONNE » LA JALOUSIE ?

En général, on retrouve chez les jaloux les mécanismes psychologiques « caractéristiques » suivants :

1. *L'exclusivité.* Le jaloux commettrait une double erreur : traiter l'être aimé comme un objet et en revendiquer la possession exclusive. Karen Durbin[9] soutient que le jaloux est un sale capitaliste du cœur : être possessif, c'est « politiquement incorrect ».

Faut-il en déduire que qui veut expérimenter de nouveaux comportements sexuels et amoureux (l'échangisme, par exemple) doit d'abord admettre n'avoir aucun « droit » sur le corps de l'autre ? Ce qui serait déjà une petite révolution culturelle, un acte de rébellion contre cet instinct atavique qui pousse à la jalousie et que nos ancêtres ont toujours eu, surtout jusqu'au jour où la pilule contraceptive a libéré la femme du risque de grossesse non désirée.

2. *La jalousie rétrospective.* C'est une variante grave de

l'exclusivité. Le besoin de se sentir unique est fondamental, et la conscience de ne pas l'être est un tourment. Je pense à un mari, excellent joueur de golf, qui, lorsqu'il rencontrait l'ex de sa femme sur le green, perdait tous ses moyens : la jalousie rétrospective le rendait terriblement anxieux.

Je pense aussi à Carole, 32 ans, et à Claude, qui en a dix de plus. Ils sont heureux ensemble, s'entendent bien, y compris sur le plan sexuel. Jusqu'au jour où Carole tombe sur de vieilles photos de Claude – passionné de voile depuis toujours, et excellent navigateur – lors de cérémonies de remise de prix. Chaque fois, une jeune fille différente se trouve à ses côtés. Carole lui demande de détruire ces photos : elles lui rappellent un passé qu'elle voudrait effacer, elles sont la preuve de toutes ses liaisons dont elle est, elle le découvre, terriblement jalouse. Mais lui refuse. Parce qu'il conserve tout ce qui lui rappelle de bons moments, babioles ou lettres. Carole finit par avoir une sérieuse crise de nerfs, au point que Claude, surpris et inquiet, doit la conduire aux urgences.

Certains se rendent compte de leur jalousie rétrospective, mais malheureusement, leur souffrance n'en est pas allégée pour autant. C'est le cas d'Émilie. Son fiancé, David, qui a désormais 25 ans, a eu, entre 17 et 20 ans, plusieurs aventures avec des filles plus âgées. Des histoires purement sexuelles, lui dit-il évidemment, cherchant à minimiser les choses. Émilie ne cesse d'y penser et de pleurer. Elle a voulu en connaître tous les détails. Elle a en partie réussi à « métaboliser » le passé de David, mais elle est parfois saisie de furieux accès de colère, surtout en période de gros stress (disputes familiales, examens universitaires). Elle a commencé une psychothérapie et maintenant, elle est convaincue que ces sentiments négatifs pèsent énormément sur sa vie et ses relations avec David.

3. *La perte de contrôle*. Les chercheurs spécialisés dans les violences familiales, comme le psychologue new-yorkais Whitehurst, supposent que les cris, les gifles, les scènes de ménage (des hommes, surtout) s'expliquent par la volonté de réaffirmer leur identité, après avoir perdu le contrôle de la situation. Beaucoup croient, en effet, qu'une maîtrise stricte et rigoureuse de leur histoire d'amour serait un facteur de stabilité du couple. En général, ce sont les hommes qui sont violents, mais on compte aussi quelques femmes atteintes par ce manque de contrôle.

Laurence, 45 ans, divorcée depuis longtemps, m'écrit qu'elle a rencontré, il y a deux ans, « l'homme de sa vie » (ce sont ses propres termes), avec lequel elle vit une histoire d'amour extraordinaire. Seulement voilà, l'homme de sa vie est marié, et pas avec elle. Tôt ou tard il partira de chez lui, déclare-t-il, mais il n'a pas encore quitté sa femme. Un jour, après une dispute, Laurence l'a appelé chez lui. Il n'y avait personne. Elle n'a pas laissé de message sur le répondeur, mais son numéro de portable a été enregistré en mémoire (la technologie joue parfois de vilains tours !). L'épouse s'en est aperçue, a noté le numéro, et depuis, elle ne cesse de menacer Laurence. Elle a découvert où elle habite, s'y est rendue et a rayé sa voiture. Le mari n'a pas pris parti, bien au contraire. Il a tenté un nouveau compromis, renonçant à voir Laurence le soir pour ne pas éveiller les soupçons de son épouse, qui est jalouse. Il ne lui donne rendez-vous que le matin. Stressée par cette femme possessive et dangereuse, Laurence a lancé un ultimatum à son amant. Avec un homme qui ne sait pas choisir, la passion s'effiloche souvent, et il vaut mieux se dire adieu.

Lucie, elle, traverse une nouvelle crise avec son ami, mais le problème sous-jacent est qu'elle veut tout contrôler. Elle a toujours été convaincue que tout allait bien, me dit-elle, jusqu'au jour où elle a découvert des revues porno à la maison. Elle ne comprend pas comment un homme adulte peut en avoir besoin et, surtout, elle ne tolère pas qu'il ait une sexualité en dehors du couple, même si sa rivale n'est que sur papier glacé. Autre scénario témoignant de la même volonté de contrôle : cette femme qui avait demandé à son mari de la prévenir à l'avance chaque fois qu'il aurait une liaison, pour « savoir où elle pouvait le joindre en cas d'urgence [10] ».

Véronique et Marc, 50 ans tous les deux, mettent, eux aussi, toute leur énergie à se surveiller mutuellement. Véronique est une femme jalouse et agressive avec son époux, dont elle dépend, pourtant, sur le plan financier : elle a été licenciée après de nombreux heurts avec son patron et des collègues. Ensemble, ils suivent une thérapie dont le prétexte initial est la jalousie. Véronique est jalouse, pas seulement des autres femmes qui pourraient traverser la vie de son conjoint, mais surtout de ses secrets. Elle est curieuse, envahissante. Elle écoute ses coups de téléphone et je crains qu'elle n'ouvre son courrier. Marc, qui est professeur d'histoire, a d'ailleurs un curieux passe-temps : il a recueilli pas mal de documentation sur des montres érotiques et a même réussi, avec le temps, à monter une petite collection. Il la conserve dans une pièce de l'appartement dont lui seul possède la clé. On dirait l'histoire de Barbe-Bleue et de sa chambre secrète, mais Marc est inoffensif. Face à lui, il y a Véronique, qui est une casse-pieds hors pair : à la maison, elle veut tout régenter et ne supporte pas que son époux ait un jardin secret. Sa conduite doit probablement conforter l'opinion de Marc selon laquelle il faut brider les femmes. C'est sans doute la raison pour laquelle il a commencé, récemment, à correspondre sur Internet avec une femme qui trahit son mari uniquement en pensée.

Derrière ce conflit conjugal si particulier, se cache donc un désaccord sur la façon dont le couple partage des espaces communs et s'accorde des marges d'autonomie. Marc juge tout à fait normal d'avoir un peu d'indépendance, alors que Véronique voudrait avoir la mainmise sur tout le territoire de son mari, sur ses pensées et peut-être aussi sur son argent. Quand lui me demande ce qu'il peut faire avec une femme si envahissante et si revendicatrice, elle, de son côté, me prie, subtilement, de dire que son époux est un pervers. Pour l'instant, ils restent ensemble, mais pas pour des raisons affectives, simplement parce que Véronique n'a pas de travail et est dépendante financièrement. En outre, elle fait maintenant semblant d'avoir un amant, pour le rendre jaloux. Je crois que ce couple va bientôt se séparer, à moins que Marc n'ait une passion inconsciente pour les femmes qui le torturent.

4. *L'exclusion*. Derrière certaines formes de jalousie réside l'impression d'être mis de côté, exclu, isolé. Ce qui, entre autres, réveille facilement des sentiments analogues à ceux que ressentent les enfants après la naissance d'un petit frère, ou quand l'un des parents s'est remarié après un divorce. Dans son roman *La Jalousie*, Alain Robbe-Grillet décrit bien le rôle du « spectateur exclu » qui peut tout au plus entrevoir l'excitation d'autrui[11]. Et lorsque l'on est chassé du monde presque magique de l'état amoureux ou, du moins, de l'engouement, on sombre dans la solitude, et souvent dans la dépression.

5. *Le narcissisme*. Chez certains, la jalousie dissimule un orgueil blessé et la peur du ridicule : on se préoccupe des apparences, du qu'en-dira-t-on. C'est le cas de Stéphane, 30 ans, qui a eu une brève histoire avec une

collègue de travail. Célibataires tous les deux, ils ne cachaient pas leurs relations au bureau. Et puis, un jour, elle l'a quitté pour un autre collègue. Stéphane a très mal réagi, non parce qu'il l'avait perdue, mais parce qu'il s'est senti très mal à l'aise devant ses autres collègues.

La part du narcissisme est également très importante chez Dominique. Depuis que son amie lui a dit que son pénis est plus petit que celui de son précédent compagnon, il est incapable de se calmer. Il a augmenté la fréquence de leurs rapports sexuels (la jalousie, nous l'avons vu, agit souvent comme un aphrodisiaque), mais il est très contrarié chaque fois qu'elle lui raconte qu'elle a rencontré son ex, celui qui est « super-monté ».

L'infidélité sexuelle, assez banalisée aujourd'hui, peut atteindre soit l'amour, soit l'orgueil du partenaire. Quand elle atteint l'amour, on peut éventuellement pardonner, et le couple se maintient. Mais quand c'est l'orgueil qui est blessé, il est difficile de rester ensemble.

6. *L'homosexualité*. Oui, elle peut elle aussi faire partie des mécanismes de la jalousie. Je dirais même que c'est l'une des principales hypothèses avancées par la psychanalyse pour expliquer certaines jalousies maladives. Le « rival » du même sexe susciterait de l'attirance ou de la curiosité et se transformerait ensuite en persécuteur.

L'histoire d'Emma est légèrement différente. Elle a 37 ans. Avec son mari, elle cherche des couples échangistes sur le Net. Au début, elle était réticente, mais à présent, elle est flattée de plaire aussi à d'autres hommes. Ce qu'elle ne comprend pas, c'est que son mari ne soit pas jaloux. Elle prend cela pour un manque total d'attention à son égard. Pour ma part, je crois que son mari n'est pas indifférent parce qu'il préfère d'autres femmes, mais bien parce que, lors de ces échanges, il satisfait, quoique de manière masquée, ses pulsions homosexuelles.

LES RÉACTIONS : COLÈRE, DÉPRIME, ETC.

Quelles sont les étapes de la jalousie ? Au début, il y a le choc lors de la découverte de la trahison. Ou, au moins, les soupçons, plus ou moins fondés. Ensuite vient la tempête des émotions, l'obsession qui grandit. Et après ? Quelles sont les autres conséquences ? La jalousie, nous l'avons vu, peut dans certains cas être aphrodisiaque. Patricia, qui connaît son mari depuis treize ans et l'a épousé voilà maintenant cinq ans, est restée proche de lui lorsqu'il s'est entiché d'une autre femme. Il lui a tout raconté en pleurant. Ensemble, ils essaient de comprendre si c'est la fin de leur relation de couple. Il dit qu'il éprouve des sentiments pour elle, mais qu'il ne sait pas s'il l'aime encore. Elle, de son côté, se sent perdue. D'autant que maintenant, ils font l'amour avec une intensité qu'ils n'avaient jamais ressentie auparavant. Elle s'est rendu compte qu'elle tenait terriblement à lui et est beaucoup plus amoureuse qu'elle ne le pensait. Dans ce cas, la jalousie a été un véritable aphrodisiaque puisqu'elle a amélioré leur sexualité. Mais pas leurs relations, malheureusement. Du moins pas pour l'instant.

Les autres conséquences que peut avoir la jalousie sont moins agréables. Il y a la colère, la déprime, les bouffées de violence... et, parfois même, la rupture. Il y a quelque temps, lors d'un sondage, j'ai demandé à deux cents personnes si, en cas de trahison, elles tenaient à le savoir [12]. Je n'ai pas noté de grosses différences entre les hommes et les femmes, alors que les opinions divergent, en revanche, en fonction de l'âge. Dans leur grande majorité, les jeunes de 20 à 25 ans aimeraient mieux savoir, alors qu'au-delà de la cinquantaine, on ne le souhaite pas.

Pourquoi ? Parce que les adultes mûris par l'expérience ont déjà bien assez de problèmes dans la vie et dans leur couple. Sans compter qu'ils seraient obligés de prendre des décisions. Les jeunes, eux, affirment qu'ils préfèrent savoir la vérité, soit qu'ils ont peur du sida, qu'ils ont en tête de se venger de la même façon ou qu'ils pensent que faire face à la crise et en parler peut faire grandir leur couple.

Parfois, le couple ne se sépare pas, mais les partenaires campent sur des positions qui provoquent des disputes quotidiennes. « Depuis cinq ans, je fréquente une femme de 40 ans, me raconte ainsi un homme dans mon cabinet. Quand nous sortons ensemble au restaurant, dans un café ou à un dîner, elle lance des regards ensorceleurs et sourit aux autres hommes. En mon absence, est-ce qu'elle passe à l'acte ? Est-ce qu'elle est nymphomane ? » Dans sa version à elle, la femme nie et raconte qu'elle étouffe à cause de l'obsession de son compagnon qui lui attribue tous les jours un nouvel amant... « À chacun sa vérité », comme le disait Pirandello ? En l'occurrence, j'aurais néanmoins tendance à donner raison à cette femme qui me semble vivre avec un homme un peu paranoïaque.

Dans d'autres cas, la jalousie, et tout ce qui l'a déclenchée, peut provoquer un changement de caractère. Un homme, après avoir été trompé par sa femme, m'a ainsi déclaré : « Je suis devenu insensible, dur comme une pierre. » Une femme, elle, s'est mise à jouer les victimes : comme elle tenait ce trait de caractère de sa mère, la trahison de son mari tombait à pic pour l'imiter.

COUPLE OUVERT ? OUI, MAIS...

Comment se fait-il que les « pactes » conclus par des couples plus téméraires, qui envisagent de s'octroyer une liberté sexuelle réciproque, ne parviennent pas à éliminer la jalousie ? Parce que ces pactes sont le fait de la raison. Or la possessivité est profondément enracinée dans nos émotions. La jalousie frappe en traître. Nombre d'exemples célèbres le confirment. Parmi eux, celui de Lou Andreas-Salomé, qui a inventé le « mariage fictif » avec nombre d'intellectuels. Elle a connu Freud et eu une liaison avec Nietzsche, lequel est devenu jaloux d'un ami commun, Ree[13], et est passé de déclarations d'adoration du genre « je te dois le plus beau rêve de ma vie » à des descriptions de sa maîtresse comme une « petite guenon malodorante avec ses faux seins »...

Jean-Paul Sartre et Simone de Beauvoir avaient, eux aussi, scellé un pacte de « liberté sexuelle limitée ». Ils considéraient leur amour comme « essentiel », mais s'accordaient des expériences amoureuses « contingentes ». La jalousie s'est pourtant insinuée entre eux. En 1945, Sartre a vécu quelque temps à New York où il est tombé amoureux d'une certaine Dolores V. Il a voulu la ramener en France, mais Simone de Beauvoir s'y est opposée. Jusqu'au jour où elle a elle-même entamé une liaison avec l'écrivain Nelson Algren qui vivait à Chicago – liaison qu'elle a décrit, de façon romancée, dans *Les Mandarins*[14]. Un an après, Jean-Paul Sartre et Simone de Beauvoir ont néanmoins dit adieu à leurs amants respectifs et reformé un couple très uni. Beauvoir raconte d'ailleurs cette expérience, à demi-mot, dans un autre roman, *L'Invitée*[15], dont les deux personnages principaux sont Pierre et Françoise. Françoise ressent un sentiment de jalousie et d'abandon, car son mari est tombé amoureux de la volubile et capricieuse Xavière. Elle réfléchit à ses relations avec Pierre. Elle a l'impression d'être « en exil ». Puis elle est saisie d'angoisse à l'idée que son mari ne se rend peut-être pas compte de ce qu'elle éprouve. Dès qu'elle comprend que c'est elle qui est animée de sentiments négatifs, alors que les deux autres ont l'air heureux, elle a une aventure avec le jeune amant de Xavière. Et quand celle-ci le découvre et veut en parler à Pierre, Françoise la tue.

AUX RACINES DE LA POSSESSION

La jalousie est normale et a donc différents degrés d'intensité. Mais d'où vient-elle ? Nous avons déjà évoqué son origine atavique, dictée par la partie de nous-mêmes la plus sauvage et la plus barbare : il ne s'agit pas d'une jalousie érotique, mais d'une jalousie possessive. Cela fait-il pour autant de nous des animaux ? Pas forcément. En effet, sur le plan purement sexuel, il y a de grandes différences dans le monde animal puisqu'on trouve aussi bien des couples monogames, comme chez les alques, oiseaux de l'Alaska fidèles pendant toute leur vie, que des couples très volages, comme chez les bonobos, où les femelles copulent avec plusieurs mâles lorsqu'elles sentent que la tension est en train de monter dans le groupe [16].

S'appuyant sur la grille de lecture de la sociobiologie [17] et, justement, sur ces origines ataviques, d'autres chercheurs affirment que la jalousie est une pulsion biologique, déclenchée, comme la colère ou l'anxiété, par une poussée d'adrénaline. S'il est vrai que les réactions maladives et violentes à la trahison peuvent conduire à un déséquilibre hormonal, il me semble cependant que c'est une conséquence, et non la cause, de la jalousie.

Il existe une autre hypothèse, de nature anthropologique : l'infidélité porterait atteinte à l'image publique. Pensons au monde méditerranéen, où pendant des siècles, les codes sociaux de l'honneur et de la honte ont dicté leur loi. L'honneur de l'homme tendait à y être actif et compétitif : s'il avait été compromis, il pouvait être rétabli. En revanche, l'honneur de la femme était passif et défensif, il était souillé à jamais, rien ne pouvait jamais laver sa honte. Aujourd'hui, l'excuse du « crime d'honneur », qui répondait à la trahison par l'homicide, ne vaut plus. Pourtant, le machisme se fonde encore sur des réactions de jalousie et de démonstration de force.

Enfin, nous pouvons emprunter la voie de la psychanalyse, qui fait remonter à l'enfance l'origine des jalousies. Elle propose une explication liée à l'abandon (réel ou supposé) de l'enfant, qui tend à rester possessif toute sa vie. Et une autre liée au complexe d'Œdipe, qui, selon les analystes, se trouve au centre de notre vie psychique. C'est pourquoi la jalousie à l'égard du parent du même sexe, et son dépassement, sont des étapes par lesquelles il faut obligatoirement passer pour être libre.

Malgré ma sympathie pour la psychanalyse, je pense qu'au stade actuel, les quatre hypothèses d'explication ici décrites portent toutes en elles une part de vérité et nous aident à expliquer certains aspects de ce sentiment que nous avons tous ressenti un jour. À moins de faire comme un comte florentin que j'ai connu autrefois et qui me confiait qu'à l'occasion, il aidait sa femme à trouver des amants : il n'avait plus de rapports intimes avec elle depuis six ans, mais il avait besoin d'elle. Comme « guide spirituel ».

EXISTE-T-IL DES SOLUTIONS ?

Je pense avoir décrit la façon dont la jalousie peut intervenir et porter atteinte au bonheur de chacun et au bonheur du couple. J'espère néanmoins que cette analyse détaillée ne la fait pas apparaître comme un problème de plus à régler. Il importe de souligner aussi qu'il existe une jalousie « préventive » et une jalousie « réactive ». La première est un trait de caractère, ce qu'il est important de bien comprendre quand on se lie à quelqu'un : ce serait une erreur de croire que le mariage ça arrange les choses. Je repense à Morgane, qui est fiancée depuis un an avec Kevin, qu'elle aime et avec lequel elle a découvert qu'il est merveilleux de faire l'amour. Dans le même temps, elle a passé une année infernale, car Kevin est terriblement jaloux. Il en était même venu à la faire changer de vêtements avant de partir au travail chaque fois qu'il la jugeait trop sexy. Et il surveillait tous ses coups de fil. Un jour, Kevin ne supportant plus sa propre jalousie, a décidé de se calmer et proposé qu'ils cessent de vivre ensemble. Plus de projet de mariage. Chacun chez soi. Morgane a accepté, la mort dans l'âme. Mais maintenant que la jalousie s'est atténuée, le désir de Kevin a diminué lui aussi, et Morgane se demande pourquoi. Sans doute parce que c'étaient le sentiment de possession, la peur de la perdre, et les regards voraces que Kevin attribuait aux autres hommes, qui alimentaient son désir.

Il est plus facile de maîtriser la jalousie réactive, en jetant le voile sur ses « solutions de rechange ». Répétons-le au risque de choquer : il existe des « aventures extraterritoriales » qui peuvent aider le couple à durer. Quand le sida est arrivé, j'ai vu de nombreux hommes qui s'accordaient des aventures légères et distrayantes regagner leur foyer. Et devenir fidèles, mais tristes. Leurs femmes se sont demandé ce qui avait bien pu se passer.

Existe-t-il des moyens de « guérir » la jalousie ? On peut essayer des solutions psychologiques et entreprendre une psychothérapie pour, par exemple, regonfler son estime de soi. En effet, le jaloux est souvent une personne peu sûre d'elle. Outre les thérapies psychanalytiques ou comportementales, il existe les traitements systémiques qui, au lieu de mettre l'accent sur le passé du couple, l'orientent vers un avenir différent. Comme le dit Virginia Satir[18], il est beaucoup plus utile d'inviter les partenaires à « ajouter quelque chose pour vivre mieux » que de reprendre le modèle médical consistant à « éliminer une pathologie du couple ».

Parmi les solutions institutionnelles, on peut penser à celle qu'impose l'Église catholique, qui a toujours limité les relations sexuelles à la procréation et à la cellule familiale. Malheureusement, la crise de l'Église américaine, et le scandale des prêtres pédophiles, ont contribué à réduire la portée du message moral... Certaines religions asiatiques conseillent, elles aussi, la chasteté. C'est une façon de relativiser l'importance du sexe qui a pris, ces derniers temps, la place qu'occupait auparavant le cœur. Mais il pourrait y avoir une autre solution institutionnelle de sens opposé, à savoir : maintenir la famille unie autour des sentiments démocratiques (tendresse, respect de l'autre, solidarité, etc.) et libérer les relations sexuelles des liens du couple. Elle pourrait peut-être susciter un regain d'intérêt pour l'érotisme conjugal, car, comme le soutient Tinto Brass dans son film *Tra(sgre)dire*, la trahison agit comme un carburant : elle allume la passion[19].

Enfin, la formule de Jean-Paul Sartre et de Simone de Beauvoir – une relation essentielle et des aventures contingentes – semble mise en pratique par certains couples assez forts pour se permettre, chacun de son côté des aventures érotiques. Mais cette solution n'est pas à la portée de tout le monde. À défaut de solution, la jalousie régnera en maître, et, le jaloux, pareil au scorpion, continue de tourner contre lui-même son dard empoisonné.

CHAPITRE XIV

Où se situe la limite ?

Dans notre existence, les interdits sont indispensables. Ils favorisent le processus de sublimation, car l'existence d'obstacles permet, en suspendant l'action, de laisser filtrer le langage et la culture. En outre, ils sont nécessaires pour l'éducation à la vie en société afin d'apprendre à différer la satisfaction de ses besoins et à les accorder avec ceux des autres.

Dans la vie privée, on retrouve diverses expressions sociales de ces interdits. Pensons à la nudité, par exemple. Certains prennent des bains de soleil nus sur leur terrasse, à l'abri du regard des autres, à titre tout à fait habituel. Si l'on est nu à deux, il y a partage, alors que l'interdiction vise à éviter que l'on se heurte aux désirs de l'autre. En revanche, avoir les seins nus sur certaines plages s'inscrit dans le cadre de la généralisation d'une habitude. L'interdiction est donc souvent arbitraire et subjective. Et pour éviter le chaos, on introduit alors d'autres règles individuelles et relationnelles.

Aujourd'hui, la société a peu à peu déplacé le sens de l'interdit du sexe vers la nourriture : pour beaucoup, la gourmandise est plus dangereuse que la luxure. Je pense à tous ceux qui vivent obsédés par l'idée de ne pas grossir ; c'est la nourriture qui est prohibée, et non le sexe, y compris en dehors du couple.

Toutefois, malgré le flou actuel des limites, il reste des transgressions sexuelles unanimement et justement condamnées. Et les interdictions concernent alors la limitation de la liberté et de la volonté d'autrui – pédophilie ou sadomasochisme hard, qui bafouent le désir de l'autre. On peut aussi citer la nouvelle transgression que constitue la « dépendance sexuelle ». Autrefois, on ne l'évoquait qu'au féminin – en utilisant le vocable discutable et désuet de « nymphomanie » –, alors que désormais, même pour les hommes, l'idée fixe du sexe n'a plus une connotation positive, mais négative. D'où le terme de *sex-addicted* pour désigner les drogués du sexe dominés par leur pulsion.

Mais il y a aussi de « bonnes » transgressions à un niveau intime, en particulier les adultères « thérapeutiques », c'est-à-dire qui peuvent redonner de l'élan à un couple en train de s'enliser dans l'ennui et la communication négative. D'ailleurs, dans certaines thérapies sexuelles, comme celle de Masters et Johnson, il est courant, au début du traitement, d'interdire aux partenaires d'avoir des rapports sexuels. Le but recherché est de les empêcher de « répéter » leurs erreurs passées, mais aussi de réactiver le désir, qui joue alors le rôle de l'interdit à transgresser. Si le corps de l'autre est interdit, s'il n'est pas permis de faire l'amour, cela devient, tout à coup, intéressant et tentant... Bref, entre prohibition et transgression, il s'agit bien de trouver le juste milieu.

LA TYRANNIE DU PLAISIR

De nos jours, la liberté sexuelle semble un nouveau devoir. Comme l'a écrit le sociologue Jean-Claude Guillebaud, dans notre société, les interdits n'ont plus leur place[1]. La morale sexuelle a été remplacée par un malentendu diffus quant à ce qu'il convient de faire. Et c'est bien ce que me confirment nombre des lettres que je reçois. Voici la teneur de quelques-unes d'entre elles.

Raymond est propriétaire d'un bar qu'il tient avec sa femme. Celle-ci est tombée amoureuse d'un autre homme, mais a décidé de continuer de travailler avec lui et de rester à la maison où ils élèvent ensemble leur fils. Raymond supporte très mal cette fausse séparation. En *chattant* sur le Net, il a fait la connaissance d'une femme qui lui plaît, qui l'intéresse, mais qui habite loin. Sentimentalement, cet homme souffre et commence à se demander si la liberté sexuelle n'est pas la clé du bonheur.

Marina, elle, m'écrit que son mari, âgé de 42 ans, la trompe depuis deux ans. Après un ultimatum de sa part, il a décidé de revenir définitivement chez lui. Mais quelques mois plus tard, il a de nouveau couché avec l'autre femme, tout en étant désespéré que sa femme veuille le quitter. Il lui demande : « Qu'est-ce que ça t'enlève, que j'aille la voir une matinée par semaine ? » Marina veut la séparation, tandis que lui joue la victime vis-à-vis de leurs enfants et continue de lui reprocher de vouloir partir.

Dans ces deux histoires, celle de Raymond et celle de Marina, le sexe est entré en conflit avec les sentiments qui unissent la famille. Autrefois, la sexualité était réprimée, alors qu'aujourd'hui, elle est nécessaire. Malheureusement, les sentiments n'ont pas suivi, et l'infidélité sexuelle engendre donc de la douleur, de la colère, ou encore une envie de se venger ou de rompre le lien. Je crois qu'il nous faut « débanaliser » ces conflits. Autrement dit, nous devons éviter de les considérer comme des événements ordinaires, car en réalité, ils font souffrir et déstabilisent, tout comme un deuil ou une perte d'emploi, parce qu'ils touchent à notre orgueil ou à notre peur de la solitude. La tyrannie du plaisir obligé ne nous laisse pas la liberté de choisir et transforme le désir en besoin.

Cette tyrannie du plaisir engendre aussi d'autres confusions. C'est ce qu'illustre l'histoire de Martine, 42 ans, qui se considère comme une femme désinhibée, sexuellement libérée. Elle me raconte que pour satisfaire un désir de son ami, elle s'est habillée, un jour, comme il le lui avait prescrit, avec des talons hauts et des bas, pour aller récupérer de l'argent chez un de ses créanciers. Lui, il observait la scène en cachette... D'autres fois, elle a accepté les demandes de ses ex d'inviter quelques couples pour finir la soirée au lit. Martine veut savoir ce que je pense de son comportement : est-ce de l'émancipation ou de la perversion ? Je crois que dans le domaine de l'érotisme, la marge de liberté individuelle est grande, mais ce qui me frappe, c'est que Martine se plie aussi passivement aux désirs des autres, ce qui est une caractéristique masochiste.

L'éros peut donc susciter des doutes, notamment sur ce qu'il est « juste » d'accepter ou de refuser au sein de son couple. Telle est la question que se pose une « épouse en grande souffrance » qui m'écrit pour me raconter que son mari est extrêmement jaloux, mais que lorsqu'ils font l'amour, il lui demande de penser à un autre homme et de se caresser. Pourtant, dans son cas, le problème n'est pas là. Cette femme souffre, je crois, parce qu'elle ne se sent pas aimée, c'est-à-dire parce qu'elle met sexe et amour dans le même sac, alors que son mari, lui, exprime un fantasme érotique dissocié de ses sentiments. S'il ne peut se passer de ce fantasme, cela signifie qu'il est esclave de cette perversion. À elle de voir si elle souhaite alors rester avec lui.

C'est aussi ce que je dirai à Danièle, qui me demande conseil parce qu'elle veut sauver son mariage. Cette femme est mariée depuis à peine trois mois, mais n'éprouve déjà plus de désir pour son mari. Elle l'a trompé deux fois, avec deux hommes qui – dit-elle – lui ont redonné l'envie de faire l'amour. À la suite de quoi, elle a décidé d'être plus claire, et d'expliquer à son époux ce qu'elle aime au lit. Mais, se plaint Danièle, un jour il y pense, et la fois suivante, il oublie. En outre, il lui fait des réflexions sur sa ligne, ne cesse de lui répéter qu'elle a quelques kilos en trop. Je soupçonne Danièle de l'avoir trahi précisément par vengeance, pour « confirmer » sa capacité de séduction. Je crois que son mari compte beaucoup pour elle, mais que le sexe n'est pas prépondérant dans leur relation. Danièle le voit comme un port d'attache : c'est lui qui l'a accueillie et rassurée quand, pour diverses raisons familiales, elle s'est trouvée sans toit. Depuis le début, donc, il est l'objet d'un choix passionnel et érotique. Danièle ne doit pas se focaliser exagérément sur le sexe, qui se réactivera peut-être ensuite, quand leur relation se sera stabilisée.

LE SEXE, PLUS RAPIDE QUE LE CŒUR

Dans notre société, il n'existe plus qu'un très petit nombre d'interdits. Du coup, il est devenu plus difficile de décider – même à propos du domaine le plus privé, celui de l'érotisme – de ce qui est naturel et compréhensible et de ce qui est inacceptable. Ce qui nous désoriente encore davantage, c'est que le sexe et le cœur n'évoluent pas au même rythme : l'activité érotique est rapide, alors que les sentiments sont « lents ». C'est ce qui s'est passé pour Véronique, 26 ans, qui se pose beaucoup de questions sur sa vie amoureuse. « Je suis constamment passée d'une aventure à l'autre, en souffrant et en faisant souffrir, me dit-elle. L'aspect sexuel me plaisait, mais dès que le garçon avec qui je couchais prenait de l'importance, je ressentais un terrible besoin de liberté... Ces deux dernières années, j'ai eu quatre histoires avec de beaux garçons que j'ai tous quittés. On dirait que chaque fois que quelqu'un s'attache à moi, je ne peux pas m'empêcher de m'en aller. À l'inverse, s'il est distant ou s'il a des problèmes, je m'attache et j'éprouve le besoin de lui apporter de l'amour. » Il est évident que dans son cas, c'est le cœur et non le sexe, qui joue de mauvais tours à Véronique.

C'est aussi lui qui crée des problèmes à Élisabeth. Cette femme a vécu sept ans avec un homme dont elle était très amoureuse. Quand il a connu une autre femme par Internet, elle l'a quitté, elle a changé d'amis et a eu une aventure. Son ex l'a appris et a commencé à la harceler, lui disant qu'il ne pouvait vivre sans elle et la suppliant de revenir. Après bien des hésitations, Élisabeth a accepté. Mais depuis qu'ils sont de nouveau ensemble, il la traite de putain et plusieurs fois, il l'a non seulement insultée, mais aussi frappée. Malgré cela, elle continue de l'aimer et ne trouve pas le courage de partir. Le problème qu'elle doit affronter est celui de la dépendance à l'égard d'un persécuteur. Pour qu'elle puisse se détacher de lui, il faudrait qu'elle acquière davantage d'autonomie et de confiance en elle.

ENTRE STABILITÉ ET PASSIONS

Un grand fossé sépare le besoin d'émotions nouvelles, renversantes, et l'envie de stabilité ou, pour reprendre les mots de Lou Andreas-Salomé, entre « la stabilité liée à la sécurité d'une affection familiale tranquille et les "divines folies" de passions sans cesse nouvelles [2] ». Reconnaissons-le : ces dernières décennies, ce fossé s'est creusé, et il est devenu une source de souffrance, pouvant même entraîner la naissance d'un ménage à trois. Ce qui, comme nous l'avons vu dans les chapitres consacrés à l'amour et au sexe à trois, n'est qu'un semblant de solution aux conséquences régulièrement destructrices et tragiques...

Et si la passion peut nous emporter en haute mer ou nous faire perdre l'équilibre, aujourd'hui, pour certains, c'est le sexe qui a cet effet, parce qu'il s'oppose aux autres sentiments qui cimentent la famille. Pour Myron Magnet, « la révolution sexuelle a été un échec. Elle avait promis de nous rendre plus heureux et plus libres. Elle prétendait que le mécontentement était la conséquence des interdictions sociales en matière sexuelle. Elle prétendait que le sexe était le plus grand de tous les bonheurs humains. En réalité, la libération sexuelle nous a laissés plus seuls [3]. »

APPRENONS À ÊTRE GÉNÉREUX

Tout serait-il donc la faute de la révolution sexuelle ? Certes, celle-ci a accentué notre isolement mais, à la base, il me semble que ce n'est pas tant la révolution sexuelle que le narcissisme qui accroît notre isolement. Il suffit de voir comment dansent les jeunes d'aujourd'hui. Les danses de couples sont totalement passées de mode (sauf, peut-être, le tango et certaines danses latino-américaines), et dans les grandes discothèques, on s'agite seul au milieu d'une grande tribu. Nous sommes seuls, donc, et narcissiques, mais on peut également invoquer le manque actuel de générosité et d'altruisme. La générosité est-elle un sentiment inné ou acquis ? J'ai posé cette question à de nombreux amis : un tiers d'entre eux m'ont répondu qu'elle était innée, contre deux tiers qui ont opté pour la solution évolutionniste d'une générosité qui s'apprend. Pour la majorité des gens y compris moi-même, on devient donc généreux. Il est certain qu'il s'agit d'une caractéristique humaine : le monde animal, lui, est fondamentalement dominé par l'instinct égoïste et prédateur ou, du moins, par l'exigence primaire de la survie. D'ailleurs, en chacun de nous, il reste quelque chose de cette caractéristique archaïque. Dans certains milieux, comme celui de la Bourse, on valorise beaucoup le prédateur, le *raider*. Les Américains ont magistralement décrit l'avidité et le cynisme de notre époque. Il suffit de penser aux romans de Tom Wolfe, *Le Bûcher des vanités* ou *Un homme, un vrai* [4] : Manhattan et Atlanta y sont décrites comme des villes à l'ambition effrénée et les hommes prêts à tout pour percer. On peut aussi penser à un film comme *Wall Street*, avec le formidable Michael Douglas [5]. Le monde de la finance est particulièrement cynique, mais il est vrai que dans bien d'autres domaines professionnels, le généreux passe pour un idiot. Et même dans les négociations politiques et économiques, le concept d'équilibre et d'intérêt commun sous-tend une attitude plus intéressée que généreuse. Les concessions faites sur un point sont largement compensées par des demandes plus pressantes sur un autre. Ainsi, une aide médicale ou alimentaire peut cacher des visées de la part du « gouvernement généreux » en matière d'exportation, ou le besoin implicite d'obtenir des matières premières de la part du pays assisté.

Malgré cela, la générosité existe, qu'elle s'exprime par de petites gestes ou dans des actes de renoncement plus importants, elle doit beaucoup à l'éducation. En effet, tout comme l'intimité, elle prend racine dans les relations précoces entre mère et enfant. Elle est fondée sur l'estime de soi, sur l'acquisition d'un sentiment de confiance : celui qui a l'intime conviction d'avoir suffisamment reçu pourra donner à son tour. La plus grande générosité est constituée par l'amour maternel et n'est pas mesurable. Pensons à la légende, très connue au Moyen Âge, du pélican qui s'ouvrait la poitrine avec le bec pour nourrir ses petits... Pour ma part, j'aime assez une petite histoire métaphorique que je trouve particulièrement significative, elle raconte les tourments que connaissent les gourmands en enfer. Ils se consument devant des mets raffinés qu'ils ne peuvent manger parce qu'ils ont des couverts plus longs que leurs bras. Au paradis, en revanche, avec les mêmes couverts, les justes (et généreux) donnent tous à manger à quelqu'un d'autre.

L'INTIMITÉ : PLUTÔT UN ABRICOT QU'UNE NOIX

Pour beaucoup, la véritable intimité serait sexuelle. Ne parle-t-on pas de « rapports intimes » ? Il est pourtant possible d'être intime avec quelqu'un sur le plan spirituel, intellectuel, affectif, et même physique, sans qu'il n'y entre rien d'érotique. Que se passe-t-il, alors, dans le couple ? Le sentiment d'intimité est lié à la conscience et à la disponibilité affectives, il est fortement rattaché au sens d'appartenance au sein de la relation. Être intime avec quelqu'un, c'est se mettre dans sa peau sans perdre le sens de son identité à soi, mais aussi « recevoir » l'autre dans son territoire sans se sentir envahi. Selon le célèbre psychanalyste anglais Donald W. Winnicott, les individus qui ont des difficultés en matière de contacts sont des personnes qui, comme une noix, sont enveloppées dans une coque dure, laquelle protège un noyau central mou, le cerneau. Freud, lui, parlait d'une écorce d'orange nécessaire pour protéger le jus (la personnalité) des rayons du soleil. Pour pouvoir partager l'intimité affective, il faut que le noyau devienne dur, et la surface perméable, comme dans l'abricot, afin de pouvoir partager les parties périphériques sans mettre en péril le noyau individuel.

Dans la relation à deux, il s'établit une série de règles et d'habitudes communes, un réseau d'émotions, de désirs et d'attentes qui alimentent le sens du « nous » des deux intéressés. Et c'est cette complémentarité inconsciente qui rend chaque rapport unique. Chaque couple a son coefficient d'intimité, qu'il convient de respecter, car trop d'intimité peut aussi tuer l'intimité.

L'espace de l'intimité est un phénomène dynamique et en constant devenir. Il importe que chaque partenaire connaisse son gradient optimal d'intimité et qu'il soit sensible au niveau d'intimité désiré par l'autre. L'intimité se situe donc au-delà du sexe, et surtout à l'opposé du coup de foudre. En effet, alors que celui-ci est instantané, l'intimité, elle, a besoin de temps pour que s'harmonisent les différences entre les deux personnes. Ainsi, pour que des amours d'été puissent durer, il faut non seulement se mesurer sexuellement, mais aussi sur le plan de l'intimité, qui ne peut se construire en quelques semaines de vacances.

Il arrive parfois que les couples réussissent tout à coup à raviver leur entente, à trouver la force nécessaire pour nourrir leur lien. Parfois, cela passe par quelque fait inédit qui soude la relation. Il n'est pas rare qu'ayant traversé une crise, les deux partenaires se retrouvent plus unis qu'avant. Des travaux récents effectués par l'Américain J. Gottmann[6] ont d'ailleurs révélé qu'un des indicateurs de la « force » d'un lien était la capacité à affronter ensemble les difficultés. Et, surtout, le désir de se comprendre. Le point fort d'une relation émerge en général lorsque l'empathie naît entre les partenaires. Il s'agit de la possibilité de « se sentir ensemble », de partager non seulement les projets, mais aussi les émotions. Ce qui suppose de pouvoir se mettre dans la peau de l'autre et réussir à la sentir sienne.

Cela a l'air très facile sur le papier, mais c'est très compliqué dans la réalité. Dans certains cas les plus heureux, les partenaires y parviennent, et une grande énergie s'en trouve libérée. Dans d'autres, il n'en est rien et le couple succombe aux escarmouches sans fin que suscite chaque petite divergence. La réussite ou l'échec dépend en grande partie du niveau de conscience personnelle : plus on a une vision claire de ses propres limites, mieux on perçoit ses émotions. Et l'on peut alors se permettre de « se confondre » émotionnellement avec la personne aimée sans perdre son identité.

L'étape suivante consiste à se sentir plus unis, presque complices. Mais pour l'atteindre, il faut respecter quelques conditions : les couples chez qui cette « force » surgit le plus facilement sont ceux dont les partenaires ont le désir de se comprendre totalement. À l'inverse, l'ennemi juré de l'harmonie est la tentation de juger l'autre. Il importe de se sentir libre de dévoiler même ses faiblesses, ses zones d'ombre ; et de nombreux couples « éclatent » lorsque chacun essaie d'ajuster son image à l'idéal souhaité par son partenaire. Ce travail psychique consomme une énergie énorme et finit par tuer la spontanéité et l'intimité : la relation ne peut que s'effriter.

CONCLUSION EN FORME DE POÈMES

Dans cet ouvrage, j'ai cherché à montrer comment le fossé s'était creusé récemment entre le cœur et le sexe. Certes, les perversions soft sont un moyen de vivre plus librement sa sexualité, mais elles créent de graves problèmes chez ceux qui ne dissocient pas les sentiments de la sexualité. Qui plus est, l'irruption du désir féminin et de certains fantasmes érotiques, surtout masculins, a engendré davantage de confusion que de bonheur. Comment conclure ? Rien de moins facile compte tenu de l'imbroglio actuel. Je terminerai donc sans prendre parti, en faisant appel au pouvoir de la poésie, et en donnant la parole à la fois à l'Orient et à l'Occident. À Charles Baudelaire pour le sexe, et à un poète mystique perse pour le cœur.

Le serpent qui danse[7]

Que j'aime voir, chère insolente,
De ton corps si beau
Comme une étoffe vacillante,
Miroiter la peau !
...
À te voir marcher en cadence,
Belle d'abandon,
On dirait un serpent qui danse
Au bout d'un bâton.

La fourmi amoureuse[8]

Cheminant un jour en un lieu solitaire,
le roi Salomon rencontra une fourmilière,
Aussitôt toutes les fourmis vinrent par milliers le saluer.
Une seule l'ignora, occupée à emporter, grain par grain,
l'énorme monticule de sable devant elle.
Le roi Salomon la fit appeler et dit :
« Ô petite fourmi,
même avec la longévité de Noé et la patience de Job,
jamais tu ne pourras faire disparaître
cette montagne de sable ! »
« Ô grand roi,
répondit la fourmi,
ne t'arrête pas à ma taille...
mais regarde plutôt mon ardeur.
Derrière ce monticule est ma bien-aimée.
Rien ne m'arrêtera pour l'effacer.
Et si je dois perdre la vie, au moins je mourrai
dans l'espoir de la rejoindre... »

TEST

Évaluez votre dépendance sexuelle

Je vous propose d'effectuer ce test (c'est la traduction française du test américain de Patrick Carnes, le « Sexual Addiction Screening Test »). Si vous répondez « oui » à plus de 12 questions, c'est que votre attitude à l'égard de l'érotisme risque fort de devenir incontrôlée et malsaine.

Pour les hommes

1. Avez-vous subi des abus sexuels de la part d'un adulte durant votre enfance ou votre adolescence ? Oui Non

2. Êtes-vous abonné à des revues explicitement pornographiques, ou en achetez-vous régulièrement ? Oui Non

3. Vos parents ont-ils eu des problèmes de comportement sexuel ? Oui Non

4. Vous arrive-t-il souvent d'être préoccupé par des fantasmes érotiques ? Oui Non

5. Avez-vous l'impression que quelque chose dans votre comportement sexuel n'est pas normal ? Oui Non

6. Est-ce que votre partenaire (ou les femmes que vous fréquentez) est parfois préoccupée par votre comportement sexuel ou s'en plaint ? Oui Non

7. Avez-vous du mal à vous contrôler quand vous savez qu'un comportement sexuel donné est inapproprié ? Oui Non

8. Vous arrive-t-il de vous sentir mal à l'aise du fait de votre comportement sexuel ? Oui Non

9. Votre comportement sexuel vous a-t-il déjà causé des problèmes, à vous ou à votre famille ? Oui Non

10. Avez-vous déjà demandé de l'aide (à un psychologue, un médecin, un ami, etc.) parce que votre comportement sexuel vous déplaisait ? Oui Non

11. Vous êtes-vous déjà préoccupé du fait que des gens puissent découvrir vos activités sexuelles ? Oui Non

12. Quelqu'un a-t-il déjà souffert à cause de votre comportement sexuel ? Oui Non

13. Certaines de vos pratiques sexuelles sont-elles illégales ? Oui Non

14. Vous êtes-vous déjà promis de mettre fin à certaines de vos pratiques sexuelles ? Oui Non

15. Avez-vous déjà tenté, en vain, de mettre fin à certaines pratiques sexuelles ? Oui Non

16. Cachez-vous aux autres certaines de vos pratiques sexuelles ? Oui Non

17. Avez-vous déjà tenté de réprimer certains aspects de vos pratiques sexuelles ? Oui Non

18. Vous êtes-vous jamais senti humilié par votre comportement sexuel ? Oui Non

19. Vos activités sexuelles sont-elles une manière de fuir vos problèmes ? Oui Non

20. Vous sentez-vous déprimé après des rapports sexuels ? Oui Non

21. Avez-vous déjà ressenti le besoin de mettre fin à certaines activités sexuelles ? Oui Non

22. Vos activités sexuelles ont-elles déjà nui à votre vie de famille ? Oui Non

23. Avez-vous jamais fait des approches sexuelles à des mineurs ? Oui Non

24. Vous sentez-vous dominé par vos désirs sexuels ? Oui Non

25. Vous arrive-t-il de penser que vos désirs sexuels sont plus puissants que vous ? Oui Non

Pour les femmes

1. Avez-vous subi des abus sexuels de la part d'un adulte durant votre enfance ou votre adolescence ? Oui Non

2. Êtes-vous abonnée à des séries roses érotiques ou des revues explicitement pornographiques, ou en achetez-vous régulièrement ? Oui Non

3. Avez-vous jamais décidé de poursuivre une relation amoureuse alors qu'elle était violente sur le plan psychologique ou physique ? Oui Non

4. Êtes-vous souvent préoccupée par vos fantasmes sentimentaux ou érotiques ? Oui Non

5. Avez-vous l'impression que votre comportement sexuel n'est pas normal ? Oui Non

6. Est-ce que votre partenaire (ou d'autres personnes

importantes dans votre vie) est parfois préoccupé par votre comportement sexuel ou s'en plaint ? Oui Non

7. Avez-vous du mal à vous contrôler quand vous savez qu'un comportement sexuel donné est inapproprié ? Oui Non

8. Vous arrive-t-il de vous sentir mal à l'aise du fait de votre comportement sexuel ? Oui Non

9. Votre comportement sexuel vous a-t-il déjà causé des problèmes, à vous ou à votre famille ? Oui Non

10. Avez-vous déjà demandé de l'aide (à un psychologue, un médecin, une amie, etc.) parce que votre comportement sexuel vous déplaisait ? Oui Non

11. Vous êtes-vous déjà préoccupée du fait que des gens puissent découvrir vos activités sexuelles ? Oui Non

12. Quelqu'un a-t-il déjà souffert à cause de votre comportement sexuel ? Oui Non

13. Avez-vous déjà eu des rapports sexuels contre de l'argent ou des cadeaux ? Oui Non

14. Vous arrive-t-il d'avoir des périodes d'activité sexuelle suivies de périodes d'abstinence totale ? Oui Non

15. Avez-vous déjà tenté, en vain, de mettre fin à certaines pratiques sexuelles ? Oui Non

16. Cachez-vous aux autres certaines de vos pratiques sexuelles ? Oui Non

17. Vous arrive-t-il d'avoir plusieurs relations amoureuses en même temps ? Oui Non

18. Vous êtes-vous déjà sentie humiliée par votre comportement sexuel ? Oui Non

19. Vos activités sexuelles ou vos fantasmes romantiques sont-ils une manière de fuir vos problèmes ? Oui Non

20. Vous sentez-vous déprimée après des rapports sexuels ? Oui Non

21. Pensez-vous avoir des attitudes sadomasochistes ? Oui Non

22. Vos activités sexuelles ont-elles déjà nui à votre vie familiale ? Oui Non

23. Avez-vous jamais essayé de séduire des mineurs ? Oui Non

24. Vous sentez-vous dominée par votre désir érotique ou vos fantasmes sentimentaux ? Oui Non

25. Vous arrive-t-il de penser que vos désirs sexuels sont plus puissants que vous ? Oui Non

Notes bibliographiques

CHAPITRE I
En quête de sensations

1. G. Muccino, *Last Kiss*, 2001.
2. H. Fielding, *Le Journal de Bridget Jones*, trad. fr., J'ai lu, 2000.
3. P. Paul, *The Starter Marriage and the Future of Matrimony* Villard Books, 2002.
4. C. Pinkola-Estès, *Femmes qui courent avec les loups*, trad. fr., LGF, 2001.
5. M. Paresser et C. Risé, *Donne selvatiche. Forza e mistero del femminile*, Frassinelli, 2002.
6. N. Gordimer, *Un amant de fortune*, trad. fr., Grasset, 2002.
7. M. Serrano, *Lo que esta en mi corazon*, Celesa, 2002.
8. S. Tisdale, *Parlons cul*, trad. fr., Dagorno, 1998.
9. Rev. W. Cooper (pseud.), *Sesso estremo, pratiche senza limiti nell'epoca cyber*, Castelvecchi, 1995.
10. D. Cronenberg, *Crash*, 1996.
11. C. Simonelli (sous la dir.), *Le perversioni sessuali. Aspetti clinici e giuridici del comportamento sessuale deviante*, Franco Angeli, 2000.
12. E. Arsan, *Emmanuelle*, Pocket, 2002.
13. P. Réage, *Histoire d'O*, LGF, 1999.
14. C. Millet, *La Vie sexuelle de Catherine M.*, Points Seuil, 2002.

15. A. Fourgnaud, *La Confusion des rôles*, J.-C. Lattès, 2000.
16. W. Pasini, *Être sûr de soi*, Odile Jacob, 2002.
17. M. Houellebecq, *Plateforme*, J'ai lu, 2002.
18. Y et S. *Deyo, Speed Dating : The Smarter, Faster Way to Lasting Love*, Harper Resource, 2002.

CHAPITRE II

La perversion soft

1. Il était possible de choisir au moins trois définitions correspondant le mieux à sa vision de la passion.
2. *Cosmopolitan*, 12 décembre 2001.
3. W. Pasini, C. Crépault, *L'imaginaire érotique*, PUF, 1988.
4. « Capital », 31 mars 2001.
5. F. Fonteyne, *Une liaison pornographique*, 1999.
6. R. P. Maines, *Technology of Orgasm : Hysteria, the Vibrator, and Women's sexual satisfaction*, Johns Hopkins Press, 1999.

CHAPITRE III

Les couples qui survivent à l'éros transgressif

1. A. D'Alatri, *Casomai*, 2002.
2. L. Kennedy et P. Nicotri, *Lucciole nere. Le prostitue nigeriane si raccontano*, Kaos, 1999.
3. F. Simpère, *Le Jeune Homme au téléphone*, Robert Laffont, 1996.
4. R. Norwood, *Ces femmes qui aiment trop*, J'ai lu, 1999.
5. L. J. Kaplan, *Female Perversions*, Jason Aronson, 1997.
6. K. Tynan, *The diaries of Kenneth Tynan*, Bloomsbury, John Lahr, 2001.
7. S. Schimperna, *Te lo faccio tutto rosso. Quando e perchè la sculacciata diventa un gioco erotico*, www.sexonline.cybercore.com/blue/56p50.htm.
8. *Babilonia*, 172, 1998.
9. F. Ozpetek, *Tableau de famille*, 2001.
10. E. White, *L'Homme marié*, 10/18, 2002.
11. C. Crepault, *La Sexoanalyse*, Payot, 1997.

CHAPITRE V

Polygamie ou monogamie

1. S. Kubrick, *Eyes Wide Shut*, 1999 ; *American Beauty*, S. Mendes, 1999.
2. A. Phillips, *Monogamie*, Bayard, 1997.
3. W. Pasini et D. Francescato, *Le Courage de changer*, Odile Jacob, 2000.
4. S. Zecchi, *Fedeltà*, Mondadori, 2001.
5. H. Kureishi, *Intimité*, Christian Bourgois, 1998
6. M. Mazzantini, *Non ti muovere*, Mondadori, 2001.
7. M. Gramellini, « Vacanze romane », *La Stampa*, 29 juin 2002.
8. A. Jardin, *Le Zèbre*, Gallimard, 1988.
9. N. Friday, *L'Empire*, Albin Michel, 1993.
10. S. Hite, *Le Nouveau Rapport Hite : l'enquête la plus révolutionnaire jamais menée sur la sexualité féminine*, Robert Laffont, 2002.
11. P. Lioret, *Mademoiselle*, 2001.
12. W. Pasini, *Être sûr de soi*, Odile Jacob, 2002.

CHAPITRE VI

Érotisme et ordinateur

1. J. Hughes, *Weird Science*, 1985.
2. P.-P. Renders, *Thomas est amoureux*, 2000.
3. « Ragazzine offrono foto on-line per un regalo », *La Repubblica*, 8 juillet 2002.
4. N. Ephron, *Vous avez un nouveau message*, 1998.
5. P. Thoms Anderson, *Punch-Drunk Love*, 2002.
6. G. Dacquino, *Bisogno d'amore*, Mondadori, 2002, chap. 1.
7. K. Young, *Caught in the Net*, John Wiley, 1998.

CHAPITRE VII

Le sexe à trois

1. M. Baudino, *Joyce, triangolo sadomaso*, Trieste, 15 juin 2002.
2. A. Oz, *La Boîte noire*, Calmann-Lévy, 1994.
3. N. Hornby, *La Bonté mode d'emploi*, 10/18, 2003.
4. V. Andrei, *Un amour parfait*, 2002.
5. F. Truffaut, *Jules et Jim*, 1962.
6. R. Guédiguian, *Marie-Jo et ses deux amours*, 2002.

CHAPITRE VIII

L'amour à trois

1. Ch. Greenhalgh, *Coco and Igor*, Londres, Review, 2002.
2. W. Pasini et D. Francescato, *Le Couragae de changer*, *op. cit.*

CHAPITRE IX

L'échangisme

1. T. Chevalier, *Le Récital des anges*, Quai Voltaire, 2002.
2. Tate Britain, Londres, janvier 2002.
3. A. Lee, *The Ice Storm*, 1997.
4. J. Updike, *Couples*, Random House, 1968 ; *Épouse-moi*, Gallimard, 1985.
5. R. Maresci, *Lo scambio*, Castelvecchi, 2002.
6. D. Karlin, *Et si on parlait d'amour ?*, 2002.
7. O. F. Kernberg, *Love Relations : Normality and pathology*, University Press, 1998.
8. Choderlos de Laclos, *Les Liaisons dangereuses* (1782), LGF, 2001.
9. R. Vadim, *Les Relations dangereuses*, 1959 ; S. Frears, *Dangerous liaisons*, 1988.

CHAPITRE X

La sexualité de groupe

1. M. Maffesoli, *L'Ombre de Dionysos*, LGF, 1991.
2. F. Fellini, *La Dolce Vita*, 1960.
3. S. Kubrick, *Eyes Wide Shut*, 2000.
4. C. Millet, *op. cit.*
5. P. Réage, *op. cit.*
6. G. Bartell, *Group Sex : A Scientist's Eyewitness Report on The American Way of Swinging*, Wyden Inc., 1971 et Group-Sex, Bibliothèque universelle Scientifique, NOE, 1972.

CHAPITRE XI

La prison du sexe

1. R. von Krafft-Ebing *et al.*, *Psychopathia Sexualis* (1886), Pocket, 1999.
2. E. Coleman, « Compulsive sexual behavior », *Sexual Health Therapy*, 1,1, 1997, p. 1-4.

3. E. Coleman, *Compulsive Sexual Behavior : A Nosological Problem but often a missed Diagnosis*, 2000, manuscrit non publié.

4. J. Rinehart et M.P. McCabe, « Hypersexuality : psychopathology or normal variant of sexuality ? », *Journal of Sex and Marital Therapy*, 12, 1, 1997, p. 45-60.

5. O. Fenichel, *La Théorie psychanalytique des névroses*, PUF, 4e éd., 1987.

6. M. Tolpin et H. Kohut, « The disorders of the Self : The psychopathology of the years of life », in S.I. Greenspan et G.H. Pollock (sous la dir. de), *The Course of Life*, International Universities Press, 1985, vol. II, p. 229-353.

7. M.P. Levine et R.R. Troiden, « The myth of sexual compulsivity », *Journal of Sex Research*, 25, 3, 1988, p. 347-363.

8. J. Adès et M. Lejoyeux, *Toujours plus*, Odile Jacob, 2001.

9. M.P. Kafka et R.A. Prentkky, « Compulsive sexual behavior characteristics », *American Journal of Psychiatry*, 154, 11, 1997, p. 1632.

10. M.P. Kafka et J. Hennen, « The paraphilia-related disorders : an empirical investigation of nonparaphilic hypersexuality disorders in outpatient males », *Journal of Sex and Marital Therapy*, 25, 4, 1999, p. 305-319.

11. E. Notaro, *Contributo alla versione italiana del « Male's Sexual Addiction Screening Test » di Patrick J. Carnes*, mémoire de maîtrise, Università La Sapienza, 2000.

12. P.J. Carnes, « Sexual Addiction Screening Test », *Tennessee Nurse*, 54, 3, 1991, p. 29.

13. E. Coleman, « Is your patient suffering from compulsive sexual behavior ? », *Psychiatric Annals*, 22, 1992, p. 320-325.

14. C. Longo Bifano, « Il sesso ? Non mi basta mai », *Cosmopolitan*, avril 2002.

15. *Marie-Claire*, août 2001.

16. P.J. Carnes, *Don't call it Love. Recovery from Sexual Addiction*, Bantam Books, 1991.

17. C. Millet, *op. cit.*

18. E. Coleman, « Treatment of Compulsive Sexual Behavior », *in* R.C. Rosen et S.R. Leiblum (sous la dir. de), *Case Studies in Sex Therapy*, Guilford Press, 1995.

19. A. Goodman, *Sexual Addiction : An Integrated Approach*, Madison (CT), International Universities Press, 1998.

20. A. Fellowship, *Sex and Love Anonymous*, The Augustine Fellowship, 1986.

CHAPITRE XII

Identités ambiguës

1. M. Foucault, *Histoire de la sexualité*, t.2 : *L'Usage des plaisirs*, Gallimard, 1984.
2. P. Almodovar, *Tout sur ma mère*, 1999 ; F. Fellini, *Satyricon*, 1969.
3. N. Châtelet, *La Tête en bas*, Seuil, 2002.
4. Comme celles du collectif ExisTrans : l'A.S.B., c/o Relais 59, 1 rue Hector Malot, 75012 Paris ; C.A.R.I.T.I.G., B.P. 756, Paris Cedex 17 ; et P.A.S.T.T., 94 rue Lafayette, 75010 Paris.
5. N. Friday, *My Secret Garden : Women's Sexual Fantasies*, Pocket Books, éd. rév. 1998 ; *Women on top : How real Life has changed Women's Sexual Fantasies*, Pocket Books, réimpr. 1993.
6. B. et L. Polla et O. Kahn, *Incertaine identité*, Genève, Georg, 1997.
7. L. Breslau, exposition au musée cantonal des Beaux-Arts, Lausanne, 2002 ; catalogue Skira/Seuil.
8. G. Baur, *Venus Boys*, 2001.
9. W. Pasini, A. Andreoli, *Le Corps en psychothérapie*, Payot, nouvelle éd., 1993.

CHAPITRE XIII

La jalousie

1. H. Fischer, *Histoire naturelle de l'amour*, Hachette Littérature, 1994.
2. T. Birkhead, *Promiscuity : An Evolutionary History of Sperm Competition and Sexual Conflict*, Harvard University Press, 2000.
3. S. Freud, « De quelques mécanismes névrotiques dans la jalousie, la paranoïa et l'homosexualité » (1922), *Revue française de psychanalyse*, 1932, trad. fr. par Lacan.
4. J. Ruben, *Au lit avec son ennemi*, 1991.
5. W. Pasini, *La Qualité des sentiments*, Payot, 2002.
6. P. Van Sommers, *Jealousy*, Penguin, 1998.
7. R. Barthes, *Fragments d'un discours amoureux*, Seuil, 1977.
8. L. Etxebarria, *De l'amour et autres mensonges*, Denoël (Et d'Ailleurs), 2003.
9. *In* G. Clanton et L.G. Smith, *Jealousy*, Prentice Hall, 1977.
10. *Ibid.*
11. A. Robbe-Grillet, *La Jalousie*, Minuit, 1980.
12. W. Pasini, *La Qualité des sentiments*, *op. cit.*
13. H.F. Peters, *My sister, my spouse : Lou Andreas-Salomé.*
14. S. de Beauvoir, *Les Mandarins* (1954), Gallimard, 1972.

15. S. de Beauvoir, *L'Invitée* (1943), Gallimard, 1972.
16. R. Schappi, *La Femme est le propre de l'homme*, Odile Jacob, 2002.
17. P. Van Sommers, *op. cit.*
18. V. Satir, R. Bandler et J. Grinder, *Thérapie de couple et de la famille*, Desclée de Brouwer, 2003.
19. *Tra(sgre)dire*, T. Brass, 2000.

CHAPITRE XIV

Où se situe la limite ?

1. J.-C. Guillebaud, *La Tyrannie du plaisir*, Seuil, 1998.
2. H. F. Peters, *op. cit.*
3. M. Magnet, *Modern Sex*, Chicago, Ivan R. Dee, 2001.
4. T. Wolfe, *Le Bûcher des vanités*, LGF, 2001 ; *Un homme, un vrai*, Pocket, 2000.
5. O. Stone, *Wall Street*, 1987.
6. J. Gottmann, N. Silver, *Les Couples heureux ont leurs secrets*, J-C. Lattès, 2000.
7. C. Baudelaire, *Les Fleurs du mal* (1857), J'ai lu, 2001.
8. F. Ad-din Attar, « La fourmi amoureuse », *Le Livre divin*, Albin Michel, 1961.

Table

Cet ouvrage a été imprimé par

FIRMIN DIDOT

GROUPE CPI

Mesnil-sur-l'Estrée

pour le compte des Éditions Odile Jacob
en mars 2003

Composition : Facompo, Lisieux
N° d'édition : 7381-1262-X - N° d'impression : 63339
Dépôt légal : mars 2003

Imprimé en France